세계일주
카우치서핑부터 워킹홀리데이까지

달타냥과 함께하는

세계일주 카우치서핑부터 워킹홀리데이까지

초판 1쇄 찍음 2014년 4월 20일
초판 1쇄 펴냄 2014년 4월 25일

지은이 장찬영
펴낸이 유정식
본문·표지디자인 김효진
펴낸곳 나무자전거

출판등록 2009년 8월 4일 제 25100-2009-000024호
주소 서울시 노원구 덕릉로 789, 2층
전화 02-6326-8574
팩스 02-6499-2499
전자우편 namucycle@gmail.com

ⓒ 장찬영 2014
ISBN 978-89-98417-05-5(13980)
정 가 : 15,800원

파본이나 잘못 인쇄된 책은 구입하신 서점에서 교환해 드립니다.
이 책은 저작권법에 따라 보호받는 저작물이므로 무단전재와 복제를 금합니다.
이 책 내용의 일부 또는 전부를 이용하려면 반드시 저작권자와 나무자전거의 서면동의를 받아야 합니다.

이 도서의 국립중앙도서관 출판시도서목록(CIP)은 e-CIP 홈페이지(http://www.nl.go.kr/ecip)와 국가자료공동목록시스템(http://www.nl.go.kr/kolisnet)에서 이용하실 수 있습니다.(CIP제어번호: CIP2043011993)

달다냥과 함께하는

세계일주
카우치 서핑 부터
워킹홀리 데이 까지

장찬영 지음

니무자전거

작가의 말 ✈

해외여행은 나중에 돈 많이 벌면
떠나야지라고 생각하며
지금 당장 해야 할 것이 아니라
내가 해야만 하는 것들 중 가장 마지막 자리에
위치했었다.

군대를 전역하기 전까지, 내 인생에서 해외여행을 생각해본 적은 단 한 번도 없었다. 주변 친구들 중 누군가가 중국이나 일본 등 해외여행을 다녀왔다고 하면 '짜식 집에 돈도 많은가 보네.'라고 생각했었다. 해외여행은 나중에 돈 많이 벌면 떠나야지라고 생각하며 지금 당장 해야 할 것이 아니라 내가 해야만 하는 것들 중 가장 마지막 자리에 위치했었다.

하지만 생각지도 않았던 해외여행, 그것도 세계일주를 계획하게 된 계기가 바로 펜팔친구들 때문이었다. 군대를 전역하고 영어공부를 하며 시작했던 펜팔로 전 세계의 많은 친구들을 사귀게 되었다. 그 친구들을 만나보고 싶다는 생각에 해외여행에 대한 나의 열망은 높아져 세계일주를 꿈꾸게 되었다.

반드시 세계일주를 떠나야 한다면 언제 가는 것이 가장 좋을까? 이 질문에 대한 나의 대답은 '어리면 어릴수록'이었고, '그럼 세계일주를 생각한 지금 바로 떠나자!'라고 생각해서 내 나이 24살에 세계일주를 떠나기로 결심했다.

학교를 졸업하고 일을 하고 있었다면 이런 선택을 하는 것이 쉽지만은 않았을 것이다. 그 당시 나는 가진 것이 없는 학생이었기 때문에 선택하기가 더 쉬웠는지 모르겠다.

해외를 단 한 번도 나가보지 않았던 나는 세계일주를 계획하며 여행 준비를 하는 모든 것이 물음표 투성이였다. 여권과 비자의 개념도 잘 모르던 당시 '비행기는 어떻게 타지? 국경은 또 어떻게 넘고? 숙소는 어떻게 예약하지? 해외에서 돈을 모두 잃어버리면 어떻게 될까?' 등 세계일주를 하며 일어날 모든 일들 때문에 걱정을 했었다.

1년 6개월 간의 세계일주를 마치고 우리나라로 돌아온 지금, 여행을 준비하던 시절의 나를 떠올려보면 크게 고민하지 않아도 되었을 문제들 때문에고민하고 갈피를 못 잡아 방황했다는 생각이 든다. 그래서 세계일주를 준비하는 분들이나 워킹홀리데이로 돈을 모아 세계일주를 떠나고 싶은 분들, 펜팔이나 카우치서핑으로 해외에서 친구를 사귀고 싶어하는 모든 분들에게 필요한 정보들을 모아 책으로 만들고 싶다는 생각을 하게 되었고 이렇게 책으로 펴내게 되었다.

Thanks To

한 권의 책이 만들어지기까지 도움을 주신 많은 분들께 감사드리고 싶다. 언제나 내가 하는 일을 믿고 응원해주시는 우리 부모님과 형, 조언과 충고를 아끼지 않은 나무자전거 유정식 대표님과 책이 나오도록 도와준 기연누나에게 감사를 전하며 세계일주를 무사히 마치는데 너무나 많은 힘이 되어주신 블로그 이웃님들께 감사를 전한다.

윤주범, 김태호, 차은주, Eric Jung, Vera liu, Stephanie Bouzet, Andrianina Rakoto, Tassanee Jaemjaeng, Mon Alisa, Giulia Lodi Rizzini, Koay Hui Peng, Chaowarich Onsomkrit, Mustafa Inonu, Kharito, Weiying Deng, Wang wei, Joanne NG, Mehmet Danisan, Pabio Giacomello, Utami Ratnaningsil, Fu-Jong Kan, Honda Jushin, Liszt Wong, Michelle Yip, Chatchai Tongsawad, Ayumu Nagamine, Yohann Lim Yeow Ann, Saito Masaki, Irvic Kempenaers, Antoine Dupouy-Lahitte, Mathias Dobbleler, Yoing Li, Tanya Liu, yuyu, Daniel Chen

사진 도움 주신 분들 권용인, 최창석, 김지원, 김하나, 류성희

2014년 4월 장찬영

달타냥의 세계일주 루트

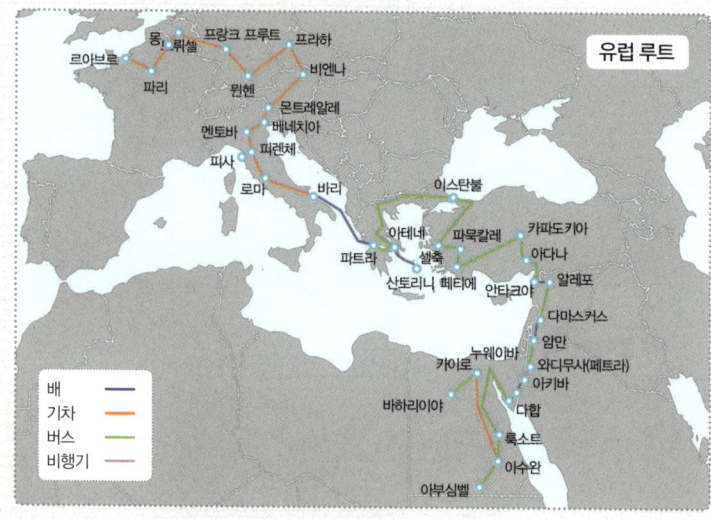

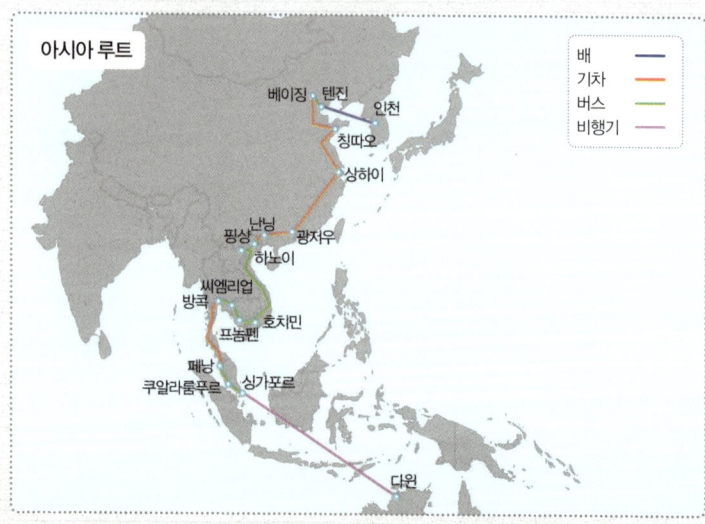

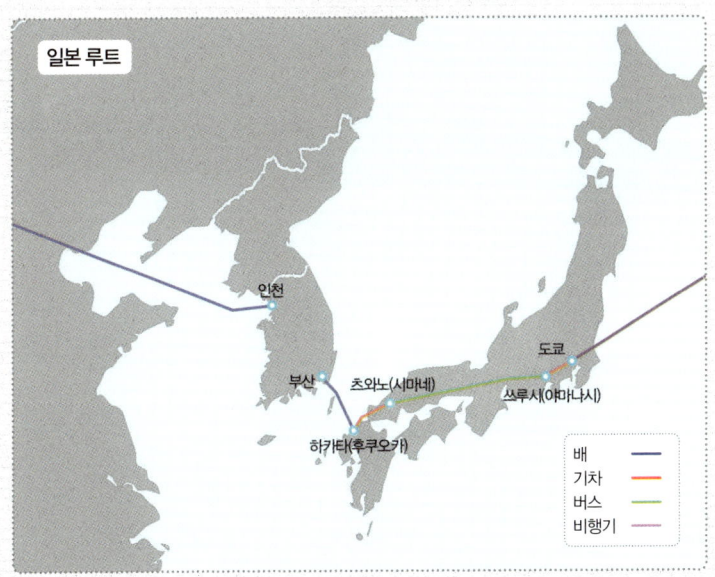

Part 01
세계일주 완벽 여행준비

Section 01
세계일주 준비의 시작
- 01 세계일주 시작의 첫 단계 블로그, 페이스북 만들기 18
- 02 세계일주할 때 유용한 블로그 19

Section 02
세계일주 테마 정하기
- 01 맛을 찾아 떠나는 세계일주 21
- 02 특별한 교통수단을 이용한 세계일주 22
- 03 방문한 모든 나라의 현지인 친구와 생활해보는 세계일주 23
- 04 역사적 장소를 방문하는 세계일주 24
- 05 유명 영화 촬영지를 찾아 떠나는 세계일주 25
- 06 레포츠를 위한 세계일주 25
- 07 세계일주의 작은 주제들 26

Section 03
세계일주 루트 짜기
- 01 세계일주 루트 어떻게 짜야 하나? 28
- 02 세계일주 항공권을 이용한 루트짜기 30
- 03 개별 항공권을 이용한 루트짜기 33
- 04 육로 이동으로 루트짜기 35

Section 04
여행경비 예상하고 마련하기
- 01 대륙별로 기간을 잡고 세계일주 비용을 계산해보자 36
- 02 여행경비를 어떻게 조달할지 구체적인 계획을 세워보자 38
- 03 국내 아르바이트로 경비 조달하기 39
- 04 워킹홀리데이로 여행경비 마련하기 40
- 05 후원 받아보기 42

Section 05
세계일주를 준비하며 배워두어야 할 것들
- 01 영어 공부 시작하기 43
- 02 기타 외국어 44
- 03 체력 관리 및 운동 배우기 45
- 04 요리 배우기 45

Section 06
여행자료 수집하기
- 01 인터넷 여행정보 수집 47
- 02 책을 이용한 여행정보 수집 48

Section 07
여권과 비자
- 01 여권 49
- 02 비자 51

Section 08
세계일주 시 준비해야 하는 서류들
- 01 국제학생증 61
- 02 국제운전면허증 62
- 03 유스호스텔 회원증 64
- 04 여행자 보험 65

Section 09
돈 관리
- 01 현금 관리 66
- 02 여행자 수표 67
- 03 여행 시 돈 관리를 하기 위해 준비해야 하는 카드 68
- 04 여행 중 돈 관리 방법 70

Section 10
예방접종
- 01 황열병 71
- 02 말라리아 73
- 03 기타 75

Section 11
준비물 목록
- 01 증명서(증명서 및 중요 자료들) 77
- 02 비상약 및 의약품 78
- 03 전자제품 79
- 04 의류 80
- 05 위생도구 81
- 06 기타 82
- 07 강력 추천해주는 것들 84

Section 12
여행 중 필요한 기타 정보
- 01 국경을 넘을 때 출/입국신고서 작성 방법 85
- 02 해외에서 전화하기 86
- 03 스마트폰 활용 방법 87
- 04 해외에서 소포 보내기 89

Part 02
카우치서핑으로 떠나는 세계일주

Section 01
카우치서핑이란?

- 01 카우치서핑이란? 92
- 02 카우치서핑은 어떻게 시작되었나? 93
- 03 카우치서핑의 매력 94
- 04 카우치서핑 주의사항 95
- 에피소드 ① 터키 셀축 96

Section 02
카우치서핑 이용방법

- 01 카우치서핑 가입하기 98
- 02 인증받기 [Get Verified] 100
- 03 프로필 편집하기 102
- 에피소드 ② 이탈리아 몬트레알레의 파비오 110

Section 03
여행을 하며
호스트 찾는 방법

- 01 호스트 찾기 112
- 02 프로필 읽는 방법 117
- 03 참조글 읽는 방법 120
- 04 호스트에게 요청 보내기 121
- 05 카우치 공개 요청하기 124
- 06 호스트를 방문할 때 주의사항 125
- 07 여자 혼자 카우치서핑을 한다면 주의해야 할 사항들 128
- 에피소드 ③ 여자는 위험하지 않을까? 130

Section 04
호스트가 되어 외국인
여행자를 초대해보자

- 01 호스트 되어 보기 132
- 02 카우치 공개 요청자들을 찾아보자 136
- 03 서퍼를 초대할 때 주의사항 138
- 에피소드 ④ 호스트로 만난 첫 손님 인도네시아에서 온 타미 140

Section 05
그 밖의 활용 방법 및
주의사항

- 01 카우치서핑 그룹 142
- 02 급하게 호스트 찾는 방법 [Last minute Couch] 144
- 03 그룹을 통해 친구를 사귀어보자 145
- 04 친구 등록하는 방법 및 참조글 남기는 방법 145
- 05 카우치서핑 모바일 앱 147
- 06 주의사항 147
- 에피소드 ⑤ 대만에서 온 친구 신디 148

Part 03
펜팔로 떠나는 세계일주

Section 01
펜팔로 떠나는 세계일주

- 01 펜팔이란? 152
- 02 펜팔친구를 사귀어 두면 여행할 때 어떻게 좋을까? 153
- 에피소드 ① 홍콩 펜팔친구 베라 154
- 에피소드 ② 마다가스카르 소녀 니나 158

Section 02
펜팔 사이트 소개 및 간단한 사용 방법

- 01 펜팔 사이트 소개 162
- 02 펜팔 사이트(스튜던트 오브 더 월드) 사용 방법 164
- 에피소드 ③ 한국을 사랑하는 이탈리아의 알래샤 170
- 에피소드 ④ 태국 친구 녹과 친구들 174

Section 03
펜팔 친구를 사귀는 팁

- 01 영문편지 작성 요령 177
- 에피소드 ⑤ 말레이시아 페낭섬에 살고있는 펭 180
- 에피소드 ⑥ 태국 타마삿대학교의 와리치 182

Section 04
펜팔 시 주의사항

- 01 손펜팔 하는 방법 184
- 02 펜팔 시 주의사항 185
- 03 해외펜팔 사기 사례 186
- 에피소드 ⑦ 체코의 알리스 188
- 에피소드 ⑧ 벨기에 몽의 스테파니 190

Part 04
세계일주를 위한 워킹홀리데이 정보

Section 01
워킹홀리데이란?

- 01 워킹홀리데이란? 196
- 02 워킹홀리데이 비자의 특징 197
- 03 워킹홀리데이로 갈 수 있는 나라들 198

Section 02
호주워킹홀리데이 준비

- 01 호주 기초 정보 206
- 02 호주워킹비자 받기 210
- 03 워킹비자 연장하기 215
- 04 세컨비자를 위한 일한 날 계산법 217

Section 03
호주 도착 후 해야 할 일

- 01 숙소 정하기 및 숙박 정보 218
- 에세이 ① 셰어하우스 친구들 224
- 02 은행계좌 개설하는 방법 및 은행 정보 227
- 03 텍스파일넘버(TFN) 신청하기 및 텍스 연금 관련 정보 230
- 에세이 ② 비밀번호 3번 틀린 이야기 231
- 04 핸드폰 만들기 239
- 05 비자라벨받기 242

Section 04
호주워킹홀리데이 생활정보

- 01 쇼핑 244
- 에세이 ③ 홈브랜드 인생 248
- 02 대중교통 249
- 03 병원/약국 254
- 04 우체국 257
- 05 중고 자동차 사고 팔기 258

Section 05
호주에서 일자리 구하기

- 01 시티잡 구하기 264
- 에세이 ④ 시티잡 구하기 267
- 02 농장일 구하기(농장 정보) 269
- 에세이 ⑤ 망고 농장 이야기 272
- 에세이 ⑥ 망고 농장의 하루 274
- 에세이 ⑦ 호주를 떠나기 전 마지막 여행 276

Part 05
세계 주요 여행지 소개

Section 01
배낭여행자의 무덤

- 01 카오산로드 280
- 02 다합 282

Section 02
독특한 풍경의 여행지

- 01 우유니 소금사막 283
- 02 함피 286
- 03 카파도키아 288
- 04 에어즈락 290
- 05 산페드로 데 아타카마 292

Section 03
세계 7대 불가사의

- 01 만리장성 294
- 02 콜로세움 296
- 03 마추픽추 298
- 04 타지마할 300
- 05 페트라 302
- 06 치첸이트사 304
- 07 리우데자네이루 예수상 306

Section 04
세계일주 중 빠질 수 없는 유명 여행지

- 01 홍콩 308
- 02 파리 310
- 03 피렌체 312
- 04 시드니 314
- 05 싱가포르 315
- 06 바라나시 316
- 07 앙코르와트 317

Section 05
예쁜 동화 같은 여행지

- 01 산토리니 318
- 02 프라하 320

WOLRD
TOUR

Part 01

세계일주
완벽 여행준비

세계일주를 떠나기 위해 크게는 항공권,
여행루트 등의 계획을 세우고 작게는
여행 준비물 구입, 예방접종 등을 해야 한다.
본격적으로 세계일주를 위한
준비를 하나하나 실행에 옮겨보자.

세계일주 준비의 시작

블로그와 페이스북을 만들고 꾸준히 운영하면 세계일주 준비에 큰 도움이 된다. 본인에게 가장 적합한 홈페이지를 찾아보자.

01 세계일주 시작의 첫 단계 블로그, 페이스북 만들기

자신의 세계일주 기록장으로 블로그 및 소셜 네트워크를 만드는 것은 여행을 하는데 큰 힘이 될 수 있다. 홈페이지를 처음 만들면 방문자 수가 별로 없지만 꾸준히 세계일주 준비 과정을 올리다보면 자신과 비슷한 여행을 계획하는 사람들이나 여행에 관심이 있는 사람들이 방문한다. 그러다보면 나의 세계일주를 응원해주거나 기대해주는 친구들이 많아진다. 간혹 여행 경험이 많은 여행자 블로거들과 친분도 쌓게 되면서 여행을 준비하는데 많은 도움을 받을 수도 있다. 이렇게 여행 준비에서부터 마칠 때까지의 이야기를 꾸준히 기록하고 관리한다면 세계일주의 다짐을 확고히 하는데 큰 힘이 될 뿐 아니라 힘든 일이나 슬럼프에 빠졌을 때 다시 일어설 수 있는 계기가 될 수도 있다.

페이스북

02 세계일주할 때 유용한 블로그

블로그는 어느 블로그를 사용해도 상관없다. 네이버나 다음 등 포털사이트에서 제공하는 가입형 블로그는 동남아 및 일부 국가에서 접속하기 힘들 수도 있지만 웹의 지식이 없이도 쉽게 사용할 수 있어 많은 여행자들이 사용하고 있다. 하지만 어느 정도 웹에 대한 지식이 있다면 티스토리나 이글루스와

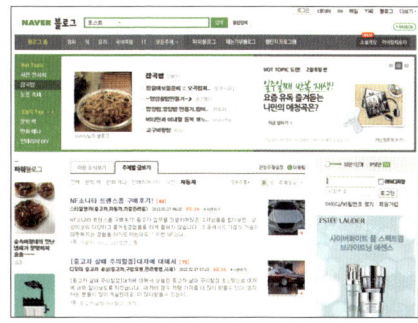
네이버 블로그

같은 혼합형 블로그나 텍스트큐브 등의 설치형 블로그를 사용하면 로딩시간이 줄어들어 해외에서 좀 더 가볍게 사용할 수 있다.

다음 블로그

티스토리 블로그

텍스트큐브 블로그

세계일주 테마 정하기

세계일주를 꿈꿔보거나 계획하고 있는 사람들이라면 어떤 주제로 여행을 떠날지 한번쯤 생각해 보았을 것이다. 세계일주의 수단, 방법, 비용 등을 특화시키거나 독특한 주제를 이용하여 자신의 여행에 특별한 테마를 만드는 방법들을 알아보자.

01 맛을 찾아 떠나는 세계일주

여행 중 가장 쉽게 접할 수 있는 주제가 '음식'이다. 각 나라를 방문하면서 평소 접하지 못하는 그 나라만의 특색 있는 음식부터 노점에서 아무렇지 않게 먹을 수 있는 다양한 길거리 음식까지 접할 수 있다. 필자가 세계일주 중 태국에서 만났던 어느 일본인 요리사는 새로운 맛을 배우고 개발하기 위해 전 세계의 맛을 찾아 다니고 있었다. 그는 자신만의 요리노트를 갖고 다니며 매번 식당에 가서 식사를 할 때마다 맛을 분석하며 요리사에게 향신료 등을 물

어보고 식사를 하는 손님들과 음식의 맛에 관해
토론하는 등 그 누구보다 뚜렷한 목적을 갖고
세계일주를 하고 있었다.

각 나라의
다양한 음식들

02 특별한 교통수단을 이용한 세계일주

세계일주를 하는데 있어 어떤 교통수단을 이용하여 여행할 것인가를 생각해보자. 가장 일반적인 방법은 비행기, 기차, 버스, 배를 타고 여행하는 것이다. 가장 효율적이고 안전하며 편한 방법이지만, 이런 평범한 방법이 아닌 자신만의 독특하고 남다른 방법으로 여행을 떠나는 사람들도 많다. 일본의 이시다 유스케라는 사람은 7년 반 동안 자전거로 78개국 세계일주를 하였다. 이렇게 오래 걸리는 장기 여행이 아니더라고 몇 개월 단위로 자전거를 타고 세계일주를 하는 사람은 많다.
단, 자전거 여행은 시간이 더 걸리고 육체적으로 강한 체력을 요구하기 때문에 선택하기 쉽지 않지

자전거 세계일주
여행가 김태호.

배를 타고 떠나는 여행.

만 많은 매력이 있다. 그리고 오토바이, 요트 등을 이용하여 일반적이지 않은 방식으로 세계일주를 하는 사람들도 있다. 이렇듯 어떤 교통수단을 선택하느냐에 따라 여행을 하면서 보고 듣고 느끼는 것들이 많이 달라질 것이다.

03 방문한 모든 나라의 현지인 친구와 생활해보는 세계일주

현지인 친구를 사귀어 함께 생활해본다면 그 나라의 문화를 이해하고 받아들이는데 큰 경험이 될 수 있다. 하지만 호텔이나 호스텔 등 여행자 숙소에서 지내면 현지인과 함께 생활해볼 수 있는 기회는 많지 않다. 때문에 일반 서민들의 삶을 알고 싶다면 카우치서핑을 통해 쉽게 시도해 볼 수 있다. 카우치서핑은 문화가 서로 다른 사람들의 문화교류 차원의 프로그램으로 숙박도 해결할 수 있으며 새로운 친구도 사귈 수 있다.
(카우치서핑은 제 2장에서 자세히 설명한다.)

외국인 친구들과 함께

04 역사적 장소를 방문하는 세계일주

역사적 장소를 방문하는 세계일주는 TV나 책, 다큐멘터리에서만 보아오던 유명 장소를 찾아 떠난다. 세계 7대 불가사의를 찾아 떠나거나 여행이나 역사시간에 배웠던 이야기들을 찾아 유럽 각 지방의 박물관을 찾아보거나 잉카 최후의 요새 마추픽추와 같은 장소를 찾아다니는 것도 큰 주제가 될 수 있으며, BBC에서 방송했던 '죽기 전에 가보아야 할 100곳'을 찾아 가는 것도 주요 여행 테마가 될 것이다.

로마 원형 경기장 타지마할 피라미드 마추픽추

05 유명 영화 촬영지를 찾아 떠나는 세계일주

영화에 나왔던 장소들을 찾아 방문해 보는 것 역시 주요 세계일주의 주제가 될 수 있다. 뉴질랜드에 간다면 '나니아 연대기'를 촬영했던 오클랜드에 가볼 수 있고, '반지의 제왕' 촬영을 했던 와이카토 마을에 가 볼 수도 있다. 또 런던에 가면 휴그렌트 주연의 영화 '노팅힐'을 촬영했던 거리의 분위기 있는 찻집에서 차를 한잔 할 수도 있다.

인도 뭄바이의 슬럼가에 간다면 아카데미 수상작인 슬럼독 밀리어네어Slumdog millionaire의 촬영지인 빈민가를 직접 경험해 볼 수도 있다. 이처럼 자신이 좋아했던 영화의 배경을 조사한 후 방문해보는 것도 좋은 테마 여행이 될 것이다.

슬럼독 밀리어네어(위)
노팅힐 포스터(아래)

06 레포츠를 위한 세계일주

우리나라에서는 경험할 수 없는 다양한 레포츠들을 전 세계를 돌아다니며 즐길 수 있다. 대표적인 것으로 스쿠버다이빙이 있으며 스카이다이빙, 번지점프, 패러글라이딩이 있다. 우리나라에서 레포츠에 특별한 관심이 없던 사람들도 이국적인 광활한 대 자연 앞에서 자연스럽게 참여해볼 수 있다.

세계적으로 유명한 스쿠버다이빙 포인트가 있는 이집트 다합에서 만났던 어

스쿠버다이빙

느 여행자는 여행 중 시작한 스쿠버다이빙에 매료되어서 스쿠버다이빙 강사가 되어 4년째 다합을 떠나지 않고 스쿠버다이빙을 하고 있었다. 이처럼 우리나라에서 쉽게 해보지 못했던 것들을 해외에 나와 시도해볼 수 있는 기회가 많기 때문에 여행을 떠나기 전에 이러한 레포츠들에 관심을 갖고 유명한 포인트들을 거쳐 가는 여행을 계획하는 것도 좋다.

07 세계일주의 작은 주제들

그리 큰 주제가 아니더라도 여러 가지 작은 테마를 세계일주의 주제로 정할 수도 있다. 미리 한국에서 작은 유리병들을 준비해 자신이 방문했던 도시마다 흙을 담아 와서 모으는 것이나, 여행을 갔던 나라들마다 국기나 배지를 사서 자신의 여행 가방에 붙이는 것도 작은 재미가 될 수 있다. 또 자신만의 인형이나 자신의 나라를 알릴 수 있는 캐릭터 혹은 티셔츠를 준비해서 각 여

방문국의 국기를 가방에 붙였던 필자의 가방

가필드 인형을 들고 다니며 세계 곳곳에서
기념사진을 찍었던 프랑스 친구, 빈센트

볼리비아 소금사막에서 곰돌이와 함께

행지 혹은 유명 관광지에서 포즈를 취해 사진을 찍는 것 역시 세계일주의 작은 목표가 될 수 있다.

> **세계일주를 하며 여행 동영상을 만들어보자!**
>
> 소셜 네트워크를 통해 큰 화제가 되었던 동영상이 있었다. 이 동영상에는 어느 한국인 여행자가 세계일주를 하며 전 세계 곳곳의 유명 장소에서 여러 사람들과 함께 독특한 춤을 추는 모습이 나온다.
>
> 이는 세계일주를 하고 있는 권용인씨가 여행 곳곳에서 만난 사람들과 함께 춤을 춘 것을 동영상으로 편집하여 올린 것이다. 이 영상은 큰 화제가 되어 500만 조회수를 기록하였고 많은 매체에서 다루어졌다. 이처럼 여행을 하며 동영상을 통해 자신의 여행일정 및 계획을 홍보할 수도 있으며 세계일주의 또다른 목표가 될 수도 있다.
>
>
>
> 권용인씨의 '79만 원으로 떠난 2년간의 세계일주' 영상 일부

세계일주 루트 짜기

세계일주 루트를 짜는 것은 아무래도 여행비용 중 가장 많은 부분을 차지하는 항공료를 따져봐야 하기 때문에 신중하게 생각해보고 선택해야 한다. 세계일주 항공원을 이용해 루트를 짜는 방법과 개별 항공원을 이용해 루트를 짜는 방법, 육로로 이동하여 루트를 짜는 방법에 대해 알아본다.

01 세계일주 루트 어떻게 짜야 하나?

세계일주 루트를 짜기 위해서는 우선 자신이 어느 국가, 어느 도시를 방문하고 싶은지 확실히 정해두어야 한다. 자신이 방문하고 싶은 도시를 정한 후 루트를 계획해보자.

1. 가보고 싶은 곳의 리스트를 만들자

세계일주를 계획하면서 가보고 싶었던 곳들의 목록을 만들어보자. 그 후 세계지도를 펼쳐놓고 자신이 목표로 하는 방문국가의 도시를 표시해보자. 지도에 표시되어 있는 도시들을 보면 대략적으로 루트를 그릴 수 있을 것이다. 또 루트가 너무 일정하지 못하게 되어 있고 도시들이 한 라인으로 이어지기 힘들다면 자신이 방문하고 싶은 도시의 우선순위에서 낮은 목록들을 제거할 필요가 있다.

2. 루트의 중간에 장기로 머물 수 있는 곳을 넣어두자(베이스캠프)

세계일주는 단기간 짧게 다녀오는 해외여행과는 다르게 장기간 지속적으로 새로운 장소, 새로운 사람들 및 환경을 접하게 된다. 그렇게 기간이 길어지다 보면 여행을 하는 것이 여행이 아닌 일상이 되어 버려 매너리즘에 빠질 수 있다. 이럴 때에는 한 지역에서 오래 머물러 휴식을 취하며 레포츠나 현지어 공부 등의 활동을 하고 자신의 여행에 휴식을 주는 것이 좋다. 그러니 자신의 여행 일정 중간에 베이스캠프가 될 수 있을 것 같은 지역을 찾아서 일정에 넣어보자.

3. 자신의 방문지의 행사 기간 및 기후와 날씨를 알아두자

자신이 정한 목록의 장소에서 자신이 원하는 것을 얻을 수 있는 날짜와 계절을 알아둘 필요가 있다. 기후를 맞추지 않고 가면 자신이 그곳을 방문한 목적에 맞는 것을 경험하지 못하게 될 수 있다.

가령 남미의 우유니 소금사막에 가서 하늘과 땅이 투영되는 모습을 보고 싶다면 우기인 12월 하이시즌에 가야 하고 브라질에서 삼바 축제를 보고 싶다면 2월 말부터 3월 초에 맞춰 가야 한다. 때문에 자신이 원하는 행사 및 기후에 맞춰 해당 지역을 방문할 필요가 있다.

02 세계일주 항공권을 이용한 루트짜기

세계일주를 준비할 때 가장 먼저 생각해보는 것이 세계일주 항공권이다. 그렇다면 과연 세계일주 항공권을 구입하는 것이 이득이 되는지, 안 되는지 잘 따져봐야 한다.

1. 세계일주 항공권이란?

세계일주 항공권이란 전 세계 여러 항공사들이 연합한 항공사 동맹체에서 자신의 항공사들로 이루어진 루트를 일정 규칙에 맞게 이용할 수 있게 제공하는 항공권을 말한다. 세계일주를 떠나면 여러 대륙의 항공편을 이용해야 하기 때문에 이처럼 항공사들은 동맹체에서 세계일주 항공권을 이용하면 보다 저렴하게 세계일주를 할 수 있다. 세계일주 항공권은 대체로 다음과 같은 특징을 갖고 있다.

1) 항공권의 기간은 대체로 1년이다.
2) 세계일주 방향을 서쪽이나 동쪽, 한쪽 방향을 정해 출발하고 출발 후에는 역방향으로 돌아올 수 없이 무조건 한쪽 방향으로만 돌아야 한다.
3) 일반적으로 비행 횟수는 16회이고 각 대륙별로 비행 횟수가 정해져 있기도 하다.

2. 세계일주 항공권의 장점

세계일주 항공권은 보다 저렴한 가격으로 항공권을 이용할 수 있다는 장점이 있다. 또 여행을 출발하기 전 한국에서 미리 비행기 표를 모두 구입한다는 편안함이 있으며 여행을 하는 도중에 시즌과 요일에 따라 요동치는 비행기 표 값에 연연하지 않고 자신의 일정대로 여행할 수 있다. 그리고 무엇보다 세계일주 항공권을 소지하고 있으면 다음 행선지가 정해져 있기 때문에 일부 비자 발급이 엄격한 나라들에 입국하는 경우 세계일주 항공권을 통해 별다른 문제없이 입국할 수 있다.

3. 세계일주 항공권의 단점

세계일주 항공권의 단점은 세계일주 항공권을 효율적으로 사용하고 그 장점을 최대한 이용하기 위해서는 항공권의 규정에 대해 자세히 알아보고 공부를 해야 하며 자신의 루트를 만들기 위해 루트를 만들고 수정하는 과정을 반복해야 한다는 것이다. 또 여행을 출발하기 전 1년 동안의 대략적인 루트가 아닌 구체적인 루트를 모두 동선을 맞춰 놓아야 한다는 스트레스도 있다. 그리고 여행기간 중 루트를 변경하면 위약금을 물어야 한다.

4. 세계일주 항공권의 종류 – 원월드

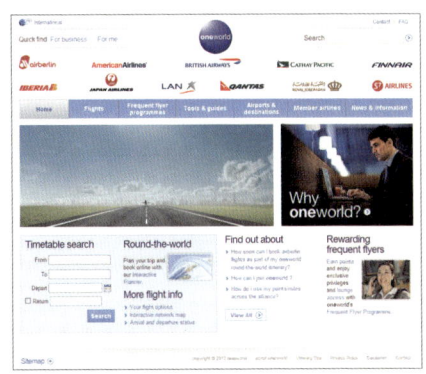

원월드 세계일주 항공권은 우리나라의 세계일주 여행자들이 가장 많이 구입하는 세계일주 티켓이다. 10일 ~ 1년의 유효기간을 두며 3~6개의 대륙을 선정하여 발권받을 수 있고 총 16회의 이동이 가능하며 대륙별로 이동 횟수에 제한이 있다. 남미, 아프리카, 아시아, 유럽-지중해, 남서 태평양 지역은 비행횟수가 각 4회로 되어 있고 북미는 총 6회로 제한되어 있다. 칠레의 이스터섬과 에콰도르의 갈라파고스 제도에 취항하고 스타얼라이언스와 스카이팀이 마일리지를 기준으로 하는 것과 다르게 대륙 기준으로 나눈다. 한번 지나온 대륙으로는 되돌아 갈 수 없고 태평양과 대서양은 각각 1회씩 횡단이 가능하다. 호주와 북미의 경우 대륙이 크기 때문에 동서로의 횡단이 1회로 제한된다.

5. 세계일주 항공권의 종류 - 스타얼라이언스

스타얼라이언스는 아시아나항공이 소속되어 있는 항공연맹이다. 원월드와는 다르게 항공권을 마일리지로 계산한다. 남미 쪽이 다소 빈약하고, 아프리카 쪽 루트가 잘 되어 있다. 스타얼라이언스 사이트에서  세계일주 계산기를 이용하면 세계일주 루트를 짜볼 수 있다.

6. 세계일주 항공권의 종류 - 스카이팀

스카이팀은 우리나라의 대한항공이 소속되어 있는 항공연맹으로 스타얼라이언스와 마찬가지로 마일리지로 항공권을 계산한다.

7. 세계일주 항공권의 종류 - 기타

그밖의 세계일주 항공권으로는 우리나라의 키세스 여행사에서 ISIC나 IYTC 및 학생임을 증명할 수 있는 서류가 있으면 발급받을 수 있는 세계일주 학생 할인권이 있다.

03 개별 항공권을 이용한 루트짜기

세계일주를 개별 항공권을 이용하여 루트를 짠다고 한다면 어떤 방식으로 루트를 짜는 것이 좋을까? 요즘 저가 항공사에서 장거리 저가 노선을 점점 추가하는 추세이다. 때문에 저가 항공을 이용해서 개별적으로 항공권을 구매하여 표를 구입하는 것이 오히려 저렴하게 세계일주를 할 수도 있다. 세계일주를 하기 위해서는 대륙과 대륙을 넘나들어야 하기 때문에 반드시 비행기를 타야 한다. 그렇기 때문에 세계일주를 하는데 있어서 현재 나와 있는 항공사들의 세계일주 항공권을 사는 것과 사지 않고 일반 항공사 및 저가 항공사를 이용하는 것 중 어느 것이 더 좋을지 생각해 봐야겠다.

> ★ 필자는 세계일주 항공권을 이용하지 않았다.
>
> 상황에 따라 대륙 간의 이동이나 항공 이동이 필요한 경우, 한 달 내외의 기간을 남겨두고 구입하여 언제나 제값 혹은 더 비싼 가격으로 항공권을 구입하여 여행하였다. 그렇게 1년 6개월 동안 여행하며 비행기를 탑승한 경우는 11회에 걸쳤다. 대부분 여행을 육로를 통해 하는 것을 원칙으로 하고 있었지만 컨디션이 안 좋거나 일정이 촉박한 경우 항공 이동을 하게 되었다. 그렇게 11회에 걸쳐 탑승했던 항공료는 유류할증료 공항세를 포함해 550만 원 선이였다. 조금 더 체계적이고 알뜰하게 저가 항공과 일반 항공을 이용했다면 더 싸게 다닐 수 있었다고 생각한다. 세계일주 항공권에 비해 조금 비싸지만 그만큼 자신의 일정과 기간에 자유롭게 여행을 다닐 수 있기에 큰 장점이 된다고 생각한다.

1. 개별 항공권을 이용할 때의 장점

개별 항공권을 이용하여 세계일주를 할 때 최고의 장점은 자유롭다는 것이다. 항공사 연맹에 연연할 필요가 없기 때문에 쫓기듯 여행을 할 필요가 없고, 여행 도중에 자신의 상황에 맞게 여러 항공사를 선택하여 표를 예매할 수 있으며 일정을 쉽게 변경할 수 있다. 그리고 저가 항공사의 프로모션과 이벤트를 잘 활용하면 보다 저렴한 가격으로 세계일주를 할 수 있고 육로 이동을 많이 한다면 비행기를 탑승하는 경우가 그리 많지 않을 수도 있다.

2. 개별 항공권을 이용할 때의 단점

개별 항공권의 단점은 비자가 필요한 국가에 입국할 경우에는 편도만 끊으면 입국할 경우 문제가 생길 수 있다. 때문에 출국하는 항공 및 기차나 기타 표를 미리 준비해야 하는 경우도 있다.

3. 개별 항공권을 이용해 루트 짜는 방법

개별 항공권을 이용하여 루트를 짜기 위해서는 자신이 원하는 루트에 어느 항공사가 취항을 하고 있는지 알아보는 것이 중요하다. 각 항공사 사이트마다 확인을 해보기에는 너무 양이 많아 힘들지만 이런 여행 항공사들의 루트를 일괄적으로 검색해주는 사이트가 있다. 그 몇몇 사이트를 통해 검색해보면 자신이 원하는 루트에 가장 저렴한 항공편을 찾을 수 있다. 다음은 티켓의 가격을 비교해주는 검색엔진 사이트이다.

★ 스카이스캐너 (www.skyscanner.kr/)
한국어 검색이 가능하며 원화로 볼 수 있다. 항공편을 검색하면 세계 600여 개 항공사 루트의 가격을 비교하며 확인할 수 있다.

★ 위치버짓 (http://www.whichbudget.com/)
전 세계 저가 항공 사이트의 중심으로 가장 많은 저가 항공편을 검색할 수 있다.

★ 기타
플라이로우코스트에어라인 (www.flylowcostairlines.org/)
카약 (www.kayak.com)
모몬도 (www.momondo.com)
오비츠 (www.orbitz.com/)
브라보플라이 (www.bravofly.com)

04 육로 이동으로 루트짜기

비행기를 타지 않고 혹은 최소한의 항공편(대륙에서 대륙으로)으로 주로 육로를 통하여 이동할 계획이라면 항공권 이외의 또 다른 육로 이동 루트를 어떻게 짜고 이동할지 생각해 봐야 한다. 우선 나라마다 무비자인지 비자를 받아야 하는지 확인해본 후 비자를 받아야 한다면 국경에서 비자를 발급받을 수 있는지 확인해보아야 한다. 그리고 나라마다 기차, 버스와 같은 특정화된 이동수단이 잘 되어 있는지 확인해야 한다. 러시아의 경우 동아시아에서 바로 유럽으로 갈 수 있는 시베리아 횡단 열차가 있다.

여행경비 예상하고 마련하기

세계일주를 준비하는 입장에서 모아놓은 여행 경비가 많다면 예산을 짜는데 많은 부담이 줄겠지만 대부분이 그렇듯 빠듯한 예산으로 세계일주를 하려면 여행하는데 필요한 예산을 최대한 구체적으로 예상해볼 필요가 있다. 더구나 여행 자금을 모아야 하는 상황에서 목표한 예산과 세계일주 출발 날짜를 구체적으로 정하기 위해서도 세계일주에 어느 정도의 비용이 들지 구체적으로 계획해 보아야 한다.

01 대륙별로 기간을 잡고 세계일주 비용을 계산해보자

자신이 만들어 놓은 루트와 각 대륙에서 체류일을 계산하여 여행비용이 얼마나 들지 계산해보자. 세계일주를 하는데 필요한 비용은 다음과 같이 4가지 부류로 나눌 수 있다. 이 네 가지를 합쳐서 비용이 얼마나 나올지 계산한다.

1. 여행을 떠나기 전 준비 비용

여행을 떠나기 전에 준비해야 할 비용은 세계일주를 출발하기 전 준비를 하는 비용으로 비자, 여행보험, 예방접종, 전자제품, 배낭 등을 준비하는데 필요한 비용이다. 배낭여행의 경험이 없다면 새로 구입해야 하는 것들이 많다. 또 여행을 준비하는 품목들 중에는 고가의 물품들이 많아 이미 준비되어 있지 않은 품목을 구입하려면 생각 외로 많은 비용이 든다. 필자의 경우 세계일주를 떠나기 전 여행준비만으로도 100만 원 가까운 비용이 들었다.

호주 워킹비자 비용, 여행보험, 국제학생증, 국제운전면허증 등의 증명서 관련 비용만 50만 원이 넘었으며 황열병, 파상풍 등의 예방접종 비용과 비상약, 의류, 기타 비용을 모두 합치니 약 100만 원의 비용이 나왔다. 노트북, 카메라 등 많은 비용이 드는 장비는 기존 사용하던 것을 가져갔기 때문에 여행경비를 어느 정도 절약할 수 있었다.

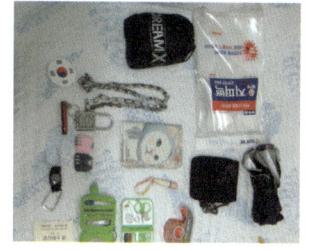

2. 항공료

세계일주 항공권을 구입한다면 세계일주 플래너로 항공권 가격이 얼마나 들지 바로 파악할 수 있다. 또 저가 항공사와 개별 항공권을 이용할 계획이라면 각각의 사이트에서 대략적인 가격을 파악해보자.

3. 각 대륙 및 국가별 체류비

1일 체류비용이란 숙박, 식비, 교통비를 포함한 1일 비용을 말한다. 자신의 여행 계획에 맞게 각 대륙의 1일 체류비용에 체류일수를 곱하면 자신의 여행 경비를 예상할 수 있다.

대략적인 나라별 1일 생활비

10달러 미만   중국, 몽골, 라오스, 베트남, 타이, 캄보디아, 방글라데시, 인도, 파키스탄, 이란, 이집트, 온두라스, 니카라과, 코스타리카, 파나마, 에콰도르, 파라과이, 짐바브웨, 잠비아, 케냐, 르완다, 우간다

20달러 미만   홍콩, 싱가포르, 터키, 불가리아, 루마니아, 슬로바키아, 체코, 헝가리, 폴란드, 리투아니아, 라트비아, 에스토니아, 러시아, 멕시코, 자메이카, 칠레, 남아공, 스와질란드, 탄자니아, 나미비아

30달러 미만   유럽 국가, 호주, 뉴질랜드
40~50달러   미국

---

4. 기타

위의 목록들은 여행을 하며 기본적으로 지출해야 하는 것들이다. 이런 것들 이외에 여행자의 취향에 따라 선택할 수 있는 비용(예 : 뮤지컬 감상, 미술관 방문, 스카이다이빙, 스쿠버 다이빙, 승마, 요가학원 등)과 언제 어떤 상황이 일어날지 모르기 때문에 비상금이 필요하다.

02 여행경비를 어떻게 조달할지 구체적인 계획을 세워보자

세계일주를 하는데 있어서 가장 큰 부담 중의 하나는 세계일주 경비다. 대체로 1년 세계일주를 하는데 드는 최소 비용을 2천만 원 정도로 예상할 수 있지만 개인마다 여행의 목적과 테마도 다르기 때문에 이 금액으로는 충분하지 않을 수 있다.

직장생활을 하고 모아놓은 돈이 있거나 부모님의 든든한 지원이 있다면 바

로 여행을 시작할 수 있겠지만 대학생 신분으로 휴학을 하고 여행경비를 모으다면 아르바이트로 모으기 힘든 금액이고 또 모은다 해도 시간이 오래 걸린다. 여행을 떠난다고 휴학해놓고 1년 동안 일을 해도 모으기 힘든 돈이다. 그렇다면 세계일주 경비를 어떻게 마련해야 할까?

요즘 세계일주를 떠나는 젊은이들이 많이 늘어나고 있는데 그 이유 중 하나가 워킹홀리데이 제도 때문이다. 많은 젊은 학생들이 호주, 캐나다 등의 국가로 워킹홀리데이를 떠나 비교적 높은 임금의 시급을 받아 돈을 모아 그 돈으로 세계일주를 떠날 기반을 마련하기 때문이다. 그렇기 때문에 직장을 다니며 돈을 모아놓았거나 부모님의 든든한 후원이 없는 경우의 입장에서는 워킹홀리데이 제도를 선택하는 것이 짧은 기간에 목돈을 모으기에 가장 좋은 방법일 것이다.

03 국내 아르바이트로 경비 조달하기

워킹홀리데이제도를 이용하여 해외에서 돈을 버는 것에 상당한 부담감이 따르는 것 또한 사실이다. 외국어에 자신 있는 사람이라면 모르겠지만 그렇지 못한 사람이라면 말이 통하지 않는 나라에 가서 돈을 벌어 모은다는 것이 큰 부담으로 다가올 것이며 오히려 그동안 모아 두었던 자금을 워킹홀리데이 국가에서 모두 다 소비만 하고 오지 않을까 걱정도 하게 된다. 그렇다면 우리나라에서 여행경비를 모두 모아 세계일주를 떠나는 방법밖에 없다. 하지만 평범한 시급의 아르바이트로 여행경비를 모으는 데에는 시간이 오래 걸린다.

> 세계일주를 떠나기 전 대학생이던 나는 학교를 휴학하고 쉴 틈 없이 여러 가지 아르바이트를 하며 여행경비를 모았다. 실제 여행을 하는 도중 호주에서 여행경비를 모을 생각이었기 때문에 호주에서 얼마를 모을 수 있을지 몰라 여행 출발 전까지 6개월 동안 서점, 빵집, 노래방, 행사장 아르바이트를 하며 600만 원을 모을 수 있었다. 실제 호주에서의 초기 정착금만 준비하고 여행을 떠난다면 더 일찍 여행을 떠날 수 있었지만 만약을 대비해 돈을 조금 더 챙겨가려고 준비를 하다 보니 여행경비도 더 모으게 되었고 여행 출발일도 더 늦어지게 되었다. 하지만 실제 호주에 도착해서 바로 일을 구할 수 있었기에 국내에서 여행 준비를 좀 더 일찍 끝내고 오는 것이 좋지 않았을까 하는 후회를 하였다.

04 워킹홀리데이로 여행경비 마련하기

요즘 워킹홀리데이제도를 통해 여행경비를 마련하는 것이 하나의 트렌드로 작용하고 있다. 필자 또한 호주에서 워킹홀리데이를 통해 모은 돈으로 세계일주를 다녀온 사람 중의 한 명이다. 워킹홀리데이는 학생의 입장에서 세계일주를 준비하는데 있어 일정 금액의 초기 자금만으로 바로 세계일주를 떠날 수 있다는 것이 큰 매력이다. 때문에 돈 없는 학생이 세계일주를 준비하는데 있어 워킹홀리데이 선택을 많이 하는 것 같다. 뿐만 아니라 워킹홀리데이 자체가 상당히 매력적인 제도이기 때문이다. 돈도 벌면서 영어공부도 하고 해외에서 생활하며 많은 외국인 친구들과 여행을 다닌다는 것에 많은 젊은이들이 낭만을 갖고 도전하는 듯싶다. 하지만 워킹홀리데이를 떠나 원하는 모든 것을 얻는 것이 생각처럼 쉽지만은 않을 것이다. 필자는 처음부터 호주 워킹홀리데이에서의 목적을 세계일주 자금 마련에만 초점을 맞추어 성공적인 워킹홀리데이 생활을 했다고 볼 수 있다. 하지만 호주에서의 생활에 아쉬움이 많이 남기도 하다. 영어공부와 여행을 만족스럽게 하지 못했기 때문이다. 그만큼 워킹홀리데이로 세계일주 경비를 모은다는 것에는 많은 노력이 필요하다.

호주 워킹홀리데이를 통해 세계일주 경비를 모아보자

국내에서 아르바이트를 통해 돈을 버는 것도 어려운데 해외에 가서 외국어를 사용하며 목돈을 모은다는 것이 분명 쉽지는 않을 것이다. 하지만 많은 젊은 학생들이 세계일주의 시작으로 호주 워킹홀리데이를 떠나고 있다. 워킹홀리데이는 호주말고도 많은 나라가 있는데 왜 많은 젊은이들이 호주로 갈까? 그 이유는 비자를 받기가 쉽고 다른 워킹홀리데이 국가에 비해 일자리가 많을 뿐 아니라 임금이 가장 높기 때문이다.

호주의 시간당 최저 임금은 16.37AUD이다. 2014년 1월 우리나라 돈으로 하면 16,000원 정도 된다. 국내에서 하는 똑같은 아르바이트를 해도 3~4배 정도 되는 금액을 벌 수 있는 것이다. 단기간에 세계일주 자금을 모을 수 있다는 점에서 도전해 볼만한 일이다.

그리고 국내에서 돈을 모으며 시간을 지체할 필요 없이 약간의 자금만으로 바로 호주로 건너가 세계일주를 시작할 수 있다는 점에서 더 큰 매력이 있다고 할 수 있다.

호주의 최저 임금은 16.37달러이지만 일의 종류에 따라 더 많이 받을 수도 있고 적게 받을 수도 있다. 필자가 일했던 농장 및 시티잡에서는 보통 18달러 정도를 받았기 때문에 시급 17,000원 정도를 벌었다. 호주는 우리나라와 달리 주급으로 임금을 주고 있다. 그렇기 때문에 하루 8시

간 일하는 일자리를 주 5일 일을 했다면 주급으로 720달러 정도를 받게 된다. 하지만 이중에서 13%는 세금으로 빠져나가고 실제로 통장에 입금되는 돈은 500달러 정도라고 볼 수 있다. 하지만 세금으로 빠져나간 금액은 매년 7~10월에 세금환급을 받을 수 있어 그대로 돌려받을 수 있다.

국내에서 빡빡하게 아르바이트를 하며 세계일주 비용을 버는 것보다는 호주의 광활한 대 자연에서 외국인 친구들을 사귀며 다양한 종류의 일을 해보는 것도 도전해볼 만하다.

05 후원 받아보기

세계일주를 기획하는 사람들이라면 기업체에서 후원을 받아 여행을 떠나고 싶은 생각을 한번 정도 해봤을 것이다. 기업체의 후원을 받기 위해서는 자신의 여행에 관한 기획서를 작성하여 기업체에 제출하거나 찾아가 협찬을 이끌어 내야 한다. 하지만 자신의 여행 주제와 기업체와의 상관관계가 잘 맞아야 한다. 또 실제로 후원을 받게 되었다고 해도 여행을 하는 도중에도 그에 맞는 계약 조건 등을 들어주어야 한다. 기업체의 후원을 받게 되면 여행 경비의 일부 혹은 전액을 보상받을 수 있거나 기업체의 특성에 따라 여행 중 필요한 물품들을 지원 받을 수 있다. 자신의 여행 목적이나 테마와 잘 어울리는 기업체나 톡톡 튀는 아이디어가 있다면 충분히 시도해볼 만하다.

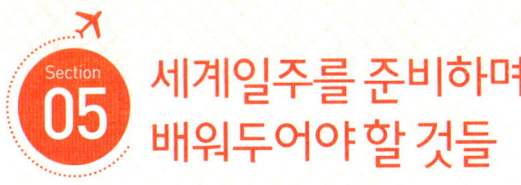
세계일주를 준비하며 배워두어야 할 것들

세계일주를 준비할 때 배워 두어야 할 것에는 어떤 것이 있을까? 기본적으로 외국어가 있지만 그 외에도 다양한 것들이 있다.

01 영어공부 시작하기

세계일주를 준비하며 생기는 여러 가지 걱정거리 중 하나가 언어 문제일 것이다. 해외에 나가 몇 년이라는 기간 동안 영어와 기타 언어를 사용하며 지내야 하는데 혹시 큰 문제가 생겼을 때 사람들과 의사소통이 안 되면 어떻게 해야 하나 고민이 될 것이다. 그러한 문제로 세계일주를 시작도 하기 전에 주저하게 되는 경우도 있다.

영어를 못한다고 해서 세계일주를 못하는 것은 아니다. 기본적인 영어회화만이라도 할 줄 안다면 비행기 버스를 타고 숙소에 머무는 정도의 회화는 조금 연습을 하면 할 수 있다. 실제로 필자가 여행을 다닐 때 만났던 할아버지는 나이가 예순이 넘어 일흔에 가까웠지만 혼자 중동, 유럽 여행을 다니며 여행을 하고 계셨었는데 그 이전에도 아시아 일대를 매번 여행 다니셨다고 한다. 그 할아버지의 영어 실력이라고는 Train, Bus, Money change라는 단어를 외우고 나열 수준 정도밖에 안 되었지만 사람들에게 묻고 또 물어보며 여행을 하고 계셨다. 또 해외에서 만난 외국인들 역시 모국어를 영어로 사용하지 않는 국가의 사람이라면 영어를 그렇게 잘 하지는 못한다. 외모만 보면 서양 여행객들은 모두 영어를 잘할 것이라고 생각하겠지만 실제로 대화를 나누어보면 영어를 그다지 잘하지 못한다는 것을 많이 느낀다.

이처럼 영어를 못해서 불편한 것은 있지만 그렇다고 영어 때문에 여행을 못하는 것은 아니다. 하지만 영어를 잘한다면 숙소에서 만난 친구들과 원활하게 의사소통을 할 수 있고 갑자기 생길 수 있는 비상사태에 유연하게 대비하며 여러 상황에서도 더 많은 것을 경험할 수 있다. 그러니 세계일주를 결심했다면 영어공부를 꾸준히 해야 할 필요가 있다.

02 기타 외국어

어느 나라에서도 영어가 통할 것이라 생각하면 오산이다. 영어를 모국어로 사용하는 나라가 아니라면 그 나라의 관광객이 몰리는 관광지를 제외하면 영어를 사용하기 힘들 것이다. 그렇기 때문에 영어뿐만 아니라 여행 예정국의 모국어를 공부하는 것도 세계일주를 준비하는데 있어 주요 준비사항 중 하나이다.

그리고 현지인에게 현지 언어로 인사를 건네거나 간단한 대화를 한다면 낯선 여행지에서 현지인으로부터 상당히 호의적인 반응을 얻을 수 있다. 이러한 점을 고려해볼 때 자신의 세계일주에 남미 여행 계획이 있다면 스페인어를 배워보는 것도 좋을 것이다. 남미는 브라질을 제외하고는 거의 스페인어를 사용하기 때문에 한번 배워두면 유용하게 사용할 수 있다. 그리고 고등학교 시절 제 2외국어로 중국어나 일본어, 불어를 배웠었다면 조금 공부를 해 기억을 되살려 전 세계의 많은 일본, 중국인, 프랑스 여행자들과 친구가 되며 필요한 순간에 유용하게 사용할 수 있을 것이다.

03 체력 관리 및 운동 배우기

세계일주를 하면 무거운 배낭을 짊어지고 이동을 해야 하는 시간도 많고 대륙과 대륙을 넘나들다 보면 갑작스런 기후 변화에 몸이 많이 약해지는 경우가 생긴다. 그런 경우를 대비해 미리 체력 관리를 잘 해두어야 한다. 또 국내에서 머물 때와는 달리 여러 가지 레포츠를 즐길 상황이 많이 생기는데 수영을 할 줄 모른다면 여행 전

미리 배워두는 것도 좋고 이러한 기본적인 운동을 준비해 두는 것이 좋다.

04 요리 배우기

여행을 하다 보면 매번 식당에서 밥을 사먹을 수만은 없다. 그래서 여행자 숙소나 게스트하우스에 준비되어 있는 식당에서 밥을 해먹을 경우가 많이 생기는데 그때마다 라면이나 파스타 등 간단한 음식을 만들어 먹을 수도 있지만 게스트 하우스에서 만난 외국인 친구들과 함께 밥을 해 먹고 파티를 열 수도 있다. 그럴 때 각 나라의 큰 도시에서 한국 음식 재료를 구하는 것이 쉽기 때문에 간단하게라도 한국 음식을 만들 수 있다면 큰 즐거움이 될 것이고 또 여행 중 현지인의 집에 초대를 받을 수도 있다. 그러니 미리 간단한 음식 만드는 방법 등을 배우면 좋을 것이다.

이집트에서 일본 친구들과 만들어 먹은 닭 볶음탕

이탈리아 친구 집에서 만들어 먹은 떡볶이

여행자료 수집하기

여행을 준비하는데 있어 정보를 모으는 것이 중요하다. 철저하게 준비를 하면 그만큼 같은 비용으로도 많은 혜택을 받을 수 있고 더 많은 것을 보고 올 수도 있다.

01 인터넷 여행정보 수집

여행정보를 수집하는데 있어서 가장 쉽게 접할 수 있는 것이 인터넷이다. 인터넷을 통해 여행정보를 수집할 경우에는 언뜻 보기에는 모든 정보가 있는 듯 보이지만 정작 찾고 싶은 정보들이 너무 분산되어 있는가 하면 자세하지 못한 정보들이 많다. 또 블로그나 카페를 통한 정보들은 정보를 완벽하게 전해주지 않으면서 광고를 목적으로 작성되어 있는 글들이 너무 많다. 이런 상황에서 정보를 얻기 위해서는 시간을 들여 검색하고 검색하여 나온 정보를 따로 메모장이나 한글 문서에 저장해두거나 캡처를 해두는 방법으로 분산되어 있는 정보를 모아 자신만의 여행정보서를 만들 필요성이 있다.

각국관광청에는 유용한 정보가 많다.　　　여행자카페에서 필요한 정보를 얻을 수있다.

※ 인터넷에서의 정보는 자신이 경험한 일을 적어 놓기 때문에 신뢰할 수 없는 개인의 경험이 많다. 인터넷에서 찾은 정보는 공식적인 사이트의 내용이 아니라면 잘 판단하고 수집해야 한다.

02 책을 이용한 여행정보 수집

책을 통해 여행정보를 수집하면 자신이 가고자 하는 나라의 가이드북을 통해 여행일정이나 방문할 관광지를 알아두는 것도 좋다. 책에 나와 있는 정보는 인터넷에 나와 있는 정보보다는 신뢰도가 높지만 여행책의 특성상 출간된지 오래된 책이라면 실제 방문했을 당시에 상황이 많이 바뀌어 있을 수 있다. 때문에 새로 개정된 최신 책으로 정보를 얻는 것이 좋다.

여권과 비자

우리나라를 벗어나 해외로 여행을 떠날 때 가장 기본적으로 준비를 해야 할 것이 여권과 비자이다. 자신이 방문할 나라들은 어떤 비자를 통해 방문할 수 있는지 미리 체크를 해두는 것이 중요하다.

01 여권

해외여행을 갈 때 꼭 필요한 것 중 하나가 바로 여권이다. 여권은 본인의 신분을 증명하는 신분증명서로서 해외에 나가 있는 기간 중 가장 중요한 물건이며 출국 수속이나 입국 수속뿐 아니라 환전을 할 때나 면세점에서 면세 상품을 구입할 때 또 여행자 수표를 사용할 때 한국으로부터 송금된 돈을 찾을 때 등의 여러 상황에 여권이 필요하다.

1. 여권의 종류

여권에는 일반여권, 거주여권, 관용여권이 있다. 특별히 재외국민이나 공무상 해외에 가는 일이 아니라면 보통 일반여권을 발급받으면 된다. 여권은 기간에 따라 단수여권과 복수여권으로 나뉘는데, 단수여권은 여권의 유효기간이 1회에 한하여 외국 여행을 할 수 있다. 하지만 복수여권은 유효기간 만료일까지 횟수에 제한 없이 외국여행을 할 수 있는 여권이다. 여권 종류별 수수료는 다음과 같다.

구분			발급 수수료+국제교류기여금	
			국내	재외공관
복수여권	5년 초과, 10년 이내		53,000원	53달러
	5년	만 8세 이상 ~ 18세 미만	45,000원	45달러
		만 8세 미만	33,000원	33달러
	5년 미만(20~24세 병역 미필자)		15,000원	15달러
단수여권	1년 이내		20,000원	20달러

※ 2014년 4월부터 사증란이 24쪽으로 줄어든 알뜰여권(3,000원 인하)도 발급된다.

2. 여권 발급 방법

여권의 발급장소는 자신의 주소지와 상관없이 가까운 시청, 구청, 도청, 군청의 여권과에서 신청할 수 있는데 예외적인 경우를 제외하고는 본인이 직접 방문하여 신청해야 한다. 발급 신청 시 구비 서류로는 3가지가 있다.

1) 여권발급신청서(여권과에 구비되어 있음)
2) 여권용 사진 1매(긴급 사진 부착식 여권 신청 시 2매)
3) 신분증(주민등록증, 운전면허증)

여권발급신청서에는 한자 이름, 본적 주소를 정확하게 기록해야 하니 미리 준비해두고 여권용 사진은 일반 배경사진과는 다르게 배경이 흰색이어야 하며 귀가 보여야 한

다. 사진이 규정에 맞지 않을 경우 대부분 여권과의 앞에 준비된 즉석 사진관이 있으니 다시 찍어야 한다. 모든 구비 서류를 챙겨 여권발급신청서를 작성하여 증명사진과 함께 제출하면 대부분 여권이 발급되는데 공휴일을 제외하고 4일 정도 소요된다. 하지만 발급기관의 사정에 따라 시간이 더 소요될 수 있으니 미리 준비해 놓는게 좋다. 여권은 직접 수령할 수 있고 우편으로 수령할 수 있는데 우편수령 시 택배비용을 지불해야 한다.

> **주의** 간혹 여권과의 위치가 시청이나 구청과 다른 곳에 위치해 있을 수 있으니 미리 인터넷으로 위치를 알아보고 가는 것이 좋다.

해외 여행 중 여권을 분실했을 경우 재발급 받는 방법

해외에서 소매치기를 당하거나 본인의 실수로 여권을 잃어버리는 경우가 생길 수 있다. 이럴 경우 인근 현지 경찰서로 가서 '분실 신고 및 여권분실 신고확인서'를 발급받아야 한다. 이렇게 신고를 먼저 하는 이유는 여권이 다른 사람에게서 악용되는 것을 방지하기 위해서이고 임시 여권인 여행증명서(T/CT: Travel Certification)를 발급받을 수 있다. 이렇게 신고를 하고 해당 국가의 대한민국 영사관에 찾아가 여권 분실 신고를 하고 재발급을 받으면 된다. 재발급을 받을 때에는 신분증(혹은 복사본)과 여권 복사본, 여권용 사진 2매를 가지고 있어야 한다. 여권 발급은 우리나라에서처럼 일주일 내에 발급받을 수 없고 2~3주의 시간이 소요되기 때문에 여권을 잃어버리면 여행의 일정에 상당한 차질을 받을 수 있다. 하지만 여권이 없이는 다른 나라로 이동을 할 수 없기 때문에 재발급을 받아야 한다.

여권 사증란이 부족할 경우

장기여행을 하며 많은 나라의 비자를 발급받다보면 여권에 사증란이 부족할 경우가 생길 수 있다. 이럴 경우에는 머물고 있는 해당 국가의 재외공관을 방문하여 수수료를 내고 사증 추가를 할 수 있다.

02 비자

해외에 나가기 위해서는 방문하려는 국가의 비자가 필요하다. 비자는 나라마다 모양이 다른데 대부분 스티커 형식으로 되어 여권에 붙여주며 나라에 따라서 스탬프 형식으로 여권에 찍어주거나 우표 같이 생긴 비자를 붙여주는 곳도 있다. 여러 나라를 돌아다니다 보면 이런 독특한 비자들을 모으는 재미도 쏠쏠하다.

1. 우리나라 여권은 여행하기에 얼마나 편리할까?

모든 나라가 입국 시 비자를 요구하지는 않는다. 각국의 이해관계와 여행객의 편의를 따져 비자를 면제해주는 국가들도 있는데 우리나라 여권은 꽤나 여행하기 편리한 여권이다. 벨라루스, 아르메니아 등을 제외한 대부분의 유럽 국가들과 볼리비아를 제외한 아메리카 국가들 그리고 대부분의 동남아시아 국가들은 무비자로 여행할 수 있다. 하지만 중·서부 아프리카와 중동 등의 국가들을 여행할 때에는 비자를 받아야 한다. 무비자 협정이 가장 많이 체결되어 있는 북유럽 국가의 여행객들도 이러한 국가들을 여행할 때에는 비자 없이 갈 수 있는 나라는 거의 없으니 우리나라 여권은 세계 최고 수준의 여권이라 할 만하다. 그만큼 우리나라 사람들은 세계일주를 하는데 편리한 위치에 있다.

2. 각 대륙별 비자 현황

외교통상부 영사서비스과의 2014.01.02. '세계 각국의 입국허가 요건' 기준으로 현재 우리나라와 각 나라의 비자 협정에 대해 알아보자.

아시아, 오세아니아 지역

국가명	사증 필요 여부	국가명	사증 필요 여부
나우루	도착비자	마샬군도	무비자 30일
네팔	도착비자	마이크로네시아	무비자 30일

국가명	사증 필요 여부	국가명	사증 필요 여부
뉴질랜드	무비자 90일	마카오	무비자 90일
대만	무비자 30일	말레이시아	무비자 90일
동티모르	도착비자 30일	몰디브	도착비자 30일
라오스	무비자 15일	몽골	비자 필요
미얀마	비자 필요	일본	무비자 90일
바누아투	무비자 1년 내 4개월	중국	비자 필요
방글라데시	비자 필요	캄보디아	도착비자 30일
베트남	무비자 15일	키리바시	무비자 30일
부탄	비자 필요	태국	무비자 90일
브루나이	무비자 30일	통가	무비자 30일
사모아	무비자 60일	투발루	무비자 30일
솔로몬군도	무비자 1년 내 3개월	파키스탄	비자 필요
스리랑카	도착비자 30일	파푸아뉴기니	도착비자 60일
싱가포르	무비자 90일	팔라우	무비자 30일
아프가니스탄	비자 필요	필리핀	무비자 30일
호주	ESTA 90일(전자여행허가)	피지	무비자 4개월
인도	비자 필요	홍콩	무비자 90일
인도네시아	도착비자 30일		

미주 지역

국가명	사증 필요 여부	국가명	사증 필요 여부
가이아나	무비자 30일	수리남	무비자 90일
과테말라	무비자 90일	아르헨티나	무비자 90일
괌	무비자 45일(구여권 소지자) ESTA 90일(전자여행 허가)	아이티	무비자 90일
그레나다	무비자 90일	안티구아바부다	무비자 90일
니카라과	무비자 90일	에콰도르	무비자 90일
도미니카	무비자 90일	엘살바도르	무비자 90일
멕시코	무비자 90일	온두라스	무비자 90일
미국	ESTA 90일(전자여행 허가)	우루과이	무비자 90일
바하마	무비자 90일	자메이카	무비자 90일

국가명	사증 필요 여부	국가명	사증 필요 여부
바베이도스	무비자 90일	칠레	무비자 90일
베네수엘라	무비자 90일	캐나다	무비자 6개월
벨리즈	비자 필요	코스타리카	무비자 90일
볼리비아	비자 필요	콜롬비아	무비자 90일
북마리아나연방	무비자 45일, ESTA 90일(전자여행 허가)	쿠바	비자 필요
브라질	무비자 90일	트리니다드 토바고	무비자 90일
세인트 루시아	무비자 90일	파나마	무비자 90일
세인트빈센트그레나딘	무비자 90일	파라과이	무비자 30일
세인트 킷츠네비스	무비자 90일	페루	무비자 90일

유럽 지역

국가명	사증 필요 여부	국가명	사증 필요 여부
그리스	무비자 90일	슬로베니아	무비자 90일
네덜란드	무비자 90일	아르메니아	비자 필요
노르웨이	무비자 90일	아이슬란드	무비자 90일
덴마크	무비자 90일	아일랜드	무비자 90일
독일	무비자 90일	아제르바이잔	도착비자
라트비아	무비자 90일	알바니아	무비자 90일
러시아	무비자 60일	영국	무비자 최대 6개월
루마니아	무비자 90일	에스토니아	무비자 90일
룩셈부르크	무비자 90일	오스트리아	무비자 90일
리투아니아	무비자 90일	우즈베키스탄	비자 필요
리히텐슈타인	무비자 90일	우크라이나	무비자 90일
마케도니아	무비자(1년간 누적 90일)	이탈리아	무비자 90일
모나코	무비자 90일	조지아	무비자 360일
몬테네그로	무비자 90일	체코	무비자 90일
몰도바	비자 필요	카자흐스탄	비자 필요
몰타	무비자 90일	크로아티아	무비자 90일
벨기에	무비자 90일	키르기즈스탄	무비자 60일
벨라루스	비자 필요	타지키스탄	비자 필요

국가명	사증 필요 여부	국가명	사증 필요 여부
보스니아·헤르체고비나	무비자 90일	터키	무비자 90일
불가리아	무비자 90일	투르크메니스탄	비자 필요
사이프러스	무비자 90일	포르투갈	무비자 60일
산마리노	무비자 9일	폴란드	무비자 90일
세르비아	무비자 90일	프랑스	무비자 90일
스웨덴	무비자 90일	핀란드	무비자 90일
스위스	무비자 90일	헝가리	무비자 90일
스페인	무비자 90일	코소보	무비자 90일
슬로바키아	무비자 90일		

중동 지역

국가명	사증 필요 여부	국가명	사증 필요 여부
레바논	무비자 30일	오만	무비자 30일
리비아	비자 필요	요르단	도착비자 30일
모로코	무비자 90일	이라크	비자 필요
모리타니아	비자 필요	이란	도착비자 14일
바레인	도착비자 14일	이스라엘	무비자 90일
사우디아라비아	비자 필요	이집트	도착비자 30일
수단	비자 필요	카타르	도착비자 30일
시리아	도착비자 30일	쿠웨이트	도착비자 90일
아랍에미리트	도착비자 30일	튀니지	무비자 30일
예멘	도착비자 30일		

아프리카 지역

국가명	사증 필요 여부	국가명	사증 필요 여부
가나	비자 필요	스와질랜드	무비자 60일
가봉	비자 필요	소말리아 (여행 금지국)	도착비자
감비아	도착비자 30일	시에라리온	비자 필요
기니	비자 필요	알제리	비자 필요
기니바사우	비자 필요	앙골라	비자 필요

나미비아	비자 필요	에리트리아	비자 필요
나이지리아	비자 필요	우간다	도착비자(30일~90일)
남수단	비자 필요	에티오피아	도착비자 90일
남아프리카공화국	무비자 30일	잠비아	도착비자 90일
니제르	도착비자	적도기네	비자 필요
라이베리아	무비자 90일	중앙아프리카공화국	비자 필요
레소토	무비자 60일	지부티	도착비자 30일
르완다	도착비자 30일	짐바브웨	도착비자 30일
마다가스카르	도착비자	차드	비자 필요
말라위	비자 필요	카메룬	도착비자
말리	비자 필요	카포베르데	도착비자
모리셔스	무비자 16일	케냐	도착비자 90일
모잠비크	도착비자 30일	코모로	도착비자 24시간
베냉	비자 필요	코트디부아르	비자 필요
보츠와나	무비자 90일	콩고공화국	비자 필요
부르기나파소	도착비자	콩고민주콩고	비자 필요
세네갈	비자 필요	탄자니아	도착비자
상투메 프린시페	비자 필요	토고	비자 필요
세이쉘	무비자 30일		

3. 비자 발급 방법 및 주의사항

세계일주를 떠날 때 육로로 떠날지 비행기로 떠날지 아니면 먼저 워킹홀리데이를 할지 등 자신이 여행하고자 하는 첫 번째 나라를 선택했다면 그 나라가 비자를 받아야 하는지 무비자 협정 국가인지 알아보아야 한다. 무비자 국가라면 여권만 들고 여행을 떠나면 되지만 만약 비자를 받아야 한다면 어떻게 받아야 할까?

우리나라에서 비자를 받는다

비자는 여행하고자 하는 나라의 대사관이나 영사관에서 발급받을 수 있다. 나라마다 비자를 발급해주는 조건은 틀리지만 간혹 초청장이나 인터뷰를 요구하는 국가도 있다. 중국, 인도 등의 국가는 미리 비자를 받아야 입국할 수 있는 나라들이다. 그렇기 때문에 직접 대사관에 찾아가 비자 신청 방법에 따라 비자를 발급받거나 여행사에 비자 업무 대행을 통해 발급받을 수 있다.

도착비자를 발급해주는 국가라면 해당 국가의 공항이나 국경지대에서 받을 수 있다

비자를 발급받아야 하는 국가지만 도착비자를 발급받을 수 있는 나라라면 공항이나 국경지대에서 일정의 수수료를 내고 바로 비자를 발급받을 수 있다. 도착비자를 발급해주는 국가로는 이집트, 캄보디아, 네팔, 스리랑카 등이 있다. 현지에서 비자를 받는 것이 미리 비자를 받는 것보다 오히려 저렴하게 발급받을 수도 있다.

여행 중 다음 행선지 나라의 비자를 현재 여행 중인 나라에서 준비한다

세계일주를 떠나기 전 자신이 방문 계획하고 있는 모든 나라의 비자를 발급받아 여행을 떠난다면 비자 발급에 대한 고민 없이 편안한 마음으로 여행을 다닐 수 있을 것이다. 하지만 비자에는 유효기간이 있을 뿐 아니라 발급일로부터 효력이 시작되는 비자도 있어 굳이 세계일주를 떠나기 전에 모든 비자를 발급받기보다는 여행의 초반에 방문하게 될 나라의 비자를 받는 것이 효율적이다. 그리고 비자를 받아야만 입국이 가능한 나라들 중 볼리비아와 같은 일부 국가는 우리나라에서 비자를 발급받기 위해서는 상당히 많은 준비물과 필요 문서가 많지만 그 근접 국가에서 비자를 발급받을 때에는 우리나라에서보다 적은 노력으로 쉽게 비자를 발급받을 수 있다.

4. 비자 관련 정보

그 밖의 각 지역별 혹은 특별히 알아야 할 비자와 관련된 정보를 알아보자.

쉥겐조약

유럽의 대부분의 나라들은 무비자이다. 앞에 대륙별 비자 현황에서 보듯이 대부분 90일씩 무비자인 국가들이 20여 개국이 넘는데 각각의 나라들을 모두 90일씩 꽉 채워 지낸다면 유럽에서 몇 년씩 머물 수 있다. 하지만 유럽 국가에는 쉥겐조약Schengen Agreement이라는 것이 있다. 쉥겐조약은 쉥겐조약을 맺은 국가(25개국)들을 여행할 때에는 국경이 없는 것처럼 자유롭게 드나들 수 있다는 조약이다. 이 조약은 이동을 자유롭게 할 수 있지만 쉥겐조약 국가 소속 국가에 처음 입국일로부터 180일 이내에 90일 이상을 머무를 수 없다는 규정이 있다.

각 나라와 우리나라의 양자간 협정에 의해 90일간 무비자로 체류할 수 있는 독일과 이탈리아를 생각해보면 독일에서 90일 동안 체류하고 이탈리아로 이동해서 90일을 체류할 수 있다고 생각할 수 있지만 실제로는 나라에 상관없이 쉥겐조약을 따져 두 나라의 체류기간을 모두 합친 기간이 90일을 넘을 수 없다는 것이다.

유럽을 90일 이하로 머무를 계획이라면 상관없지만 그 이상 머무를 계획이라면 상당히 억울하다. 쉥겐조약이 아닌 양자협정으로 따진다면 더 오랜 기간 머무를 수 있는데 쉥겐조약으로 인해 제약을 받기 때문이다. 이에 따라서 네덜란드, 룩셈부르

크, 슬로바키아, 포르투갈, 프랑스, 스위스, 라트비아, 슬로베니아를 제외한 쉥겐조약국들은 양자협정을 인정하고 있다.

다음 내용은 외교통상부 '쉥겐조약국내여행시유의사항' 참조이다.

양자협정상 체류기한	쉥겐국(25개국)	양자협정 적용	쉥겐협약 적용
90일 무비자 국가 (벨기에, 네덜란드, 룩셈부르크는 3국내에서 90일)	네덜란드	입장 유보	
	독일	O	
	룩셈부르크	입장 유보	
	리투아니아	O	
	벨기에	O	
	스페인	O	
	오스트리아	O	
	체코	O	
	폴란드	O	
	헝가리	O	
	이탈리아	O	
	몰타	O	
	그리스	O	
	슬로바키아	입장 유보	
	포르투갈	입장 유보	
	프랑스	입장 유보	
	스위스		O
	라트비아		O
북구 5개국 내에서 180일 기간 중 90일	노르웨이	O	
	덴마크	O	
	스웨덴	O	
	아이슬란드	O	
	핀란드	O	
180일 기간 중 90일	에스토니아	O	
양자 협정 미체결국	슬로베니아		O

이처럼 여러 쉥겐국가를 무비자로 여행하다가 90일이 초과되어 버린 경우 쉥겐협약만을 적용하는 국가에서 비쉥겐국으로 출국을 한다면 '쉥겐국 내 180일 기간 중 90일' 규정을 위반하게 된다. 하지만 양자협정을 적용하는 쉥겐국에서 비쉥겐국가로 출국하게 되면 양자협정을 적용받아 적법한 출국이 될 수 있다.

그런데 쉥겐국 내에 국경 검문소가 없기 때문에 여권에 표시된 스템프로는 쉥겐국 전체 체류기간만 확인이 가능하다. 때문에 쉥겐국 내의 각 국가들의 체류기간을 여권상 표시가 되지 않는다. 그러므로 양자협정을 적용받기 위해서는 체류기간을 증명할 수 있는 숙박영수증, 교통영수증(기차, 버스, 항공권, 선박), 카드 사용 영수증 등의 증빙서류를 소지하고 있어야 한다.

하지만 양자협정은 출입국 심사관이 우리나라와의 양자협정을 모르거나 쉥겐조약을 우선시해서 출입국 거부를 당하는 등 문제가 되는 경우도 발생한다.

> #### 중동 GCC 단일 관광비자 (Gulf Cooperation Council)
> 현재 중동의 카타르, 오만, 두바이 국가 중 1개국의 비자를 받으면 나머지 국가에 입국할 때 별도의 비자를 받을 필요 없이 방문할 수 있도록 3개국 사이에 'Joint Visa' 협정이 맺어져 있다. 하지만 이 협약은 GCC 걸프협력회에 의해 2014년 중반 6개국(카타르, 오만, 두바이, 사우디아라비아, 쿠웨이트, 바레인)으로 확대될 예정이다. 이렇게 될 경우 관광비자가 없는 사우디아라비아의 방문이 용이해진다.

세계일주 시 준비해야 하는 서류들

일생에 한 번밖에 없을 세계일주를 철저하게 준비하고 떠난다면 생각지도 못했던 곳에서 많은 혜택을 누릴 수도 있다. 어떤 증명서가 이러한 혜택을 도와주는지 알아보고 준비해보도록 하자.

01 국제학생증

국제학생증은 단순히 학생 신분임을 증명하는 것 이외에도 해외 주요 관광명소의 입장료 할인, 기차/버스티켓, 숙소 할인 등의 혜택을 받을 수 있고 일부 항공사에서는 국제학생증으로도 할인을 해주는 경우도 있으니 세계일주를 떠난다면 꼭 필요한 아이템 중 하나이다. 대표적인 국제학생증으로는 ISIC(International Student Identity Card)와 ISEC(International Student Exchange Card) 이렇게 2종류가 있다. 두 학생증 모두 무료 입장이나 혜택에 있어 거의 차이가 없다.

1. ISIC

ISIC(International Student Identity Card)는 유네스코 인증 세계 공통 디자인 국제 학생증이다. 발급받는 방법으로는 인터넷 홈페이지를 통해 신청서를 미리 작성하고 구비서류(신분증, 학생증빙 서류) 및 발급비 14,000원을 지참하여 발급처(키세스 여행사, 지정은행 및 제휴 대학)에 방문하면 된다. 또 ISIC의 유효기간은 발급월로부터 13개월간 유효하다. (예 : 6월에 발급받은 경우 다음 해 6월 말까지 유효) 그렇기 때문에 본인의 출국일정과 여행기간을 확인하여 발급받는 것이 유리하다. 유효기간 만료 후에도 금융카드 기능 및 국제전화카드 기능은 그대로 사용할 수 있다.

> 주의 홈페이지(http://www.isic.co.kr)를 방문하면 ISIC 국제학생증에 대한 자세한 설명과 발급방법이 나와 있다.

> 주의 홈페이지(http://www.isecard.co.kr)를 방문하면 ISEC 국제학생증에 대한 자세한 설명과 발급방법이 나와 있다.

2. ISEC

ISEC(International Student Identity Card)는 미국 일리노이 연맹에서 담당하는 국제 학생증이다. 발급받는 방법으로는 본사에 온라인 신청(2일 이내 배송)을 하거나 구비서류(증명사진, 신분증, 학생증빙서류)를 지참하여 대리점(각 여행사)에 직접 방문하여 신청할 수 있다.

02 국제운전면허증

세계일주를 떠나는데 국제운전면허증을 준비해 간다면 여행 도중 만난 친구들과 함께 렌터카 여행을 떠날 수 있고 호주나 캐나다 등 기타 지역에서 워킹홀리데이 계획이 포함되어 있다면 일을 구하고 현지 여행을 하는데 있어 보다 넓은 선택의 기회를 줄 것이다. 그러니 운전면허증이 있다면 국제운전면허증도 준비하도록 하자.

국제 운전면허증은 전국운전면허시험장에서 발급받을 수 있고 구비 서류로는 여권, 운전면허증, 여권용 사진 또는 컬러반명함판 1매가 필요하다. 수수료는 7,000원이고 소요시간은 30분 정도 걸릴 수 있다. 면허증의 유효기간은 발급일로부터 1년이지만 국가마다 약간씩 다를 수 있다. 우리나라에서 발급받은 국제운전면허증으로는 제네바 가입국에서 운전이 가능하다.

제네바 가입국 현황	
아시아 (15개국)	한국, 뉴질랜드, 라오스, 말레이시아, 방글라데시, 스리랑카, 싱가포르, 오스트레일리아, 인도, 일본, 캄보디아, 태국, 파푸아뉴기니, 피지, 필리핀
아메리카 (15개국)	과테말라, 도미니카공화국, 미합중국, 바베이도스, 베네주엘라, 아르헨티나, 아이티, 에콰도르, 자메이카, 칠레, 캐나다, 쿠바, 트리니다드토바고, 파라과이, 페루
유럽 (33개국)	교황청, 그루지아, 그리스, 네덜란드, 노르웨이, 덴마크, 러시아, 루마니아, 룩셈부르크, 모나코, 몬테네그로, 벨기에, 불가리아, 사이프러스, 산마리노, 세르비아, 스웨덴, 스페인, 슬로바키아, 아이슬랜드, 아일랜드, 알바니아, 영국, 오스트리아, 이탈리아, 체코, 키르기즈스탄, 터키, 포르투갈, 폴란드, 프랑스, 핀란드, 헝가리, 중동
아프리카 (32개국)	가나, 나미비아, 나이지리아, 남아프리카공화국, 니제르, 레바논, 레소토, 르완다, 마다가스카르, 말라위, 말리, 모로코, 몰타, 베냉, 보츠와나, 부르키나파소, 세네갈, 시리아, 시에라리온, 아랍에미리트, 알제리, 요르단, 우간다, 이스라엘, 이집트, 중앙아프리카공화국, 짐바브웨, 코트디브와르, 콩고, 콩고공화국, 토고, 튀니지

03 유스호스텔 회원증

유스호스텔은 저렴한 숙소를 찾는 여행자들이 많이 이용하는 숙소로 전 세계 거의 모든 도시에 있을 정도로 규모가 큰 연맹이다. 하지만 유스호스텔에 묵지 않는다면 유스호스텔 회원증은 필요하지 않다. 동남아 지역을 여행한다면 저렴한 게스트하우스가 많이 있어 굳이 유스호스텔을 찾아다닐 필요가 없다. 하지만 유럽지역에서 저렴한 숙소를 찾는다면 유스호스텔을 자주 이용하게 될 것이다. 대략 하루 숙박비가 15~20유로씩(2~3만 원)하는 유럽의 유스호스텔 숙소 비용을 회당 2~3유로씩 할인을 받아 누적된다면 결코 무시할 수 없는 돈이다. 그리고 성수기에는 유스호스텔 사이트에서 다음 여행지의 호스텔을 예약해 놓으면 낯선 여행지에서 숙소를 구하지 못해 당황하는 일도 없을 것이다. 유스호스텔 회원가입은 자신의 여행스타일을 생각해보고 결정해볼 필요가 있을 것이다. 발급 비용이 결코 싸지는 않지만 세계일주를 하는데 있어서 분명 이득이 되는 회원증이다.

회원증의 신청방법으로는 웹사이트를 통해 신청을 해서 택배로 받을 수도 있고 직접 센터에 방문해서 현장 수령할 수도 있다. 회원증에는 5가지 종류가 있는데 만 24세를 기준으로 이보다 어리면 '청소년'으로 분류되고 이보다 나이가 많으면 '성인'으로 분류된다. 그리고 '가족' 회원증과 '그룹' 회원증이 있고 '평생회원증'도 있다. 가입비는 1년 기준으로 청소년 21,000원, 성인 30,000원이고 평생회원증은 250,000원이다.

참고 한국유스호스텔회원연맹 홈페이지(http://www.kyha.or.kr)에 방문하면 자세한 설명과 발급 방법이 나와 있다.

04 여행자 보험

세계일주를 하는데 있어 보험은 필수이다. 장기여행이니 만큼 여행을 하며 어떤 일이 발생할지 모르기 때문에 미리 보험을 들어두면 여행 중 빈번히 일어나는 도난물품부터 큰 사고까지 보상을 받을 수 있다. 세계일주 1년을 기준으로 보았을 때 보험료가 부담이 된다. 하지만 위험 상황을 대비해 둘 때 반드시 필요하니 보험료에는 돈을 아끼지 않아야 한다.

여행자 보험 주의사항

세계일주를 이미 시작한 후 국내에 머물고 있지 않은 상태에서 국내여행자 보험을 들 수는 없다. 하지만 기존에 들어 두었던 여행자 보험이 있다면 그 보험의 종류를 바꾸어 연장할 수 있다.
예를 들면 호주워킹보험을 들고 여행을 떠났는데 호주에서 한국으로 돌아오지 않고 1년 이상의 해외여행을 계획했다면 호주에서의 워킹홀리데이 보험의 종류를 바꾸어 연장할 수 있다. 하지만 그 기간이 이미 끝났다면 보험을 들 수 없다. 하지만 해외에서 여행보험을 들 수 있는 방법이 아예 없는 것은 아니다. 국내 보험사가 아닌 해외 보험사를 통해 보험을 들으면 가입을 할 수 있다. 하지만 해외 보험사이기 때문에 그만큼 신경 쓰고 알아둬야 할 것이 많아 복잡하다.

가방 안의 내용물을 사진으로 찍어두자
여행 가방을 도난당하거나 분실한 경우 보험사 또는 항공사에 변상을 받으려면 여행 품목들을 자세히 기재해야 하는데 이럴 경우를 대비해 평소 여행 품목을 사진으로 찍어 두면 쉽게 품목을 알아낼 수 있다.

돈 관리

몇 년씩이나 걸리는 장기여행 중 그 많은 여행 경비를 어떤 식으로 관리하는 것이 좋을까? 여행 중 어떤 일이 일어날 수 있을지 모르기 때문에 여행경비를 보관하는데 신중을 기해야 한다. 장기여행을 준비하는데 필요한 해외 돈 관리법에는 대표적으로 현지화폐, 미화달러, 여행자수표, 체크카드, 신용카드로 분류할 수 있다.

01 현금 관리

여행을 하다 보면 많은 돈을 갖고 다니게 된다. 현금을 어떻게 관리해야 하는지 알아보자.

현지 화폐

여행하려는 나라에 입국하기 전에 돈을 조금 환전해서 현지 화폐를 갖고 있는 것이 편리하다. 목적국에 입국해서 ATM기를 이용해 돈을 찾으려 한다면 현지 사정 때문에 돈을 찾지 못하는 경우가 생길 수 있다. 때문에 국경을 넘기 전 남아있는 현지 화폐를 환전하는 것이 좋다.

미화 달러

미화 달러는 전 세계 어느 나라에서도 사용할 수 있기 때문에 비상 상황을 대비해 항상 어느 정도씩 갖고 있는 것이 유용하다.
나라에 따라서는 $50, $100권의 환율을 우대해 주는 나라도 있다.

환전 방법

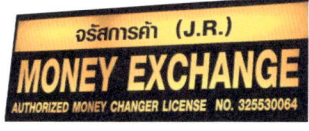

여행 중 달러나 원화를 현지 화폐로 환전하는 경우가 생긴다. 환전을 할 수 있는 곳으로는 은행과 사설환전소에서 환전할 수 있다. 대체로 환율을 가장 좋게 받을 수 있는 곳은 은행이지만 일찍 문을 닫아 저녁이나 주말에 이용하기 위해서는 여행자들이 많이 몰리는 여행자거리의 사설 환전소를 이용하는 경우가 많다. 사설환전소에서는 환전 사기가 있을 수 있으니 자신의 계산기로 확인을 반드시 해보고 환전받은 금액도 제대로 받았는지 지폐를 모두 확인해 보아야 한다.

02 여행자 수표

여행자 수표는 현지에서 현금 대신 사용하거나 은행 또는 환전소에서 현금화시킬 수 있는 수표이다. 여행자 수표에는 2개의 서명란이 있는데 처음 수표를 발급받으면 위쪽 서명란에 사인을 해둔 후 수표를 사용할 때 받는 사람 앞에서 수표 아래쪽에 다시 사인을 한다. 이때 두 개의 서명은 같아야 하고 서명을 증명할 수 있는 여권도 지참해야 한다. 이처럼 수표에 두 개의 서명이 일치해야 유효하기 때문에 본인만 사용할 수 있고 분실 시에도 타인이 사용할 수 없다는 장점이 있다. 그리고 분실된 수표는 수표번호만 알고 있으면 은행에서 다시 발급받을 수 있다. 하지만 수표에 이미 두 개의 서명을 모두 해놓았거나 두 개의 서명을 모두 하지 않았을 경우에는 타인이 사용할 수 있게 되고 은행도 본인 과실로 책임지지 않는다.

때문에 여행자 수표를 발급받으면 바로 발행은행명, 발행월일, 수표번호를 수첩에 적어 놓고 수표 윗부분 서명란에 서명을 해야 한다. 발급받는 방법으로는 여행국에 따라 각 시중 은행이나 외환은행 본점에서 발급받을 수 있다. 여행 중 분실 시에는 가까운 경찰서나 재발급 안내서에 적혀있는 신고처로 신고하면 재발급이 가능하다. 여행자 수표를 잘 활용하면 여행 중 많은 돈을 가지고 다니며 생기는 불안감을 어느 정도 떨칠 수 있다. 하지만 일반 가게나 식당에서 사용할 때 거절당할 수 있고 일일이 환전소에서 환전을 할 때 번거로울 수 있다.

03 여행 시 돈 관리를 하기 위해 준비해야 하는 카드

단기 여행을 간다면 일정금액의 현지화폐와 기타금액은 신용카드를 사용하면 되지만 1년이 넘는 세계일주에서 매번 신용카드를 사용하거나 수수료가 비싼 현금 서비스를 이용한다면 큰 부담이 될 것이다. 그렇기 때문에 해외에서 이용하기에 편리한 카드 사용방법에 대해 알아보자.

1. 신용카드
신용카드는 통장에 돈이 없어도 마구 긁을 수 있는 것이 장점이지만 해외에서 돈을 인출할 때 현금 서비스로 분류되기 때문에 수수료가 높은 편이다. 여행 중 비상용으로 하나 갖고 있거나 아예 가져가지 않는 것이 좋다.

2. 체크카드

체크카드는 실제 장기여행자들이 해외에서 가장 많이 사용한다. 해외로 나가는 여행객들도 많고 유학생들도 많아 각 은행에서는 해외에서 유리한 카드들을 상품으로 내놓았지만 우리나라에서 사용하고 있는 체크카드도 해외에서 사용하는데 별 무리는 없다.

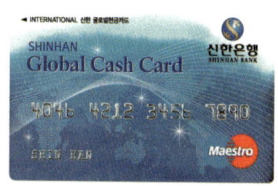

체크카드에는 Plus, Maestro, Cirrus 세 가지 중 하나의 마크가 찍혀있는데 Plus는 비자, Maestro와 Cirrus는 마스터카드의 자회사이다. 전 세계 어디를 가도 이 마크가 찍혀있는 ATM기에서 일정 수수료를 내고 돈을 찾을 수 있다.

여행 중 ATM기 사용시 주의사항

여행 중 ATM기를 사용할 때에는 ATM기의 상태를 확인한 후 사용하도록 한다. 시골이나 외딴 곳에 있는 일반 ATM기를 사용하다 보면 가끔 상태가 좋지 못해 오류가 생기면서 카드가 나오지 않을 경우가 생기기 때문이다. 그럴 경우에는 은행에 전화도 해야 하고 더구나 인적이 드문 낙후한 지역이라면 은행 직원을 얼마나 기다려야 할지 알 수 없다. 필자는 한번 이집트에서 ATM기에 오류가 생겨 카드가 나오지 않은 적이 있었다. 하지만 은행 바로 앞에 있는 ATM기 였고 영업시간 중이였기 때문에 바로 은행에 들어가 은행 직원에게 조치를 받을 수 있었다. 정말 급한 경우가 아닌 경우에는 일반 ATM기를 사용하지 않는 것이 좋으며 영업 중인 은행에 있는 ATM기만 사용하는 것이 좋다.

04 여행 중 돈 관리 방법

여행 중 돈 관리가 뭐니뭐니 해도 중요하다. 몇 가지 방법을 정리해보도록 하겠다.

1) 현지를 여행할 때에는 복대나 지갑 한곳에 돈을 모아 놓고 계산할 때마다 사용하기보다는 일정 금액을 호주머니나 웃옷 주머니에 넣어두고 바로 꺼내 쓸 수 있게 준비한다.

2) 많은 나라를 빠르게 여행하다 보면 어느 나라 돈인지 헷갈릴 수 있다. 그러니 돈을 따로 보관할 수 있게 작은 봉지를 준비하는 것도 좋다. (중동 국가에서 작은 동전들에 아랍어로 적혀있는데 어느 나라 동전인지 분간하지 못하고 모두 섞여버린 경우도 있었다.)

3) 여권 및 여행경비는 복대를 사용하는 것이 좋고 여름같이 땀이 많이 날 경우 목걸이 지갑을 사용하는 것도 좋다.

돈을 모두 분실하였을 때 여권으로 돈을 찾을 수 있는 방법

현지에서 소매치기를 당하거나 지갑을 분실하였을 경우 여권만으로 해외 송금을 받을 수 있다. 수수료가 비싸기는 하지만 한국에서 가족이나 친구가 은행을 통해 돈을 보내주면 현지에서 웨스턴 유니온 가맹점에 방문하여 여권으로 신분 확인을 한 후 돈을 찾을 수 있다. 위급한 상황을 대비해 알아두는 것도 좋다. (Western Union : www.westernunion.co.kr)

Section 10 예방접종

전 세계의 많은 대륙을 여행하다 보면 지역의 풍토병에 걸릴 수 있다. 때문에 국내에서 세계일주를 준비하며 미리 예방접종을 맞을 필요가 있다. 남미와 아프리카 여행을 간다면 황열병 예방접종은 필수이지만 그 외의 예방접종은 필수라고 할 만한 것들은 없다. 본인이 잘 판단해서 예방접종을 하도록 하자.

01 황열병

황열병은 황열 바이러스(Yellow fever virus)에 감염된 모기에 물려 걸리는 바이러스성 질병으로 아프리카, 중남미 등 주로 열대지역(적도 중심 20도 남·북위 이내 지역)에서 유행한다. 황열 바이러스에 감염되면 고열, 두통, 오한, 식욕부진, 구토, 출혈성 징후 등의 증상이 나타나며 환자의 상당수가 황달로 인해 피부가 누렇게 변하는 증상 때문에 황열이라 부른다. 황열의 원인인 아르보바이러스(arbovirus) 자체를 없앨 수 있는 치료제는 아직까지 개발되어 있지 않았지만 예방백신을 맞으면 100%에 가까운 예방효과가 있다. 때문에 황열 위험국가에서는 입국하는 여행자에게 황열 예방접종증명서를 요구할 수 있고 입국 시 제약을 받을 수도 있으므로 예방접종 후 국제공인예방접종증명서를 꼭 지참해야 한다. 황열 예방접종 후 항체 형성 기간은 약 10일이 걸린다. 때문에 10일 후에 효력이 발생하므로 여행국가 입국 최소 10일 전에 황열예방백신을 접종·기록한 국제공인예방접종증명서를 발급받아 출국하여야 한다. 또 1회 접종으로 면역력은 10년간 유효하다.

1. 황열병 오염 지역

아프리카 : 가나, 가봉, 감비아, 기니, 나미비아, 나이지리아, 니제르, 르완다, 말리, 모리셔스, 브루키나파소, 브룬디, 베넹, 상투메프린시페, 세이쉘, 세네갈, 소말리아, 수단, 에리트리아, 앙골라, 우간다, 에디오피아, 적도기니, 중앙아프리카공화국, 차드, 카메룬, 케냐, 코트디부아르, 콩고공화국, 콩고민주공화국, 탄자니아, 토고

남아메리카 : 가이아나, 볼리비아, 브라질, 베네수엘라, 아르헨티나, 수리남, 에콰도르, 콜롬비아, 파나마, 파라과이, 프랑스령기아나, 페루, 트리니다드토바고

2. 예방접종 기관

국립의료원 02)2260-7092
위치 : 동대문역사문화공원역 13번 출구에서 5분 거리
인천공항 검역소 032)740-2703
위치 : 인천공항 2층 5구역 2106호

그 밖의 지역들

기관	전화번호	기관	전화번호
국립부산검역소	051-462-3505	국립김해검역소	051-973-6525
국립인천검역소	051-973-6525	국립통영검역소	055-681-2418
국립군산검역소	032-883-7503	국립울산검역소	052-261-8169
국립목포검역소	055-681-2418	국립포항검역소	054-246-8545
국립여수검역소	063-445-4239	국립동해검역소	033-535-6023
국립아산검역소	052-261-8169	국립제주검역소	064-728-5500

3. 예방접종 시 필요 물품

여권, 27,000원(예방접종비 26,000원 +증명서 교부 1,000원).

주의 예약이 많이 밀려있을 수 있기 때문에 전화 예약 후 방문하는 것이 좋다.

4. 여행 중 황열병 예방 방법

황열 유행지역을 여행할 경우, 반드시 황열 예방접종을 받도록 하며, 모기에 물리지 않도록 모기장, 곤충기피제 등을 사용하고 야간에는 긴 소매, 긴 바지를 착용하는 것이 좋다.

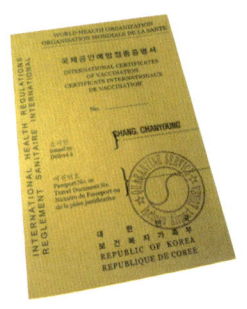

황열병 예방접종 증서

02 말라리아

말라리아는 모기가 사람을 물 때 모기침샘에 들어있던 기생충이 혈액 내로 주입되어 감염되는데 백신이 존재하지 않아 약으로 예방을 하는 방법밖에 없다. 하지만 예방약을 복용했다 하더라도 100% 예방이 되지 않아 말라리아에 걸릴 수 있다. 그리고 약을 선택하는데 있어서도 여행지에 따라 서식하는 말라리아 매개 모기의 종류와 말라리아 원충의 종류가 달라 예방약은 여행 지역에 따라 다르게 선택해야 한다. 말라리아 약은 황열병 예방주사와 같이 강제조항이나 의무사항이 아니며 말라리아에 걸린 후에 병원에 가서 치료를 받거나 약을 먹고 충분히 휴식을 취하면 거의 완치될 수 있다. 이와 같은 이유 때문에 여행자들 중에는 말라리아 예방약을 먹지 않는 사람도 있다. 하지만 좀 더 안전하게 여행을 하기 위해서는 예방약을 먹는 것을 추천한다.

1. 증상

감염된 모기에게 물린 후 인체에서 임상 증상이 나타날 때까지의 잠복기는 약 7~14일이지만, 3일열 말라리아의 경우 길게는 1년까지 간 속에 잠복해 있기도 한다. 말라리아에 감염되면 초기에는 발열, 오한, 근육통, 두통 등의 감기 증상과 유사한 증상을 보이고 구토, 설사, 기침 등도 있을 수 있다. 그러다 오한과 고열이 발생하고, 심한 고열이 2~3시간 지속된 후 전신에 땀이 심하게 난다. 그리고 이러한 증상이 주기적으로 반복되는 것이 특징이다. 말라리아 위험지역에 들어간 후 1주일 이후에 열이 나는 경우는 말라리아를 의심해야 한다.

2. 말라리아 발생 지역

말라리아는 아프리카, 중남미, 아시아, 지중해 연안 지역에서 유행하지만 주요 도시 지역은 안전한 편이다. 하지만 아프리카와 인도는 도시 중심 지역에서도 말라리아가 발생한다. 그리고 필리핀, 태국, 인도네시아, 캄보디아 등 동남아시아의 주요 여행지 국가의 변두리 지역을 방문할 경우 말라리아에 감염되는 경우가 있다.

3. 말라리아 예방약 주의사항

1) **메플로퀸 [mefloquine]**
   대부분의 말라리아 발생국을 여행할 때 사용할 수 있다.

2) **클로로퀸 [chloroquine]**
   멕시코, 과테말라 등의 중미지역과 이집트, 시리아 등의 중동지역 여행 시 복용한다.

3) **독시사이클린 [doxycycline]**
   태국과 캄보디아의 접경 지역 및 일부 지역은 열대열 말라리아가 메플로퀸의 내성을 갖고 있어 독시사이클린을 복용한다.

> 주의 메플로퀸(mefloquine)이나 클로로퀸(chloroquine)은 말라리아 유행지역 여행 1~2주 전에 복용하고, 독시사이클린(doxycycline)은 여행 1~2일 전에 복용한다. 예방약은 여행지에서도 계속 복용하며 여행지역을 벗어난 후에도 4주간 복용해야 한다.

03 기타

남미, 아프리카 지역 여행 시 필수 예방접종인 황열병을 제외하고는 자신의 상황에 맞는 예방접종을 맞으면 된다.

1. 콜레라

콜레라는 콜레라균(Vibrio cholerae)의 감염으로 급성 설사가 유발되어 중증의 탈수가 빠르게 진행되며, 이로 인해 사망에 이를 수도 있는 전염성 감염 질환으로 주로 동남아시아, 아프리카, 중동 및 남아메리카 지역의 풍토병이다. 과거에는 필수 예방접종이었으나 현재 콜레라 예방접종을 공식적으로 요구하는 국가는 없다. 주사용 백신의 예방효과가 불확실하고(50%) 지속기간이 짧아(3~6개월) 백신보다는 개인위생을 철저히 지키고 음식물 섭취에 주의를 하여 예방하는 것이 더 효과적이다.

2. 장티푸스

열대지역에서 오랜 기간 머무르며 현지음식을 먹을 경우 발병할 수 있으며 초기 증상으로는 고열, 오한, 두통이 온다. 백신으로는 경구용과 주사용 백신이 있다. 경구용 백신은 전신 부작용이 없고 약 70%의 예방 효과가 있으며 5년간 유효하며, 주사용 백신은 3년간 유효하다.

3. 성인 파상풍

파상풍은 흙에 존재하는 파상풍균에 의해 발생하는데 세계 도처에서 발생하며 예방접종을 하지 않았거나 면역력이 불충분한 사람들에게서 발병한다.

여행 시 주의해야 할 것

여행 중 아픈 것만큼이나 서러운 것도 없다. 여행 시 주의를 기울여야 할 것들을 알아보자.

1. 음식과 물
음식을 먹기 전에는 반드시 비누로 손을 씻고 생수나 끓인 물만 마시는 것이 좋다. 수돗물, 분수물, 얼음은 먹지 않도록 한다. 음식은 완전히 익힌 것만 먹는다.

2. 여행자 주의사항
30%-50% DEET을 사용한 곤충 기피제를 사용한다. 야외에서는 긴 소매 옷, 긴바지, 모자를 착용한다. 말라리아 모기가 극성을 부리는 지역에서는 야외에서 긴 소매 옷, 긴 바지를 입고 방충망이 설치된 방에 머무는 것이 좋다.

3. 자외선
대낮에는 태양에 노출되는 것을 최소화하고, 팔과 다리를 가릴 수 있는 긴 옷을 입는다. 자외선 차단 선글라스와 창이 넓은 모자를 착용한다. 피부가 노출되는 부위에는 SPF 15 이상의 선크림을 바른다. 물에서 자외선에 과다하게 노출되지 않도록 주의한다.

4. 기타
동물에게 물리거나 동물을 통해 전염될 수 있는 질환(광견병이나 페스트 등) 예방을 위해 개나 고양이 같은 동물을 건드리거나 만지지 않는다. 만약 물렸거나 할퀴었다면 상처를 비눗물로 세척하고 병원에서 검사를 받아본다. 더 많은 정보는 '해외여행질병정보센터' 사이트에서 알아볼 수 있다. http://travelinfo.cdc.go.kr/

Section 11 준비물 목록

여행을 준비하면 어떤 물건이 필요하고 어떤 물건이 불필요한지 판단하는데 어려움이 있다. 막상 필요할 줄 알고 가져갔는데 짐이 되는 것이 있는가 하면 생각지도 못하게 정말 잘 가져왔다고 생각되는 물건들이 있으니 잘 판단하자 현지에서 구할 수 있는 물건은 가급적 현지에서 구하는 것이 장기 배낭여행의 노하우다.

01 증명서(증명서 및 중요 자료들)

여행 중 가장 중요한 것들이 증명서 및 돈을 관리하는 것이다. 주요 증명서들은 미리 스캔을 해 놓거나 사진을 찍어서 따로 파일로 가지고 있거나 자신의 메일로 보내놓는 방법도 있다.

항목	내용
여권	자신의 여행 일정보다 넉넉하게 유효기간이 충분한 여권을 준비한다. 또 여행 일정에 전자여행허가제(ETA : Eectronic Travel Authority)로 비자를 받을 수 있는 국가가 포함되어 있다면 전자여권으로 바꿔둔다.

항목	내용
항공권	세계일주 항공권이나 예약해놓은 항공편이 있다면 준비해둔다.
현금카드	현지에서 돈을 뽑아 사용할 수 있는 현금카드/계좌를 두세 군데 만들어 한 쪽에 문제가 생겼을 때 다른 쪽을 사용할 수 있도록 대비한다.
현지 화폐/ 달러 화폐	여행을 시작하는 나라의 현지 화폐 정도는 미리 준비해 두고 가야 한다. 비상금 개념으로 달러화폐는 항상 소지하고 있는 것이 좋다.
황열병 증서	남미, 아프리카를 여행할 때 꼭 필요하니 미리 예방접종을 맞고 증서를 챙긴다. 잊어버릴 염려가 있으니 아예 여권에 끼워 놓는다.
국제 운전면허증	여행 중 언제 자동차를 운전할 일이 생길지 모른다. 그러니 미리 발급해 가면 좋다. 전국 운전면허시험장에서 여권과 명함사진 그리고 7,000원으로 신청할 수 있고 유효기간은 발급일로부터 1년이다.
국제 학생증	국제 학생증은 ISIC, ISEC 두 종류가 있는데 학생할인이 되는 곳에서 대부분 공통으로 할인되기 때문에 어느 것을 선택해도 상관없다. 그리고 유럽의 박물관 같은 곳에 갔을 때에는 큰 할인 혜택을 받을 수 있으니 미리 준비해 두는 것이 좋다.
증명서 사본	여권 복사본, 신분증 복사본 등을 별도로 보관하고 파일로도 보관한다.
증명사진	여행 중 비자를 발급받거나 자격증을 취득할 때 증명사진이 필요한 경우가 있다.
연락처	나라별 대사관 및 영사관 긴급 연락처와 지인들의 연락처 및 주소를 알아둔다.
유스호스텔증	세계 각국에 유스호스텔 연맹에 가입되어 있는 유스호스텔에 미리 예약을 하고 머물 경우 할인을 받을 수 있다.
마일리지카드	자신이 이용할 항공연맹의 마일리지카드를 준비해 적립하자
여행자수표	수수료도 적고 환율도 좋아 유럽, 미국 등의 여행지에서 몇 장을 마련하여 비상시를 대비해 갖고 있는 것도 좋다.

02 비상약 및 의약품

여행을 할 때 언제 어디서 무슨 일이 벌어질지 모른다. 비상약은 꼭 챙겨가도록 한다.

항목	내용
구급낭	거즈, 소독약 가위 등이 준비되어 있다.

항목	내용
비상약	밴드, 소화제, 감기약, 지사제, 소독약, 진통제, 연고, 모기 기피제, 벌레 물린 데 바르는 약 등을 준비한다.
말라리아 예방약	아프리카, 남미, 동남아 일부 열대지역을 여행할 때 필요하다. 말라리아는 현지에서 그 지역에 맞는 약을 구하고 복용하는 것이 좋지만 예방 차원에서 1~2주일 전부터 복용하려면 미리 조금 준비해갈 필요가 있다.

03 전자제품

여행 품목 중 부피에 비해 많은 무게를 차지하는 것이 전자제품이다. 이미 소지하고 있는 품목을 가져간다면 어쩔 수 없지만 여행을 위해 새로 구입을 한다면 기능보다는 부피와 무게가 작은 것을 선택하도록 한다.

항목	내용
노트북	전 세계 어디를 가도 와이파이가 안 되는 곳은 거의 없다. 노트북으로 사진을 저장하고 인터넷으로 정보를 찾을 수 있다.
디지털 카메라	여행의 필수품이다. 여분의 베터리와 메모리를 넉넉하게 준비하도록 하자.
MP3	장거리 이동 시 무료함을 달래줄 수 있다.
외장 하드디스크	여행 중 용량이 많은 사진을 저장하는데 도움이 되고 각종 드라마나 영화를 따로 저장해 둘 수 있다.
전자사전	서류를 작성하거나 대화가 통하지 않을 때 바로바로 단어를 찾아볼 수 있다.
USB	인터넷 뱅킹을 위해 인증서를 넣어서 갖고 다니면 좋다.
멀티플러그	우리나라와 다른 형태의 콘센트를 가진 나라를 여행한다면 멀티 플러그를 가져가면 어느 나라에서든 사용할 수 있다.
손목시계	방수도 되며 불도 들어오고 알람도 되는 것을 선택하는 것이 좋다.
휴대폰	각 나라에서 유심칩을 구입하여 사용할 수 있다.
멀티텝	여행 중 도미토리 형태의 숙소에 머무를 경우 한 방에 여러 명이 함께 생활하는데 콘센트의 수가 부족할 수 있다. 노트북, 카메라 배터리, 핸드폰 등을 충전하려면 여러 개의 콘센트가 필요한데 이럴 때 유용하게 사용할 수 있다.

디카팩	물놀이를 갈 때 유용하게 사용할 수 있을 뿐 아니라, 모래나 먼지가 많은 사막 같은 지역에 갔을 때도 먼지가 많이 껴 카메라가 고장 나는 경우가 많은데 유용하게 쓰일 수 있다.
미니 삼각대	풍경을 찍을 때 유용하게 쓰일 수 있고 외딴 지역에 혼자 여행을 할 때 셀프 카메라를 찍는데 쓰일 수 있다.
헤드셋	노트북을 이용해 인터넷 전화를 할 때 필요할 수 있다.

사진 저장의 Tip

여행 중 가방을 잊어버리거나 비싼 컴퓨터나 카메라를 잊어버리게 된다면 너무 마음이 아플 것이다. 하지만 그런 물질적인 것보다 여행을 하며 몇 개월 동안 찍어 두었던 사진을 잊어버린다고 생각을 하면 그것만큼이나 안타까운 일은 없을 것이다. 사진을 컴퓨터 한 곳에 저장을 하는 것은 위험 부담이 너무 크다. 혹시 누가 컴퓨터를 훔쳐가거나 가방을 통째로 잊어버리면 어떻게 할 것인가. 그래서 필자는 외장 하드디스크를 갖고 다니며 컴퓨터와 외장하드에 사진을 분산해서 저장하고 다녔다. 작은 가방에는 컴퓨터를 넣어두고, 큰 가방에는 외장하드를 넣어 두고 다니다 잠깐 화장실을 가거나 숙소에서 멀리 다녀올 때 간단하게 가방에 외장하드 하나만 넣고 다녔다.

그리고 보다 더 안전한 방법을 찾는다면 웹 하드에 넣는 방법도 있지만 해외의 인터넷 사정이 그리 좋지 않을 경우에는 이것도 그리 좋은 방법은 아니다. 아예 사진을 CD에 복사하여 집에 소포로 보내는 방법도 있다.

04 의류

장기간 여행을 하면 여러 종류의 옷이 필요하다. 하지만 그렇다고 해서 여행할 때 필요한 모든 옷을 가져가기보다는 처음 필요한 옷만 준비를 하고 날씨의 변화에 따라 낡은 옷을 버리고 현지에서 구입해서 입는 것도 좋은 방법이다.(사진 속의 자신의 모습이 남는 것을 생각하면 옷의 디자인에 신경을 쓰는 것도 좋다.)

항목	내용
운동화	여행할 때 발이 편한 것이 가장 중요하다. 가장 편한 것으로 선택한다.

항목	내용
의류	면티 3벌, 긴팔 셔츠 1벌 (더운 지역도 장거리 이동시 버스의 에어컨 때문에 춥다.) 긴 바지 1벌, 반바지 1벌, 속옷 3벌, 양말 3켤레
슬리퍼	더운 열대지방을 여행할 때 뿐 아니라 샤워할 때나 비가 올 때 유용하게 쓰인다.
모자	햇빛을 가려주는 용도로 딱딱한 모자보다는 접을 수 있는 모자가 보관하기에 편리하다.
수영복	실제로 실내수영장에 갈 일은 별로 없기 때문에 해변가 혹은 휴양지에서 입을 수 있는 박스 수영복이 필요한 경우가 더 많다.
손수건	화교 사원이나 러시아 정교회 등을 방문할 때 여성의 경우 머리를 가려야 하는 경우가 생기는 데 그럴 때 이용할 수 있다. 또, 마스크 대용, 햇빛 가리개 등으로 사용할 수도 있다.

05 위생도구

정말 중요한 화장품이나 꼭 필요한 것이 아니라면 기본 화장품이나 위생용품 비누 같은 것들을 여러 개를 준비하기보다는 작은 여행용품으로 준비를 하고 떨어지면 현지에서 구입을 하는 것이 편하다.

항목	내용
세면도구	칫솔, 치약, 비누, 샴푸
수건	여행 중 숙소에 수건이 준비되어 있지 않은 경우도 있다. 미리 2~3개의 수건을 준비해 가도록 한다.
화장품	스킨, 로션 기타
선크림	햇빛이 많은 지역을 여행할 때 필수로 필요하다.
손 소독제	물 없이 바로 손에 발라 소독하는 제품을 들고 다니며 수시로 소독한다.
손톱깎이	장기 여행이기 때문에 필요하다.
생리대(여성)	현지에서 구할 수 있지만 익숙하지 않아 사용하던 것을 사용하는 것이 좋다.

06 기타

항목	내용
배낭	40L ~ 60L 이상의 배낭과 앞으로 메고 다닐 수 있는 보조가방
안경 또는 렌즈	현지에서 급하게 구하기 힘든 품목 중 하나이기 때문에 미리 비상시를 대비해 여분을 준비해갈 필요가 있다.
배낭 덮개	비가 오거나 먼지가 많은 지역을 여행할 때 배낭 덮개로 배낭이 더러워지는 것을 막을 수 있다.
잡동사니 꾸러미	손톱깎이, 빨래줄, 물티슈 등 개인용품을 담아둘 꾸러미를 2개 정도 준비한다. 꾸러미는 천으로 되어 있는 것이 좋은데 여행 중 쉽게 구할 수 있는 비닐로 담아 간다면 새벽에 숙소에서 체크인 또는 체크아웃을 할 때 짐정리를 하며 비닐봉지 소리에 잠자는 사람들을 깨울 수 있다.
맥가이버 칼	칼, 병따개, 와인 코르크를 딸 때 사용할 수 있어 필요하다. 하지만 비행기를 탈 때에는 압수당할 수 있으니 큰 가방에 넣어서 보관해야 한다.
여권 케이스	여권을 복대 혹은 주머니에 넣고 다니면 땀 때문에 금방 헤지기 쉽기 때문에 여권 케이스에 넣어 보호할 수 있고 케이스 안쪽에 중요한 증명서 티켓 등을 함께 넣어놓고 다니면 편하다.
복대	도난 방지를 위해 여권 및 주요 증명서를 보관하기 좋다. 땀이 찰 수 있으니 피부 접촉면이 땀을 흡수하고 방수가 잘 되는 걸로 선택하는 것이 좋다.
선글라스	햇빛이 많은 지역을 여행할 때 필수로 필요하다.
손전등	동굴 같이 어두운 곳이나 숙소에서 정전이 되었을 때 필요하지만 가장 필요할 경우는 여행자 숙소에서 한밤중에 체크아웃을 할 때 유용하게 사용할 수 있다. 그리고 어두운 차 안에서 책을 읽거나 물건을 찾을 때 사용할 수 있다.
큰 자물쇠	여행을 하며 머무르는 호스텔이나 백팩커스에서는 여러 명의 인원이 함께 생활하는 도미토리 형태가 많다. 그런 곳에는 개인 사물함이 준비되어 있지만 자물쇠는 준비되어 있지 않은 경우가 많다. 그렇기 때문에 자물쇠를 준비해 두면 유용하게 쓸 수 있다.
작은 자물쇠	여행가방의 종류에 따라 다르지만 가방의 지퍼에도 자물쇠를 채울 수 있게 되어 있다. 가방에 채울 수 있는 소형 자물쇠를 준비하자.
가이드북	현지에서도 영어로 된 가이드북은 구하기 쉽다. 하지만 영어로 된 가이드북은 한글로 된 것보다 사진이나 정보 면에서 마음에 드는 것을 찾기가 어렵고 이해를 하기에 불편한 점이 있다. 그렇기 때문에 처음 여행을 떠나는 나라 혹은 정말 필요할 것 같은 나라의 가이드북을 준비해가면 편하다.
나침반	지도를 들고 길을 찾을 경우 유용하게 사용 할 수 있다.

다이어리	여행일정을 관리하며 일기를 적으면 가장 좋겠지만 간단히 하루 있었던 일들을 정리해서 짧게 적어 놓기만 해도 나중에 여행을 추억하고 기억하는데 큰 도움이 된다.
학용품	펜 2개, 네임 펜
바느질 도구	여행 중 의류와 배낭이 찢어질 수 있다. 그때 직접 바느질로 수선을 할 수 있다.
세제	세제를 작은 봉지에 넣어 갖고 다니며 숙소에서 간단하게 손빨래를 할 수 있다.
우산, 우비	비가 오거나 햇빛이 강렬할 때 사용할 수 있다.
쇠사슬	인도나 기타 지역 장거리 여행을 할 때 배낭을 보조 가방과 함께 기둥이나 의자에 쇠사슬로 고정시켜 자물쇠로 잠가 도난을 방지할 수 있다.
계산기	나라를 옮겨 다닐 때 바로바로 환률 정보를 맞춰보며 물가를 가늠하고 상점에서 물건 가격을 흥정할 때 유용하게 쓰인다.
침낭	휴대성이 좋은 가볍고 작은 것으로 준비하는 것이 좋다. 꼭 야영을 하는 것이 아니더라도 숙소의 잠자리가 지저분할 때 이용할 수도 있다.
지퍼백	전자제품, 중요 문서 등이 젖지 않도록 할 뿐 아니라 샐 우려가 있는 액체류 등을 보관할 때도 유용하게 쓸 수 있다.
비상 식량	라면이나 라면스프, 튜브형 고추장을 준비해가면 몸이 아프거나 비상시에 유용하게 쓸 수 있다.
물티슈	장거리 이동을 하거나 밤샘 투어를 할 때 씻지 못하는 경우가 있는데 그럴 때 간단히 얼굴을 씻을 때 사용한다.
비상 식수 정수제	급하게 물이 필요할 때 쓸 수 있다.
빨래줄 & 집게	빨래를 했을 때 말릴 곳이 마땅치 않을 때 작은 공간에서 유용하게 사용할 수 있다. 또 빨래 줄은 물건을 가방에 고정시키거나 등의 여러 용도로 쓸 수 있다.
호루라기	인적이 드문 곳을 여행할 때 비상시를 대비해 갖고 다닌다.
테이프	여행 중 박스 테이프가 필요할 때가 있다. 그렇다고 테이프를 통째로 들고 가기는 부담스러우니 볼펜에 조금만 감아서 가져가면 유용하다.
책	비행기나 차로 장거리 이동을 할 경우 10시간 넘는 기간을 앉아서 가야 할 때도 있다. 그럴 때 읽을거리로 책을 가져가면 좋다. 주요 관광지의 관광객이 몰리는 곳의 헌책방에서는 여행자들이 놓고 간 한글로 된 책도 종종 있으니 약간의 돈을 내고 교환을 해서 봐도 좋다.

07 강력 추천해주는 것들

항목	내용
여행자 명함	자신의 전화번호, 이메일 주소, 페이스북 주소, 블로그 주소 등을 적어 놓은 여행자 명함을 만들어 여행할 때 만나는 친구들에게 주면 친구들에게 큰 인상을 줄 수 있고 인연의 끈을 이어갈 수 있다.
기념품	여행 중 만나는 친구들과 헤어질 때에는 무언가 기억에 남는 선물을 주고 싶어진다. 여행을 준비할 때 미리미리 작은 열쇠고리라도 준비해가면 유용하게 쓸 수 있다.

여행자 명함

필자는 여행을 떠날 때 여행자 명함을 만들어 떠났었다. 한국에서 여행을 떠나기 전 친구들에게 한 장씩 주었는데 디자인이 상당히 유치하고 민망해서 친구들과 교수님들이 제발 이러지 말라면서 말렸지만 막상 해외에 나  가 만나는 외국인 친구들마다 연락처를 교환할 때 한 장씩 주었더니 명함의 존재를 신기해하며 나라는 존재를 부각시킬 수 있었다. 그리고 그 친구들과는 지속적으로 아직까지 연락을 하고 지내고 있다. 여행자 명함은 인터넷에 검색해 보면 많은 명함 제작사이트를 볼 수 있다. 디자인은 직접 만들수도 있고 이미 제작되어 있는 디자인에 자신의 이름, 이메일 주소, 블로그 주소 등을 적어 만들 수 있다.

기념품

여행을 시작할 때에는 짐이 늘어날 것 같아 기념품을 많이 가져가지 않지만 막상 장기여행을 하다 보면 여행 중에 만나는 친구들과 헤어질 때에는 뭔가 기억에 남는 선물을 주고 싶어진다. 무게에 부담이 가지 않는 작은 열쇠고리라도 많이 준비해 두는 것이 좋다.

여행 중 필요한 기타 정보

중요하고 꼭 알아두어야 하는 정보외에도 참고해서 알아두면 좋은 정보들도 많다. 여행 중 필요한 여러 가지 기타 정보들을 살펴보자.

01 국경을 넘을 때 출/입국신고서 작성 방법

모든 나라에 입국하고 출국할 때에는 입국신고서와 출국신고서를 작성해야 한다. 입국신고서는 비행기를 타고 입국할 경우에는 비행기 안에서 입국 신고서를 나누어주기 때문에 공항에 도착하기 전에 미리 작성해 놓을 수 있고, 육로를 통해서 입국을 할 경우에는 대체로 출입국 관리소(Immigration)를 통과하기 전에 입국신고서가 마련되어 있어 작성하면 된다. 또 출국 신고서의 경우 입국할 때 함께 받게 되는데 잘 작성해 놓고 여권 사이에 잘 끼워두

있다가 출국할 때 제출하면 된다.

출/입국신고서의 형식은 나라마다 다르지만 적어야 하는 내용은 비슷하다. 여권에 명시되어있는 이름과 여권번호, 생년월일, 국적, 성별을 입력하고 입국 목적을 적은 후 해당 국가 내에서의 체류 호텔 및 주소를 적으면 된다. 자신이 입국하려는 국가의 주소지가 확실히 정해지지 않았어도 가이드북의 호텔의 주소를 적당히 적으면 된다.

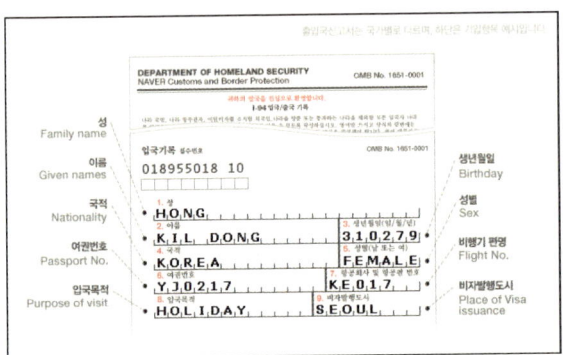

02 해외에서 전화하기

해외에서 전화를 하는 방법으로는 어떤 방법이 있을까?

1. 공중전화

해외여행을 하며 공중전화를 이용하여 전화를 하기 위해서는 국제전화 카드를 이용하는 방법이 있다. 국제전화카드를 구입한 후 국제전화 카드에 적혀있는 번호를 순서대로 누른 후 우리나라 국가 코드인 82를

해외의 공중전화

누른 후 전화번호를 누르면 된다. 이때 핸드폰이나 지역번호의 맨 앞의 0은 제외하고 누른다.

- ★ 서울의 123-4567번으로 전화하는 경우
  국제전화 서비스 번호 + 82 + 2 + 123-4567
- ★ 휴대폰 010-1234-5678로 전화하는 경우
  국제전화 서비스 번호 + 82 + 10-1234-5678

2. 현지 핸드폰 선불 심카드 구입

국내에서 사용하던 핸드폰을 로밍해서 사용할 수도 있다. 하지만 몇 년씩 여행을 하는 기간 동안 로밍을 해서 핸드폰을 갖고 다닌다면 비용이 만만치 않을 것이다.

단기 여행이 아니기 때문에 로밍을 해서 여행을 하는 것은 힘들다. 하지만 현지에서 만난 친구들이나 여러 이유로 핸드폰이 필요하다면 컨트리락이 풀려있는 핸드폰을 갖고 다니며 현지 심카드를 구입해 사용할 수 있다. 해외의 많은 나라들이 우리나라와는 다르게

태국의 편의점에서
쉽게 구입할 수 있는 심카드

컨트리락이란?
국내에서 구입한 핸드폰으로 해외 이동통신 사업자의 서비스 이용을 제한하는 핸드폰 설정을 말한다.

핸드폰에 간단히 심카드만 구입하여 사용을 할 수 있게 되어 있다. 때문에 국제전화의 목적이 아닌 현지 연락을 위해서는 이 방법도 괜찮은 방법이다.

03 스마트폰 활용 방법

단순한 핸드폰의 기능을 넘어선 스마트폰을 이용하면 세계일주를 하는 동

안 많은 부분에서 혜택을 입을 수 있다. 로밍을 하지 않고 무제한 요금제가 아니더라도 현지 와이파이가 잡히는 곳에서는 인터넷 전화도 하고 지도를 보는 등을 할 수 있기 때문이다.

인터넷 전화 – 스카이프

스카이프(Skype)는 전 세계 가장 많은 사람들이 이용하는 인터넷 전화로 서로 온라인 스카이프 유저끼리는 무료로 통화를 할 수 있다. 하지만 일반 전화나 휴대폰에 전화를 할 때에는 크레딧을 구입하거나 월정액을 사용하여 이용할 수 있다. 핸드폰을 로밍하거나 국제전화를 하는 것 보다 많이 저렴하기 때문에 유용하게 사용할 수 있다.

스카이프

지도 어플 – 로커스프리(Locus free)

몇 년 전까지만 하더라도 해외여행을 하며 관광지와 숙소, 레스토랑을 찾아 다닐 때에는 지도를 들고 길거리 표지판과 상점들을 찾아보며 돌아다녔어야 했다. 하지만 지도 어플을 갖고 다니면 해외에서도 쉽게 길을 찾을 수 있다. 나라별로 지도를 다운받아 오프라인에서도 자유롭게 지도를 검색하고 확대 축소할 수 있는 기능이 있다.

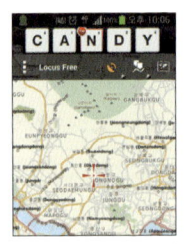

로커스프리

지하철 노선 어플 – 전 세계 지하철(World Metro)

각 나라의 지하철 노선을 알려주는 어플로 대중교통을 이용할 때 유용하게 사용할 수 있다.

날씨어플 – 어큐웨더(Accuweather)

현지 방문국의 날씨를 파악할 수 있다.

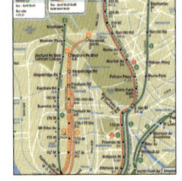

전세계 지하철

환율 어플

환율 어플을 이용하면 실시간으로 환율 정보를 파악할 수 있다.

04 해외에서 소포 보내기

여행을 하며 자연스럽게 필요없는 물건은 버리며 배낭의 무게를 줄이게 된다. 하지만 자신의 의도와는 다르게 여행 중 만났던 친구가 준 선물이나 꼭 사고 싶었던 물건들을 구입하면 짐이 점점 늘어난다. 이 짐들을 모두 들고 여행을 다니기는 힘들기 때문에 여행을 하는 도중에 한국에 있는 집으로 소포를 보내어 짐을 줄일 수 있다.

해외에서 우리나라로 소포를 보내는 방법은 우리나라와 비슷하다. 우체국에 가서 박스를 구입한 후 무게를 재고 발송하면 된다. 간혹 어떤 나라에서는 박스를 팔지 않는 우체국도 있다. 비용은 선편인지 항공편인지에 따라 비용이 많이 달라진다. 또 여행자들이 많이 몰리는 여행자 숙소들 주변에는 DHL과 같은 국제우편 회사들이 있어 이용할 수 있다.

> **엽서를 보내자!**
> 여행 중 한국에 있는 친구들 혹은 여행 중 만났던 친구들에게 엽서를 보내는 것 또한 큰 추억이 될 수 있다. 엽서를 보내야 하는 친구들이 너무 많이 있다면 미리 스티커라벨지에 친구들의 주소를 인쇄하여 엽서를 보낼 때마다 간편하게 붙여 내용을 적은 후 보낼 수 있다.

태국의 우체국

WOLRD
TOUR

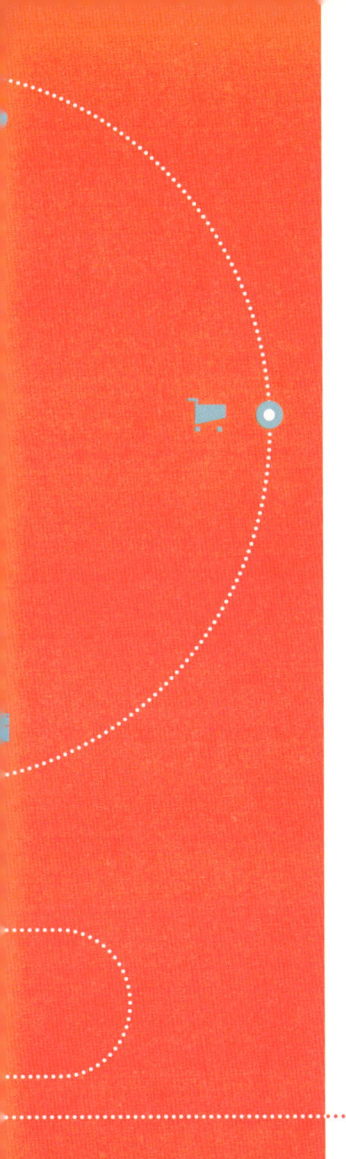

Part 02

카우치서핑으로
떠나는 세계일주

숙박비용을 절약하며 새로운 경험을 하고 싶은
젊은 배낭 여행자들에게 일석이조인
카우치서핑 커뮤니티를 알아보자.

카우치서핑이란?

해외로 여행을 떠날 때 지출되는 비용 중 항공료와 숙박비가 가장 큰 비중을 차지한다. 적은 비용으로 배낭여행을 하는 입장에서는 항공료와 숙박비가 부담스러운 것은 당연하다. 그러나 카우치서핑(Couch Surfing)을 하면 무료로 숙박을 하고 현지인들과 함께 생활하며 우정도 쌓으면서 그곳의 문화도 몸소 체험할 수 있다. 이 일석이조의 여행을 시작해보자.

01 카우치서핑이란?

'Couch Surfing'은 우리말로 '소파 파도타기' 정도로 직역할 수 있다. 이 말은 자신의 집에 있는 소파를 여행자들에게 잠자리로 빌려준다는 정도의 의미로 이해하면 된다. 그래서 카우치서핑Couch Surfing은 카우치서핑 사이트를 통해 여행하고자 하는 나라 혹은 도시에서 현지인의 도움을 받아 무료 숙박 및 가이드 등을 제공받거나 반대로 자신의 지역에 여행 온 여행자들에게 본인이 직접 현지인 가이드가 되어 도움을 줄 수 있는 세계 여행자들을 위한 커뮤니티이다. 이 국제적인 네트워크 커뮤니티는 무료로 자신의 거처를 제공해주고, 편의시설을 제공받는 것만을 목적으로 하지 않고, 잠자리를 제공해주는 호스트Host와 잠자리를 제공받는 서퍼Surfer가 함께 문화 교류를 하여 여행자들이 단순히 틀에 박힌 외국의 문화만을 접하는 것 외에 실제로 그 문화의 일부가 되어서 더 많은 경험을 할 수 있게 해주는데 있다.

카우치서핑 로고

02 카우치서핑은 어떻게 시작되었나?

배낭여행을 하며 조금이라도 가격이 저렴한 숙소를 찾아다닐 때면 이 도시에서 내가 누워서 잠을 잘 수 있는 작은 공간만 있으면 되는데 비싼 돈을 주고 숙소를 구하는 것이 아깝다는 생각이 들었었다. 분명 이 도시에 살고 있는 수많은 사람들 중에는 나와 같이 외국에서 여행을 온 여행자와 친구가 되고 싶은 사람이 있을 것이고 나도 그런 친구를 만나면 즐거운 시간을 보낼 수 있을 것이라는 생각이었다. 하지만 필자의 경우 이런 생각은 그저 생각으로만 끝이 났지만, 이런 생각을 실행에 옮긴 사람이 있었다.

미국의 보스턴에 살고 있는 케이지펜튼Casey Fenton은 아이슬란드로 여행을 가기 전 아이슬란드의 학생 1,500여 명에게 자신을 재워줄 수 있느냐는 메일을 보내 그 중 50여 명의 학생들에게 재워줄 수 있다는 회신을 받았다. 그렇게 그 친구들의 집에 머무르며 새로운 경험을 한 후 아이슬란드 여행을 마치고 보스턴으로 돌아온 케이지는 이 경험을 통하여 하나의 커뮤니티를 만들기로 했다. 3명의 친구들과 함께 본격적으로 여행자들을 위한 카우치서핑 프로젝트를 만들어 2003년 카우치서핑 프로젝트 베타 버전을 시작으로 2004년부터 카우치서핑 프로젝트를 시작했다. 그 후 점차 많은 사람들이 카우치서핑을 입소문으로 알고 이용하게 되어 현재(2014년 1월) 전 세계 249개국 약 10,000개 도시의 약 600만 명의 회원들이 활동하고 있다. 우리나라에서는 처음 카우치서핑 프로젝트가 시행되던 2004년 첫 해에 13명이 가입했었지만, 점차 카우치서핑을 이용하는 회원이 늘어 현재 2만여 명의 회원이 활동 중이다.

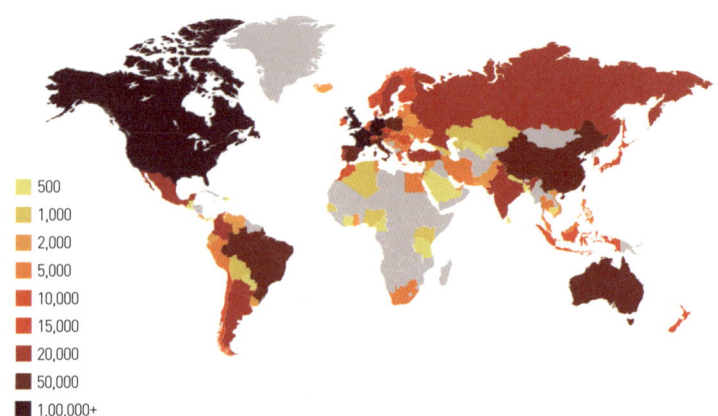

카우치서핑에 가입되어 있는 회원 수를 보여주는 지도

03 카우치서핑의 매력

실제 카우치서핑이 가장 활성화되어 있는 유럽이나 북미지역 같은 경우 물가가 높아 여행을 하는데 많이 부담이 된다. 하지만 카우치서핑을 이용하면 숙박 비용 부분을 많이 절감할 수 있어 돈을 조금이라도 아끼고 더 많은 경험을 하고 싶어 하는 젊은 배낭여행자들에게는 일석이조의 최고의 커뮤니티가 아닐 수 없다.

04 카우치서핑 주의사항

카우치서핑은 모두 문화 교류와 친목을 목적으로 하는 커뮤니티이다. 하지만 어떤 사람들은 이것을 무료 호스텔과 같이 생각하는데 절대로 그렇게 생각해서는 안 된다. 현지인 친구를 사귀고 싶고, 그들과 함께 생활하고 싶은 사람들만 심사숙고해서 잠자리를 재워줄 호스트를 찾는 것이 중요하다. 호스트들이 잠자리를 제공해 주는 것이 모두 무료 봉사의 개념이므로 카우치서핑을 이용하는 첫 번째 목적을 사람과의 문화교류로 놓아야 한다. 하지만 반대로 카우치서핑이라는 것이 비영리 무료 봉사라는 점에서 100% 신뢰하기 어렵고 항상 안전에 주의를 기울여야 한다. 카우치서핑 중 도난/분실 문제가 생길 수도 있는데 이런 것은 스스로 조심해야 하고 호스트와 서퍼 모두에게 오해를 사는 일이 없도록 행동거지를 조심해야 한다. 하지만 이러한 위험성들은 카우치서핑뿐 아니라 여행 중 어느 호스텔에서도 일어날 수 있는 일들이기 때문에 이러한 좋은 경험을 시도조차 해보지 않고 포기한다는 것은 너무 안타깝다. 각별히 주의를 요하며 시도해본다면 너무나 큰 경험을 할 수 있을 것이다.

카우치서핑 커뮤니티를 이용하는 방법은 아주 쉽다. 자신의 집에 손님을 초대하는 쪽을 호스트Host라 하고 그 지역을 방문하는 여행자를 서퍼Surfer라 한다.

서퍼가 되어 여행을 다니며 호스트를 찾는 방법
1. 사이트에 무료가입을 한다.   2. 자신의 프로필을 꾸민다.
3. 자신이 방문할 나라의 도시를 검색해 마음에 드는 호스트에게 카우치 요청을 보낸다.
4. 호스트가 요청을 받아들이거나 거절한다.
5. 자신의 요청을 받아준 호스트의 집에 가서 친구도 사귀고 문화교류도 한다.

호스트가 되어 국내로 여행을 오는 서퍼를 맞이하는 방법
1. 사이트에 무료가입을 한다.   2. 자신의 프로필을 꾸민다.
3. 외국에서 여행 온 여행자들에게 카우치 요청을 받는다.
4. 그 요청을 받아들이거나 거절한다.
5. 요청을 받아들였다면 그 서퍼를 집으로 안내해 함께 친구도 사귀며 문화교류도 한다.

카우치서핑 에피소드 1 터키 셀축

터키를 여행하던 당시 이집트에서 우연히 만난 나보다 3살 어린 대학교 4학년생 김지원양과 함께 여행을 한 적이 있었다. 그때 우리의 다음 목적지가 터키 셀축 Celcuk이었는데, 지원이는 여행 중 만난 네덜란드 친구가 카우치서핑이라는 것을 추천해줬다며 이 커뮤니티에 대해 알아보던 중, 셀축에서 메흐멧이라는 아저씨에게 자신의 집에 머물러도 된다는 초대를 받았다고 했다.

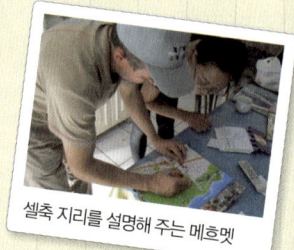
셀축 지리를 설명해 주는 메흐멧

하지만 여자 혼자서 남자가 사는 집에 가서 하룻밤 신세를 지고 온다는 것이 영 마음이 걸렸던 지원이는 나보고 함께 이 아저씨의 집에 가서 카우치서핑이 어떤 것인지 해보지 않겠냐고 물어보았다. 여행을 하며 많은 여행자 친구들에게 카우치서핑이라는 말을 많이 들어 왔지만, 세계 곳곳에 있는 펜팔친구들을 만나기로 했기 때문에 별로 카우치서핑이라는 것에 끌리지 않았었다. 하지만 지원이의 권유로 다음 목적지였던 터키 셀축에서 메흐멧 아저씨의 집에 함께 가보기로 했다.

셀축의 에페소 고고학 박물관Ephesos museum 뒤에 작은 기념품 가게와 식당을 운영하고 있다는 아저씨는 우리에게 자신의 가게 주소를 알려주어 그곳에 찾아가니, 아저씨의 이름과 똑같은 메흐멧 식당이 있었다. 아저씨는 너무 반갑게 우리를 맞이해주었고, 우리도 반갑게 인사를 나누었는데, 아저씨는 집에 폴란드인 친구가 와 있어서 잠자리가 좁을 것 같다며, 우리만 괜찮다면 식당 바로 옆에 있는 자신의 친구가 운영하는 호텔에 머무르는 것이 어떻겠냐고 물어보았다. 가뜩이나 처음해보는 카우치서핑이어서 정말 무료로 숙박을 제공받을 수 있을까 의심하며 찾아갔는데, 돈을 내고 호텔에 숙박하도록 권유하는 아저씨를 보고 이러한 방식으로 호텔에 손님을 투숙시키려고 우리를 불렀나 하는 의심을 하였다.

하지만 아저씨가 친구의 호텔을 이용하게 해주는 비용이 너무나 말도 안 되는 동남아수준의 저렴한 가격이라 순간 아저씨를 의심한 것이 죄송스럽게 느껴졌다. 카우치서핑이라는 것이 문화교류 차원에서 해야 하는 것임에도 필자는 처음해보는 카우치서 핑인지라 그저 무료 숙박만 받으면 된다고 잘못 생각하고 있었다.

그렇게 만난 메흐멧 아저씨는 함께 가게를 운영하고 있는 가족들을 소개시켜주었고, 이틀 동안 식당에서 먹은 식사비는 받지도 않으려 하였다. 또 에페스Ephes 유적지에 가는 우리들에게 차를 태워주었다.

아저씨의 가게에서 저녁도 먹으며 많은 이야기를 나누었는데, 카우치서핑 경력이 굉장히 많은 메흐멧 아저씨는, 그동안 카우치서핑 호스트로서 많은 나라의 친구들을 집에 초대하여 만나왔는데, 별의 별 사람들을 다 만나 보았다고 했다. 서퍼로 와서 자신은 손님이니 무엇이든 대접받아야 한다는 듯 거만하게 굴었던 프랑스인도 있고, 카메라를 빌려주었는데 다음날 일어나보니 들고 도망가 버린 미국인도 있었다고 했다.

하지만 그런 일이 있었음에도 많은 외국인 친구를 사귈 수 있다는 큰 매력 때문에 메흐멧 아저씨는 카우치서핑을 계속 하고 있다고 했다. 우리가 카우치서핑을 통해 아저씨에게 연락을 하고 이곳에 오기 전까지는 '이 사람 괜찮은 사람일까' 걱정을 하며 불안한 마음에 왔지만, 정작 호스트의 입장에서도 불안하기는 마찬가지이며 돈 한 푼 받지 않고 손님을 맞아 정성스럽게 대접해 준다는 게 보통 정성이 없이는 할 수 없는 일이라는 것을 알게 되었다.

메흐멧 아저씨가 운영하는 케밥집

Section 02 카우치서핑 이용 방법

카우치서핑 커뮤니티에 가입하는데 따로 비용이 들지는 않고 간단한 정보를 입력만 하면 바로 가입할 수 있다. 카우치서핑 사이트에 가입하는 방법과 가입 후 프로필을 꾸미는 방법을 알아보자.

01 카우치서핑 가입하기

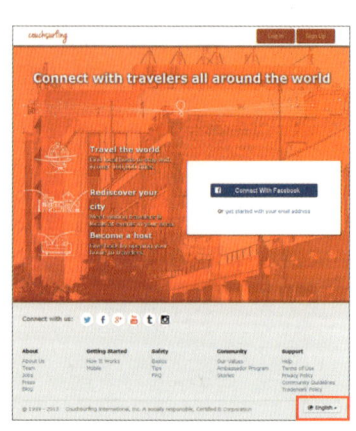

❶ 카우치서핑 사이트(http://www.couchsurfing.org)에 접속하면 우측 하단에서 원하는 언어를 선택할 수 있다. 한국어로 선택하면 한국어로도 이용할 수 있지만 완벽하게 모든 내용을 한국어로 볼 수는 없다.

(이 책에서는 영어 설정으로 설명한다.)

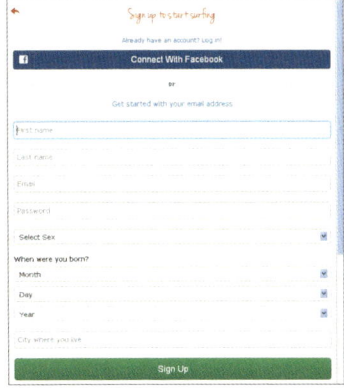

❷ 페이지 상단의 로그인 옆의 [Sign up]을 클릭한 후 이름, 이메일 주소, 성별, 도시를 입력하면 간단하게 카우치서핑 사이트에 가입할 수 있다. 또는 페이지의 가운데에 있는 [Connect With Facebook]을 클릭하면 페이스북 아이디와 카우치서핑이 연동되어 동일 아이디로 별다른 정보를 입력할 필요 없이 가입할 수 있다.
(가입한 후 이메일 인증을 받아야 하는데, 네이버와 다음 메일은 스팸 처리되는 경우가 있으니 Hotmail이나 Gmail을 이용하는 것이 좋다.)

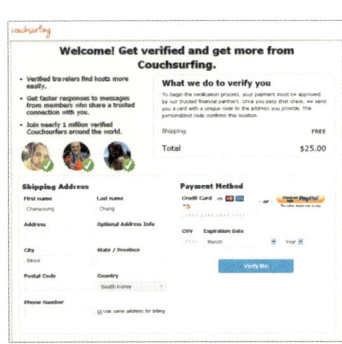

❸ 가입을 하면 다음과 같은 인증 Verification을 받으라는 내용도 함께 나타나는데 인증받으려면 25달러의 돈을 신용카드로 결제해야 한다. 인증받는 것은 선택사항이므로 하지 않더라도 카우치서핑 커뮤니티를 이용하는 데에는 특별한 제약이 없고 나중에 인증받고 싶을 때는 언제든지 다시 받을 수 있다.

❹ 인증페이지 'skip'을 클릭하면 카우치서핑 사이트에 가입되었다는 창과 함께 입력한 이메일을 로그인하여 인증 메일을 확인하라는 문구가 나온다.

❺ 가입할 때 입력했던 이메일로 로그인해 수신 메일을 확인해보면 카우치서핑 사이트에서 메일이 온 것을 볼 수 있다. 메일에 링크되어 있는 [Complete signup]을 클릭하면 모든 가입절차가 완료된다.

02 인증받기 [Get Verified]

인증은 하나의 옵션으로 카우치서핑 커뮤니티를 이용하는데 있어서 반드시 해야 하는 것은 아니다.

인증을 받는다는 것은 어떤 의미가 있는가?

카우치서핑 커뮤니티는 특별한 가입비 없이 무료로 이용할 수 있다. 하지만 회원이 인증받기를 원하면 지정된 최소 금액(2014년 1월 현재 25달러)부터 기부할 수 있어 신용카드를 통한 결제로 신원을 확인받고 또 결제가 끝나면 회원이 등록한 집 주소로 커뮤니티에서 엽서를 하나 보내준다. 그 엽서에 적혀있는 인증 번호[Verification Code] 16자리를 사이트에 등록하면 이 회원은 집 주소가 인증받은 회원이라는 자신의 프로필 옆에 작은 초록색 V 마크(✅ 인증된 회원 마크)가 생기는데, 이 마크를 갖고 있으면 카우치서핑 커뮤니티에 기꺼이 기부금을 내고 참여하며 이 커뮤니티에 더 애정이 있다는 것을 의미한다.

또 그 사람의 신원이 확인되었고 살고 있는 실제 주소로 엽서가 보내져 인증되었기에 호스트 혹은 서퍼들이 그 사람을 더 안심할 수 있고, 그 프로필에

믿음을 줄 수 있다. 인증은 옵션이기 때문에 반드시 인증을 받을 필요는 없지만 다른 사람들에게 신뢰도를 높일 수 있는 방법 중의 하나로 사용되고 있다. 그렇다고 인증받지 않은 회원이라고 해서 커뮤니티에서 특별히 제약을 받는 것은 거의 없다. 다음과 같은 방법으로 인증받을 수 있다.

❶ 메뉴의 인증받기[Get Verified]를 클릭하면 인증받는 페이지로 넘어간다.

❷ 인증을 받기 위해 이름과 주소를 입력한 후 신용카드 정보를 입력하여 지정된 금액을 결제한다. 결제가 완료된 후 16자리 엽서의 인증 코드를 입력하는 칸이 나오면 끝난 것이다.

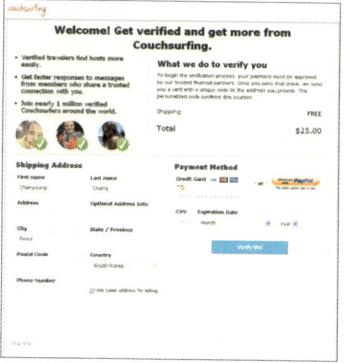

3~8주 후 집으로 인증번호 16자리가 적혀있는 엽서가 배달되면 인증코드를 입력하는 칸에 인증번호를 입력하면 모든 절차가 끝난다.

카우치서핑 커뮤니티에서 보내준 인증번호가 적혀있는 엽서는 미국의 샌프란시스코에 위치한 카우치서핑

카우치서핑 커뮤니티에서 보내준 엽서

커뮤니티에서 보내주는데 인증을 받은 후에 이사를 가거나 기타의 이유로 프로필의 주소를 바꾸려면 인증 번호가 적혀있는 엽서를 다시 신청해야 한다. 하지만 돈을 또 낼 필요는 없다.

인증이 완료되면 자신의 프로필에 신용카드를 통해 신원이 확인되었고 우편물을 통해 집 주소가 확인되었다는 표시가 생긴다.

03 프로필 편집하기

가입 후 카우치서핑을 이용해 호스트를 구하기 전에 가장 중요하게 해야 할 일은 프로필을 꾸미는 것이다. 가입했을 때 초기 설정만으로 호스트를 구하는 일은 거의 불가능하다. 왜냐하면 호스트에게 카우치 요청을 보냈을 때 그 호스트는 나의 프로필을 보고 내가 어떤 사람인지 판단하려고 하기 때문이다.

그런데 프로필이 전혀 작성되어 있지 않다면 그 사람이 나를 어떤 사람인 줄 알고 신뢰하고 자신의 집으로 받아주겠는가? 때문에 카우치서핑 커뮤니티의 프로필에 자신의 성격, 의견 등의 많은 정보를 상당히 자세하고 진실되도록 작성하여 다른 사람에게 자신이 어떤 사람인지 확실히 알려주는 것이 좋다.

정보가 많을수록 다른 회원들이 당신에 대해 알 수 있고 실제로 만나야 할 사람에게 소개하는 글이기 때문에 솔직하게 적어 놓는 것이 중요하다. 그래도 어떻게 작성해야 할지 감이 잘 오지 않는다면 카우치 검색으로 다른 사람들의 프로필을 참고하는 것도 좋은 방법이다.

가입한 후 상단 메뉴의 가장 왼쪽에 있는 [My Profile]을 클릭하면 기본 정보만 입력되어져 아무것도 꾸며져 있지 않은 것을 볼 수 있다. 지금부터 이 공간을 자신의 정보로 잘 표현한 공간으로 꾸며보자.

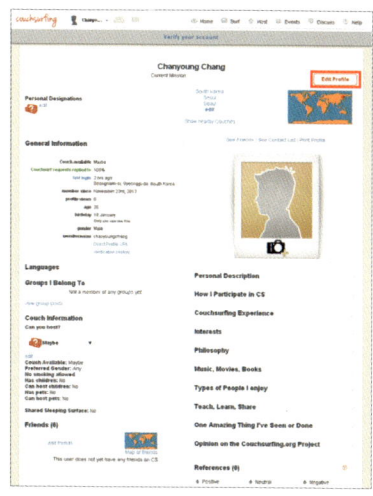

❶ 내 프로필 옆의 [Edit profile]을 클릭하면 12개의 카테고리로 나뉘어져 편집할 수 있게 나타난다. 12개의 카테고리는 [기본정보, 위치정보, 여행한 곳, 언어, 설명, 사진첩, 카우치, 인증 받기, 환경설정, 개인정보보호정책, IM, 계정 삭제] 이렇게 나누어져 있다.

❷ General[기본 정보]은 이름, 이메일 주소, 개인 홈페이지, 전화번호, 긴급 연락처 정보, 패스워드, 성별, 생년월일, 인종, 관심 분야 등의 내용을 등록하고 수정할 수 있다.

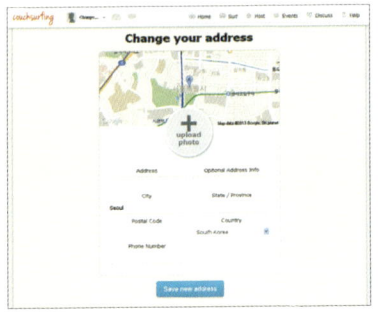

❸ Location[위치 정보]은 자신이 살고 있는 주소를 입력하는데 호스트를 하거나 인증을 받고 싶은 경우에는 정확한 주소지를 적어놓아야 한다.

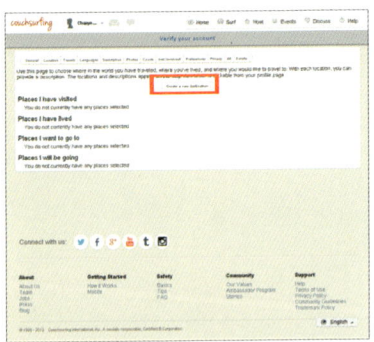

❹ Travel[여행한 곳]은 페이지의 중앙에 [새 도착지 만들기]를 클릭해 자신이 방문했던 곳, 거주했던 곳, 가고 싶은 곳, 곧 가게 될 곳을 선택할 수 있고, 자신이 여행했던 국가와 도시에 대한 생각을 적을 수도 있어 다른 여행자와 정보를 함께 공유할 수도 있다.

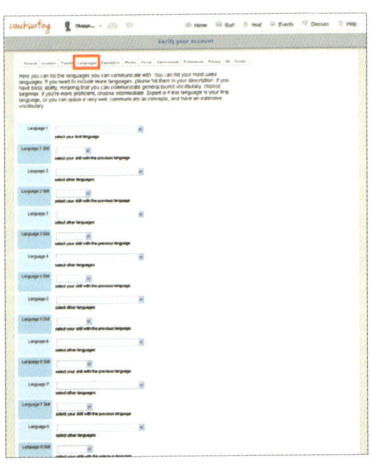

❺ Languages[언어]는 자신이 구사할 수 있는 언어들을 초심자, 중간, 전문으로 선택해서 넣을 수 있게 되어있다. 그러니 자신이 구사할 수 있는 언어를 수준에 맞게 설정하면 된다. 한국어와 영어를 제외하고 딱히 할 줄 아는 언어가 없더라도 제2외국어로 짧게라도 배운 언어가 있으면 초심자로 표시해두자. 비록 형편없는 실력일지라도 간단한 인사만이라도 할 수 있다면 호스트와 서퍼를 구하는데 도움이 될 수 있다.

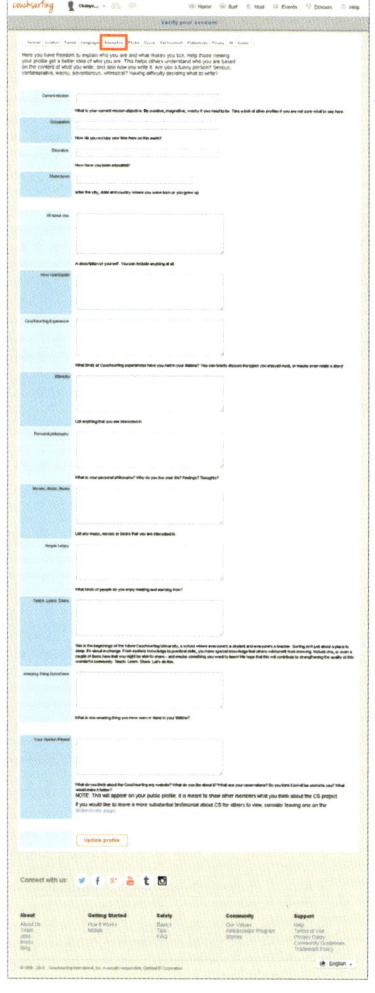

❻ Description[설명]은 가장 중요한 부분으로 나에 대한 전반적인 자기소개 부분이다. 이 부분이 가장 중요한 이유는 호스트에게 카우치 요청을 신청할 경우 호스트가 이 부분의 취미, 흥미 등에서 자신과 유사한 부분을 찾고 결정하기 때문에 길게 쓰려고 하기보다는 솔직하게 자신에 대해 작성하는 것이 필요하다.

이 부분에는 현재 미션, 직업, 교육, 고향에 관해 간단히 적을 수 있게 되어 있고 '당신의 모든 것', '참여하게 된 이유', '카우치서핑 경험 여부', '관심 분야', '개인적인 철학', '영화, 음악, 책', '내가 즐거워하는 사람들', '가르쳐주기, 배우기, 나누기', '놀라운 일을 하였음/봤음', '당신의 의견을 적어주세요'

이러한 질문들에 대해 적도록 되어 있다. 모든 질문에 대답할 필요는 없지만 '당신의 모든 것' 부분을 집중적으로 적어 놓는 것이 좋다.

Part 02 카우치서핑으로 떠나는 세계일주 105

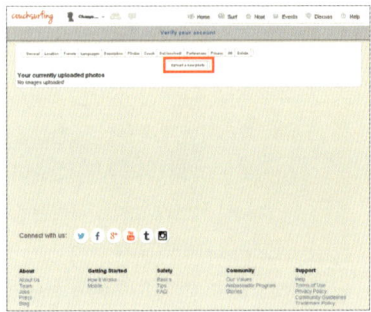

❼ Photos[사진첩]의 [사진 업로드 하기]를 클릭하여 프로필 사진을 올릴 수 있다. 자신이 지금껏 방문했던 곳들 중에서 가장 아름다웠던 풍경이나 여행, 일상의 사진을 보여주어 당신이 어떤 사람인지 표현할 수 있다.

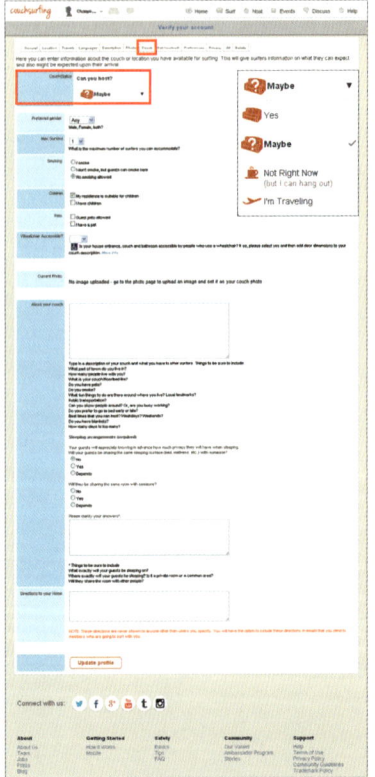

❽ Couth[카우치]는 잠자리 정보를 올려놓는 곳이다. 서퍼로서 카우치서핑 사이트를 이용하려는 이용자들은 이곳을 비워놓아도 된다. 하지만 만약 당신이 호스트가 되어 서퍼를 받고 싶다면 이 부분을 정성스럽게 작성해서 당신의 집에 오는 서퍼들에게 집안 분위기나 잠자리가 어떤지 알려줄 수 있고 실내에서 흡연유무 및 애완동물 유무의 내용들과 집으로 찾아오는 방법들을 적어놓으면 호스트를 구하는 서퍼들에게 좋은 정보가 될 수 있다.

그리고 꼭 호스트가 아니더라도 주변으로 여행 오는 여행자들을 만나고 주변을 구경시켜줄 의향이 있다면 [Not Right Now]로 설정해 놓고 주변안내를 원하거나 차 한 잔할 사람들은 연락하라는 간단한 안내 문구를 적어 놓을 수도 있다.

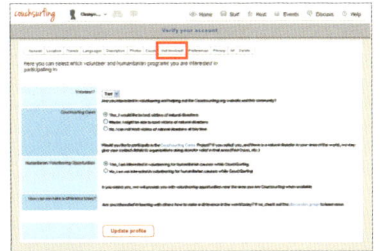

❾ Get Involved[관여하기]는 자원봉사 및 인도주의 프로그램에 참여 의사를 표시할 수 있다.

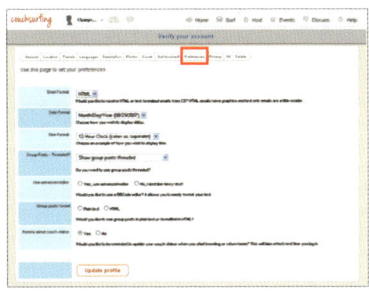

❿ Preferences[환경 설정]에서는 카우치서핑 사이트에서의 메일, 시간 표시 형식 등의 표시 방법을 자신이 선호하는 방식으로 선택할 수 있다.

⓫ Privacy[개인 정보 보호 정책]는 자신의 개인 정보를 보호할 수 있다. 자신의 프로필에 노출되는 것들을 감출 수 있고 실명이 나오는 것이 싫다면 사용자 이름만 보이도록 할 수 있다.

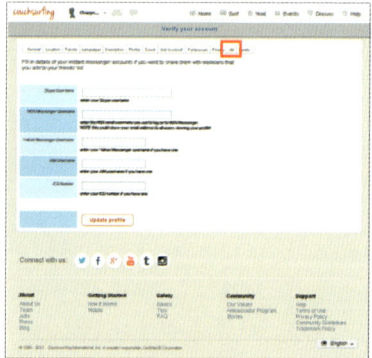

⓬ [IM]은 카우치서핑 친구들과 메신저 프로그램 아이디를 공유하기 원하면 입력할 수 있다.

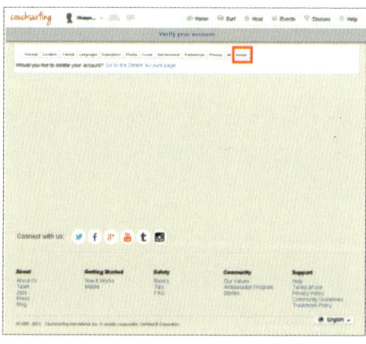

⓭ Delete[삭제]는 카우치서핑 계정을 삭제할 수 있다.

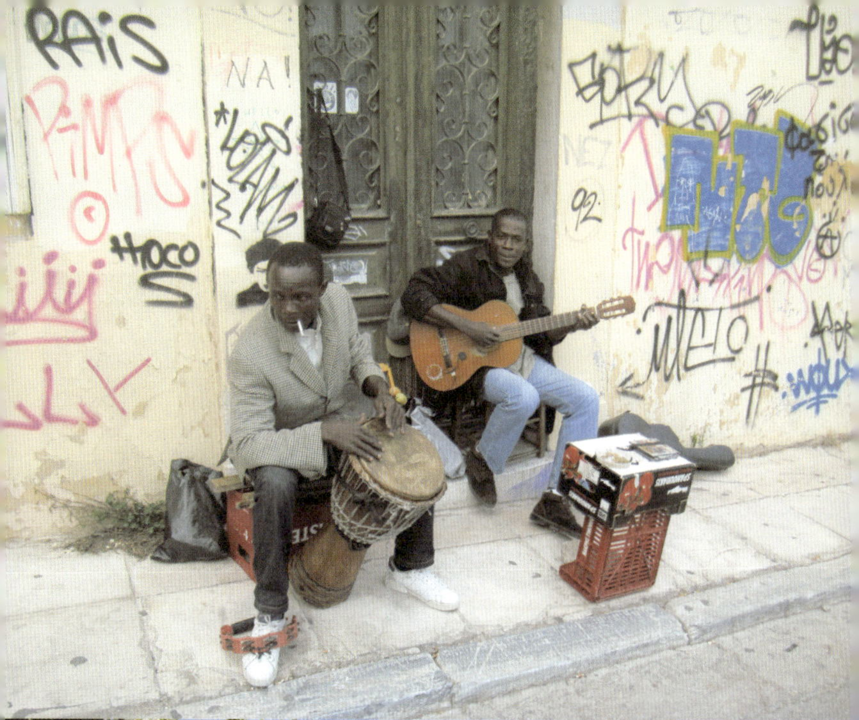
RAiS
NA!

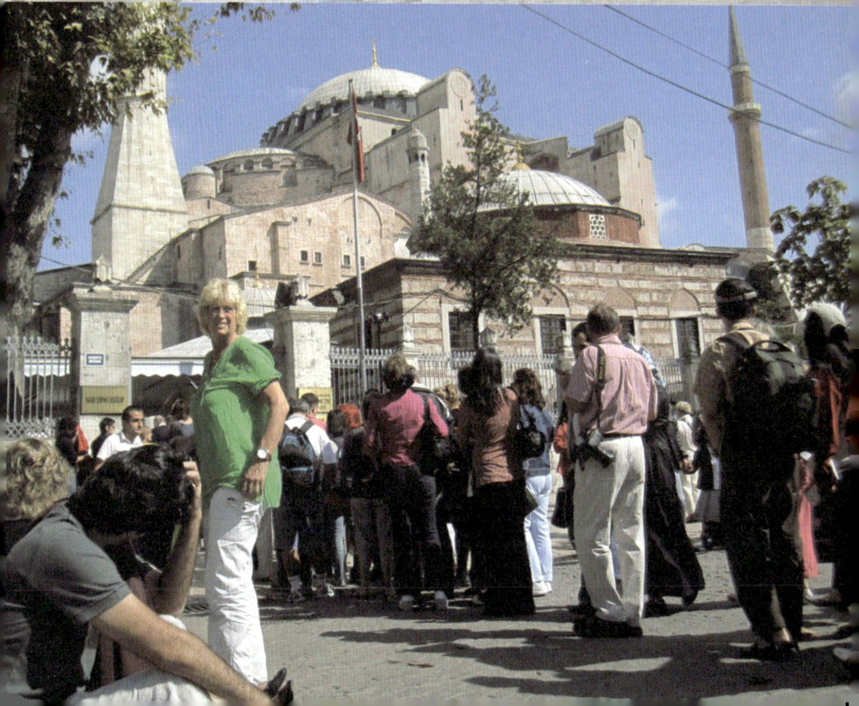

카우치서핑 에피소드 2
이탈리아 몬토네알레의 파비오

카우치서핑으로 호스트를 구한다는 것이 쉽지 않았다. 카우치서핑을 처음 시작하는 단계여서 내 프로필에 별로 신경을 쓰지 않았던 것이 호스트들에게 거절당한 가장 큰 이유였다. 사람과의 신뢰만을 바탕으로 하는 카우치서핑에 그 사람을 믿을 수 있는 것은 자기소개뿐인데, 그것을 너무 소홀히 했다.

기차역까지 나와 준 파비오

내 프로필에는 아주 간단한 소개문만 적어놓고 참조글(Reference)에는 아무도 글을 남겨 놓지 않아 백지와 같은 나의 프로필을 보고, 호스트들이 나를 어떤 사람인줄 알고 게스트로 맞이해 줄까? 그리고 무엇보다 호스트에게 연락을 촉박하게 했다는 나의 잘못도 있었다.

그리스와 이탈리아를 여행하는 동안 터키에서 해보았던 카우치서핑을 다시 해보고 싶어 몇몇 호스트들에게 카우치 요청을 보냈다. 하지만 너무 촉박하게 보낸 탓인지, 이미 그 여행지를 지난 후에야 호스트들에게 연락이 왔다. 나에게 연락해온 사람들 중에는 정중히 거절을 하는 사람도 있었고 내가 연락한 의도가 잠만 재워달라는 것 같다며 투덜거리며 거절한 사람도 있었다.

그래서 나는 카우치서핑에 대해 너무 잘못된 생각으로 접근하고 있다는 것을 깨달았다. 새로운 사람을 사귀고 문화교류의 목적이 되어야 하는데 너무 무료 숙박만을 바라며 연락을 했던 것 같았다. 그래서 때마침 이탈리아의 맨토바에서 펜팔 친구 집에 일주일 이상 머무르게 되어 나의 프로필을 성의있게 꾸미고 다음 여행지였던 베네치아의 호스트들에게 미리 시간을 갖고 정중하고 성의 있게 연락할 수 있었다.

그렇게 시간을 두고 정중히 연락을 해서인지 카우치서핑 호스트를 처음 해본다는 파비오에게서 자신의 집에 와도 된다는 연락을 받을 수 있었다. 실로 15번의 요청 끝에 드디어 받게 된 승낙이라 너무 기분이 좋았다.

하지만 이번에는 카우치 승낙을 받았지만 호스트의 집을 찾아가는데 문제가 생겼다. 파비오 아저씨는 내가 방문하려던 베네치아에서 기차로 2시간 걸리는 시골마을 몬트레알레에 살고 있었는데 낮 시간에는 유리 공장에서 일을 하고 오후 늦게 집에 온다고 해서 어차피 베네치아 구경도 해야 하고 해서 낮에는 베네치아를 돌아보고 오후 늦게 몬트레알레로 가겠다고 했더니 그러는게 좋겠다며 자신의 집으로 오는 기차 시간표와 가격 등을 친절히 알려주었다.

그런데 몬트레알레로 가려면 기차를 한 번 갈아타야 하는데 하필 기차 시간이 지연되어서 다음 역에서 타야 하는 막차를 놓쳤다. 시골이여서 막차가 너무 일찍 끊긴다는 사실을 뒤늦게 알고 엄청 당황했다.

그렇게 기차를 놓치고 발을 동동 굴리고 있던 필자에게 파비오는 자가용을 몰고 1시간이나 되는 거리를 달려왔다.

카우치서핑을 통해 처음으로 게스트를 받아 친구를 사귀었다는 파비오는 기차역에서 파란색 추리닝을 입고 와 나를 보자 감격에 찬 표정을 지으며 마치 몇십 년을 알고 지낸 친구처럼 맞이해 주었다.

그렇게 나는 이탈리아의 시골 몬트레알레에 있는 파비오의 집에서 2박 3일 동안 머물며 파비오와 함께 등산도 하며 잊을 수 없는 추억을 만들었다.

비앙카발루산 앞에서 파비오와 함께

여행을 하며 호스트 찾는 방법

프로필에 자신에 대해 충분히 설명을 해 놓았다면 호스트를 구할 모든 준비가 끝난 것이다. 호스트 검색을 통하여 자신이 원하는 호스트를 찾는 방법을 알아본 후 카우치 요청을 보내는 방법에 대해 알아보자.

01 호스트 찾기

프로필을 정성껏 작성했다면 이제 호스트를 찾아보자. 상단 메뉴의 [Search]를 클릭하고 [카우치검색]을 클릭한다. 그러면 다음과 같은 페이지가 보이는데 이 페이지는 3부분으로 나누어져 있다.

❶ 지역 검색, ❷ 호스트 세부정보 검색, ❸ 호스트 목록으로 나뉘어져 있는데 ❶ 지역 검색은 자신이 찾고자 하는 호스트의 지역을 입력하고 [Search]를 클릭하면 자신이 원하는 지역의 호스트 및 카우치서핑 회원들의 모습이

나타난다. 하지만 찾고자 하는 호스트의 호스팅 가능 여부, 나이, 성별 등을 자세히 검색하려면 좌측의 ❷ 호스트 세부정보검색에 자신이 원하는 호스트의 모든 조건을 맞춘 후 상단의 [Search]를 클릭하면 조건에 부합하는 호스트들이 ❸ 호스트 목록에 나타난다.

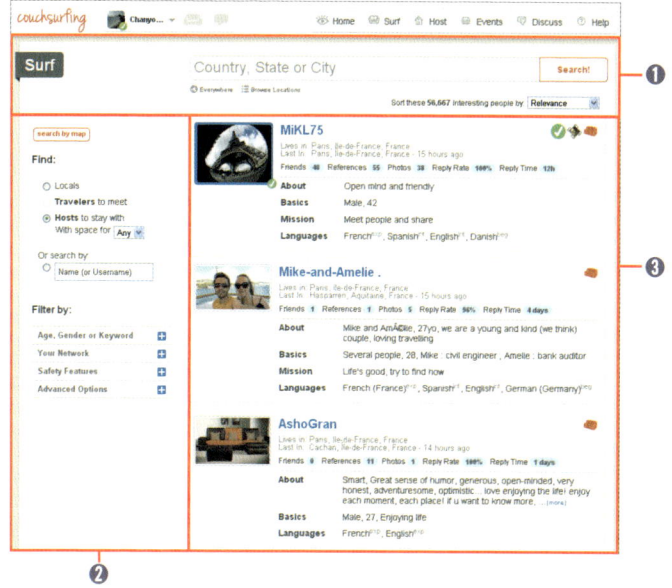

1. 지역 검색

찾고자 하는 호스트의 도시를 검색할 경우에는 검색란에 도시 이름을 직접 입력해서 찾을 수 있다. 하지만 도시 이름을 영어로 정확한 스펠링을 모를 경우에는 ❶ 검색란 바로 아래에 있는 [Browse Locations]를 클릭하면 대륙, 나라, 도시 순으로 연결되어 나오는 목록을 활용해 순차적으로 지역을 검색할 수도 있다. 또는 ❷ 지도를 확대해가며 검색하면 지도에 표시되어 있는 곳의 카우치서핑 회원들을 볼 수 있다.

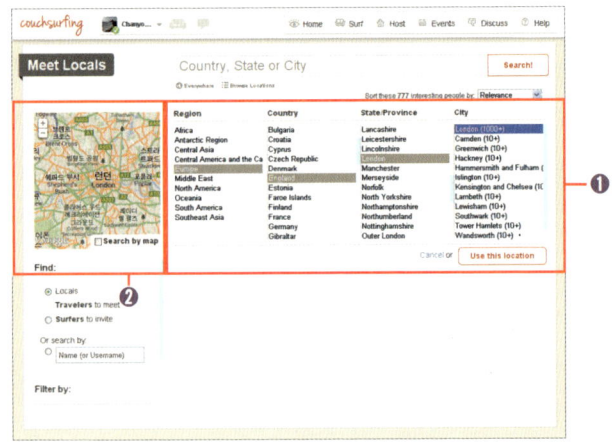

2. 호스트 세부정보 검색

지역을 선택했다면 많은 호스트들이 검색되어 나온 것을 볼 수 있다. 검색되어 나온 호스트들을 모두 클릭하여 자신이 원하는 호스트인지 확인하는데 많은 시간이 소요된다. 그러므로 좌측의 필터 기능을 이용하여 자신이 원하는 호스트와 근접한 사람을 찾아볼 수 있다.

❶ Locals : 선택 지역에 살고 있는 카우치서핑 멤버
❷ Travelers to meet : 선택 지역을 여행하고 있는 카우치서핑 멤버
❸ Hosts to stay with space for : 호스트해줄 수 있는 카우치서핑 멤버(자신이 일행과 함께 있다면 옆의 숫자로 체크한 후 검색할 수 있다.)

❹ Name (or Username) : 이름 또는 사용자 지정 이름으로 검색할 수 있다.
❺ Age, Gender or Keyword : 나이와 성별을 검색할 수 있다.
❻ Your Network : 자신의 친구들 목록 중에서 찾거나 자신의 친구들의 친구들을 검색해서 찾을 수 있다.
❼ Safety features : 사진을 등록해 놓았거나 인증된 회원 또는 보증된 회원을 검색할 수 있다.
❽ Advanced Options : 고급 옵션으로 호스트의 집에서 흡연이 가능한지 또는 아이들도 서퍼로 방문이 가능한지 장애인을 위한 휠체어가 접근 가능한지 등의 옵션을 선택할 수 있다.

3. 호스트 목록

자신이 입력한 세부정보와 일치되는 그 지역의 호스트들이 검색되어 목록에 나타난다. 목록에는 그 호스트의 이름, 나이, 자신을 소개한 글 등 간단한 정보가 나온다.

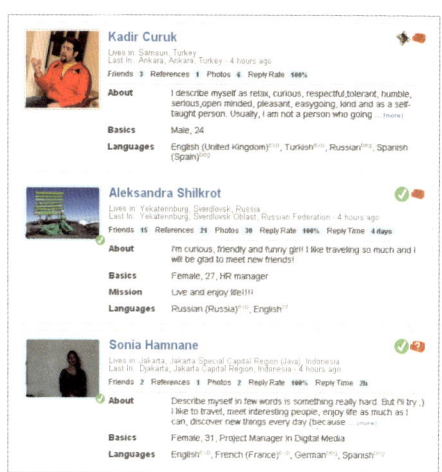

호스트들의 이름 옆에는 작은 아이콘들이 있는데 이 아이콘으로 호스트가 현재 어떤 상태인지 빠르게 파악할 수 있다.

우선 소파의 상태로 호스트 가능 여부를 알아볼 수 있다.

카우치 상태 아이콘

	① Yes	호스트해줄 수 있음.
	② Maybe	상황에 따라 호스트를 해줄 수도 있고 못해줄 수도 있음.
	③ Not Right Now (but I can hang out)	집에 잠자리를 제공할 수는 없지만 함께 만나서 차도 마시고 주변도 둘러보며 어울릴 수 있음.
	④ I'm Traveling	여행 중이거나 그 지역에 없음.

그 밖의 아이콘

	인증됨 Verified	커뮤니티에 기부를 하고 신용카드로 신원 확인을 하였으며 엽서로 집 주소를 공식적으로 인증을 받음.
	보증됨 Vouched	보증받는 것은 그 사람과 친구관계를 맺고 직접 만난 사람들이 '이 사람은 신뢰 가능한 사람이다.'라고 보증을 해주는 것인데 아이콘 옆의 숫자로 몇 명이 보증을 서 주었는지 알 수 있고 3명 이상 보증을 클릭해주면 이 사람 또한 다른 사람을 보증해 줄 수 있는 자격을 얻게 된다.
	대표자 Ambassador	커뮤니티의 후원자이며 공식 인증을 받은 사람들로 그 지역의 운영자 정도쯤 된다. 그 지역에서 일어나는 이벤트 등을 준비하기도 하며 여행자들의 질문에 답을 해주기도 한다.

이러한 정보를 확인하였다면 나를 호스트해줄 수 있는지 혹은 어느 정도 신뢰할 수 있는 사람인지 파악한 후 마음에 드는 호스트를 클릭하여 자세한 프로필을 확인해보자.

02 프로필 읽는 방법

마음에 드는 호스트를 발견하였다면 호스트를 클릭하여 프로필을 꼼꼼히 읽어본다.

❶ 기본정보에서 이름과 나이를 확인한다. 최근 로그인이 언제인지 확인해 카우치서핑 커뮤니티에 얼마나 적극적인지 확인해 볼 수도 있다. 로그인한지 너무 오래된 회원이라면 카우치 요청을 보냈을 때 답장이 빨리 오지 않을 확률이 높다.

❷ 언어 부분에서 어떤 언어를 할 수 있는지 확인한다. 어떤 언어가 네이티브인지 확인하고 혹시 한국어를 조금이라도 할 수 있는 사람이거나 공부를 하는 중이라면 서로 공통점이 있어 좀 더 친근하게 다가갈 수 있다. 하지만 나와 그 호스트의 언어가 서로 공통되는 것이 없다면 '(language barrier exists) 언어 장벽 있음'이라는 문구가 뜬다.

❸ [내가 속한 그룹들]에서는 선택한 호스트가 가입한 그룹이 나타나는데, 어떤 분야에 관심이 있는지 알 수 있다.

❹ 카우치 정보 부분은 서퍼에게 매우 중요하니 꼼꼼히 확인해 카우치가 가능한지, 선호하는 성별, 허용 가능 인원 등이 자신이 요청하기에 적합한 사람인지 살펴보자. 이 부분이 영어로 너무 많이 적혀있다고 자세히 읽어보지도 않고 대충 훑어본 후 카우치 요청을 보낸다면, 본인이 개 알레르기가 있음에도 애완견을 4마리나 기르는 집에 가게 되어 거실에서 강아지들과 함께 잠을 자는 경우도 생길 수 있다. 또 잠자리가 호스트와 함께 사용하는 더블베드인지 싱글인지 쇼파이거나 혹 방바닥일 수도 있으니 확인해보자.

❺ 이 사람과 친구로 추가되어 있는 친구 목록을 볼 수 있다.

❻ 프로필 사진 밑의 다른 사진 보기를 클릭하면 그 호스트의 더 많은 사진을 볼 수 있다. 사진을 확인하여 어떤 사람인지 파악할 수 있다.

❼ 자기소개 등 프로필을 꼼꼼히 읽어보고 호스트의 성격이 외향적인지, 소극적인지, 악기를 다루는 것을 좋아하는지 등 어떤 취미와 생각을 갖고 있는 사람인지 반드시 파악하도록 하자.

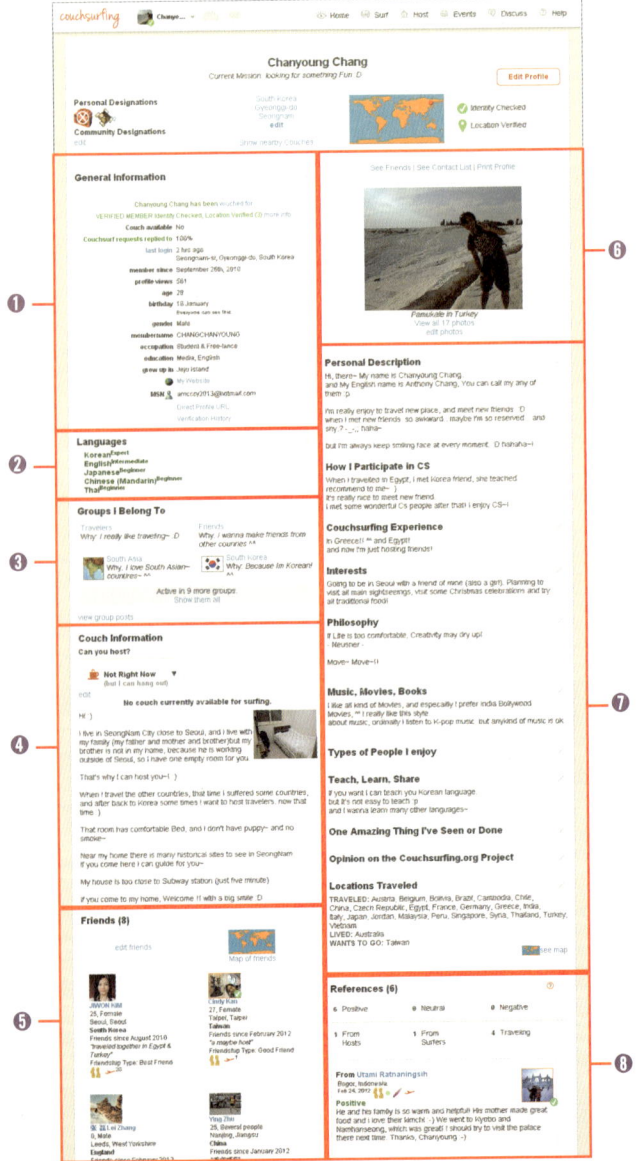

프로필을 확인했으면 오른쪽 아래에 있는 ❽ 참조글References을 확인해보자. 참조글은 그 사람에게 카우치를 제공한 호스트 그리고 제공받은 서퍼 혹은 함께 여행하며 알게 된 친구들 등 그를 알고 있는 사람들이 그 사람이 어떤 사람인지 평가해 놓고 나 역시 그 사람에게 평가할 수 있는 상호 방명록과 같은 게시판이다. 그래서 얼마나 많은 참조글이 있느냐에 따라 이 사람이 카우치서핑 경험이 많은지를 알 수 있고 사람들이 적어놓은 참조글과 전반적인 평가 긍정적Positive, 중립Neutral, 부정적Negative을 통해 이 회원을 파악할 수 있다. 또 지난 기간 동안 사람들이 이 호스트와 함께 어울려 어떤 이벤트를 진행했었는지 알 수 있는 좋은 방법이다. 또한 이 참조글은 글을 작성한 본인만 수정할 수 있기 때문에 다른 사람이 자신의 페이지에 남겨놓은 글을 마음대로 수정하거나 삭제할 수 없다.

이곳에 형식적인 글을 남기는 사람도 있지만 자신이 이 멤버와 어떤 일을 했는지 또 이 호스트가 자신에게 어떻게 대해줬는지 상세히 적어놓는 사람도 있으니 모두 읽어보도록 하자. 또 참조글에 이 회원에 대해 안 좋게 평해놓은 글이 있다면 그 호스트에게 문제가 있다고 생각해보기 전에 그 문제가 정말 호스트에 문제가 있어서 그런 것인지 아니면 문화, 종교적인 어떤 갈등인지 알아보고 자신이 갔을 때에도 그러한 문제가 생길지 생각해봐야 한다. 서로 다른 문화와 종교들이 만나는 일이다 보니 그 사람에게는 문제가 되어도 나에게는 문제가 되지 않는 일일 수도 있다. 하지만 뭔가 미심적은 일이 있다면 방문했던 사람에게 메시지를 보내 확인해 보는 방법도 있다.

참조글을 보면 글을 남긴 사람들의 이름 옆에 작은 아이콘들이 있는데 아이콘들은 다음을 의미한다.

	이 사람을 직접 만났음.
	이 사람을 온라인으로 알고 있음.
	이 사람 집에서 서핑을 함.
	이 사람을 초대해 호스트 해줌.
	이 사람과 함께 여행함.

그리고 카우치서핑 친구로 등록해 놓은 사람들끼리는 초록색 동그라미 표시가 있는데 색이 진해질수록 가까운 사이이다.

	아직 만나지 않았음.
	아는 사람
	카우치서핑 친구
	친구
	좋은 친구
	가장 좋은 친구

03 참조글 읽는 방법

다음 참조글은 아래 있는 Jiwon Kim이라는 회원의 프로필에 NURAR라는 사람이 참조글을 남겨 놓은 것이다. 이 참조글을 통해 보면 마크가 있는 것으로 보아 두 사람은 서로 직접 만난 것을 알 수 있다. 또 NURAR라는 사람에게 아이콘이 있고 JIWON KIM에게 마크가 있는 것으로 보아 NURAR가 JIWON KIM에게 호스트를 해주었다는 것을 알 수 있다. 아이콘 위에 마우스를 올려놓으면 며칠 동안 호스팅을 해주었는지 표시가 생기는데

이 참조글의 경우 하루 동안 초대해 준 것을 확인할 수 있다. 또 내용을 읽어 보면 NURAR가 JIWON KIM을 공항까지 배웅해주고 서로 긍정적Positive으로 좋게 평해 놓은 것을 알 수 있다.

From NURAR
Istanbul, Turkey
Oct 6, 2010
Positive
I miss jiwon she good friend for us but a little time stay I hope next time long time stay vith us I take pains for long holiday she very laky

For NURAR
Istanbul, Turkey
Sep 30, 2010
Positive
I want to say "thanks" to Nuri.
I stayed one night in his house, That was my last night in turkey. he made me really relax. and he took me to airport also. Thanks Nuri =)
I want to see u again. and I hope your english improve day by day. Good Luck !

04 호스트에게 요청 보내기

프로필과 참조글을 꼼꼼히 읽어보고 연락을 취할 호스트를 결정했다면 카우치 요청을 보내자. 카우치 요청을 보낼 때에는 신중을 기하고 정성을 들여야 한다. 내용을 복사하고 붙여넣기하는 식으로 메일을 보낸다면 호스트를 많이 해본 사람들이라면 바로 알 수 있고 거절하기 십상이다. 호스트들이 자신의 집을 내어주고 시간을 마련하는 이유는 바로 다른 나라에서 여행을 온 당신 때문이다. 그렇기 때문에 진정한 문화교류가 아닌 그저 무료 숙박을 위해 연락을 해오는지 아닌지를 판단하려 한다. 그러니 서퍼들은 호스트가 적어 놓은 프로필을 잘 읽어보고 내가 왜 당신의 집에 가야 하는지, 우리가 함께 무엇을 할 수 있고, 어떤 부분을 공감할 수 있는지, 우리의 비슷한 관심사가 무엇인지 정성껏 작성해야 한다. 그런 정성을 보인다면 호스트들도 열린 마음으로 당신을 받아줄 것이다.

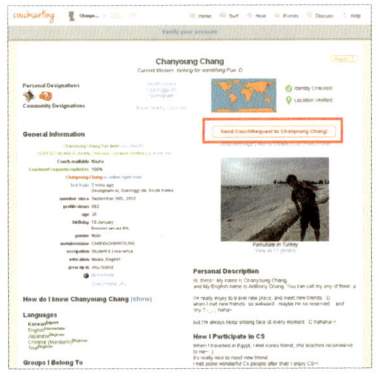

프로필의 사진 위를 보면 [Send Couch Request to 이름]이라는 버튼이 있다. 이 링크를 클릭하면 이 호스트에게 카우치 요청을 할 수 있는 메시지 창이 생긴다.

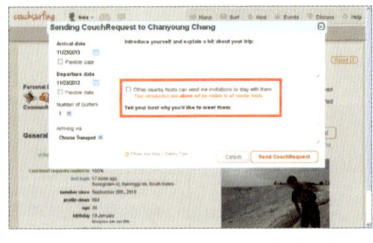

메시지 창에는 [도착날짜, 떠나는 날짜, 인원, 도착 시 운송수단]을 적을 수 있게 되어 있다. 만약 도착날짜 및 떠나는 날짜가 확실치 않다면 [Flexible data] 박스를 체크해 두자.

오른쪽에는 제목과 자신의 여행에 대해 설명(Introduce yourself and explain a bit about your trip)을 하고 왜 자신이 당신의 집에 머물러야 하는지 그 이유(Tell your host why you've chosen to write to them)를 적는 칸이 있다. 이곳에는 신중하게 자신이 무엇을 위해 어떤 목적으로 여행을 하고 있는지 적어주고, 많은 호스트들 중에서 당신의 집을 선택한 이유를 적어 준다. 모든 정보를 입력하였으면 [Send Couchrequest](카우치 요청하기)를 클릭하면 요청 메시지가 보내진다.

연락한 후에는 상단 메뉴 Couch의 Surfing을 통해 호스트가 보낸 답장과 승락, 거절, 보류의 상태를 확인할 수 있다.

호스트에게 연락할 때에는 어떤 호스트들은 자신의 프로필에 몇 주 전에 연락을 달라고 적어놓기도 하지만 대체로 1~2주 전에는 연락하는 것이 예의이다. 너무 미리 연락해 놓으면, 호스트들도 그때 어떤 일이 생길지 몰라 미리 서퍼와 약속을 잡아놓기 꺼리며 너무 촉박하게 연락해 놓으면 이미 다른 손님이 와 있을 수도 있고 다른 약속이 있을 수도 있다.

만약 자신이 혼자가 아닌 동행자와 함께 카우치 신청을 한다면 호스트에게 동행자의 카우치서핑 프로필 주소를 알려주고 동행자가 카우치서핑에 가입되어 있지 않다면 동행자에 대해 자세히 설명해주어야 한다. 그리고 호스트의 프로필에서 어느 부분에 흥미가 생겼는지 언급하고 우리가 함께 무엇을 할 수 있는지 알려주는 것이 호스트의 흥미를 끌 수 있다. 또 호스트가 자신의 프로필 방문 시 주의사항을 적어 놓았다면 자신이 그 부분을 확인했음을 알려주어야 한다.

그렇게 호스트가 요청을 받아들이면 집 주소를 알려줄 것이다. 계속 호스트와 연락하며 집으로 찾아가는 방법과 만나는 장소 등을 물어보며 연락을 취해야 한다. 또 여행 일정이라는 것이 언제든 변할 수도 있으므로 호스트가 승낙한 후에 일이 생겨 계획이 바뀌더라도, 호스트와 꾸준히 연락하며 유연하게 일정을 바꿔 나갈 줄도 알아야 한다.

이렇게 연락한 호스트의 집에 초대된 후에는 그 호스트의 집에 가서 즐거운 문화교류를 하며 친구를 사귀면 된다. 그리고 만약 호스트가 초대를 거절하여도 감사의 답장은 꼭 보내주도록 하자.

반대로 본인의 여행 일정에 문제가 생겨 여행이 취소되거나 해당 도시를 여행하지 않게 되었을 경우 상단 메뉴 Couchrequest의 Surfing에서 메시지의 아랫부분에 카우치 요청 취소를 할 수 있다. 취소할 때에는 신중히 생각을 해보고 결정하고 반드시 취소하는 이유와 상황을 호스트에게 설명해주도록 한다.

05 카우치 공개 요청하기

카우치 공개 요청(Open CouchRequest)으로 호스트에게 초대를 받을 수 있다. 자신의 일정표를 만들어 카우치 공개요청을 해 놓으면 해당 지역에서 서퍼를 찾고 있는 호스트들에게 자신의 여행계획이 노출된다. 그렇게 되면 자신을 초대하고 싶어 하는 호스트가 자신에게 먼저 연락을 해올 수 있다. 공개 요청하는 방법은 다음과 같다.

상단 메뉴의 Couchrequest에서 Itinerary(일정표)를 클릭한다.

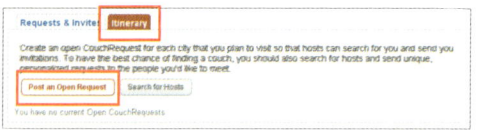

일정표에 [Create an Open CouchRequest]를 클릭한다. 그러면 다음과 같은 창이 나오는데 여행하고자 하는 도시와 도착날짜, 떠나는 날짜 그리고 서퍼가 몇 명인지 설정할 수 있다. 그리고 오른쪽에는 자신의 여행에 대해 설명하는 공간이 나와 있는데 자신이 그 도시에 왜 여행을 가고, 어느 장소를 방문하고, 무엇을 하고 싶은지 소개를 적어 놓으면 그 지역에서 서퍼를 받고 싶어 하는 호스트들에게 자신의 여행 일정이 노출된다. 그러면 호스트들이 그 일정표를 읽어보고 자신과 어울리거나 함께할 수 있는 것이 있다고 생각한다면 먼저 초대를 보내 올 수 있다. 해당 도시에 도착하기 전 먼저 이렇게 카우치 공개 요청을 올려놓는 방법도 호스트를 구하는 좋은 방법 중 하나가 될 수 있다.

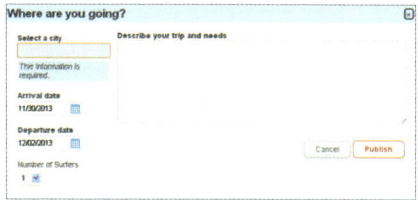

06 호스트를 방문할 때 주의사항

카우치 요청을 보낸 후 호스트가 승낙을 해주면 자신이 보낸 Request & Invite 리스트에서 Accepted 표시가 생기며 호스트가 보내온 답장을 읽을 수 있다. 이제 호스트와 연락을 취하며 언제 어디서 만날지 호스트의 집에 방문할 준비를 한다.

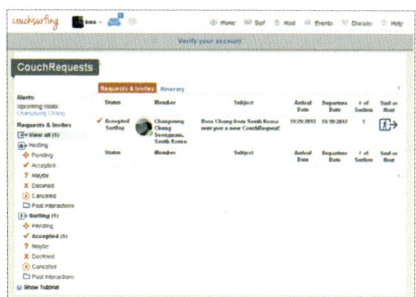

호스트와 연락을 취한 후 만나 호스트의 집에 머물며 함께 즐거운 시간을 보내는 데에는 정해진 법칙이 없다. 사람마다 나름의 기준이 있고 그에 맞는 행동을 하면 될 것이다. 하지만 문화가 많이 다른 외국인의 집에 초대되어 어떻게 행동해야 할지 막막하고 감이 잘 오지 않는다면 공통적으로 지켜야 할 기본 에티켓 혹은 간단한 팁을 알아보자.

1. 호스트의 집에 방문하기 전

호스트와 연락을 취하며 언제부터 언제까지 머무를지 확실히 확인을 해두며 자신의 일정이 바뀌면 호스트에게 바로 알려줘 자신이 머무를 수 있는지 아니면 취소를 해야 하는지 지속적으로 의사소통을 해야 한다. 그리고 호스트와 언제 어디서 몇 시에 만날지 확실히 확인해 두었더라도 만약을 대비해 호스트의 전화번호를 알아두는 것이 좋다. 또 카우치서핑은 사람과 사람의 약속일 뿐 돈을 내고 호텔을 예약해 놓은 것이 아니기 때문에 마지막 순간에 문제가 생겨서 호스트가 약속을 취소할 수 있다. 그러니 최악의 상황에 대비해서 주변 호스텔의 위치 정도는 미리 알아 놓는 것이 좋다. 그리고 아마도 호스트의 집에 머무는 동안 호스트가 당신에게 음식을 제공해 줄 것이다. 매번 호스트가 식사를 대접해 주는 것이 미안할 수도 있고 호스트에게 무언가 해주고 싶은 마음이 들 것이다. 그러니 미리 요리를 할 재료를 준비해 가는 것이 좋고 한국 음식을 만들어서 대접해주면 호스트와 의미 있는 문화교류가 되며 감사를 표현하는 좋은 방법이 될 것이다.

해외 한인마트에서 팔고 있는 식혜(위)
외국인 친구들에게 만들어준 불고기(아래)

2. 호스트의 집에 머무는 동안

당신이 호스트를 만나 그의 집에 방문하게 되면 호스트는 당신에게 집과 가족들을 소개시켜 줄 것이다. 당신이 잠잘 곳과 화장실, 부엌 등을 소개해주며 어떤 것은 사용해도 되고 어떤 것은 사용하면 안 되는지 알려주는데 이러한 것들을 주의 깊게 듣고 그대로 하자. 만약 세탁기, 전기를 사용해도 되는지, 샤워는 얼마나 오랫동안 해도 되는지 등 호스트가 따로 설명을 해주지 않은 부분이 있다면 또 아무리 작은 부분이라도 의심 가는 부분이 있다면 반드시 호스트에게 물어보고 확실히 해야 한다. 그리고 자신의 짐은 어지럽히지 말고 한쪽에 잘 정리정돈을 해 놓아야 한다. 그리고 호스트가 자고 있을 경우 소란스럽게 하지 않는 등 주의를 기울여야 한다.

자신이 사용한 식기도구는 바로 정리를 해둔다.

만약 호스트가 당신과 많은 시간을 보내고 싶어 한다면 호스트가 안내해주는 대로 따라다니며 가이드도 받을 수 있고 주변 가족 및 친구들과 즐거운 시간을 보낼 수 있다. 하지만 호스트가 일이 있어 자신을 가이드해주지 못할 경우에는 스스로 계획을 세우고 호스트에게 물어보며 무엇을 할 수 있는지 물어볼 수 있다.

또 호스트가 아무리 좋은 사람이더라도 예상 밖의 손님을 데려와서는 절대 안 된다. 그리고 그 집이 마음에 든다고 해도 머무는 기간을 연장하는 것은 아주 조심스럽게 결정하고 또 연장을 하고 싶다면 미리 말을 하도록 하자.

3. 호스트의 집을 떠난 후

호스트의 집을 떠날 때에는 빌린 물건이 있었다면 혹시 모르고 가져가는 일이 없도록 한 번 더 확인하고, 집에 호스트가 없을 때 떠나게 된다면 문의 잠금장치는 확실히 하였는지 확인하자. 그리고 떠난 후 호스트에게 무언가 해주고 싶다면 좋은 방법 중 하나가 엽서를 보내는 것이다. 계속 여행을 하는 여행자라면 다음 여행지에서 엽서를 하나 보내는 것도 감사를 표시하는 좋은 방법이 될 수 있다. 그리고 호스트의 카우치서핑 참조글에 다른 사람들이 그 호스트를 알 수 있도록 글을 남겨 주도록 하자.

07 여자 혼자 카우치서핑을 한다면 주의해야 할 사항들

카우치서핑을 처음 해보는 여성들은 특히 걱정도 많이 될 것이고 호스트를 찾는데 주의를 많이 기울이게 된다. 그런 여성 유저를 위해 조심해야 할 것들을 알아보자.

1) 호스트를 구할 때에는 여성 호스트 혹은 가족으로 구성된 호스트를 찾아본다.
2) 남자 호스트라면 인증 여부를 확인하고 참조글이 많은 사람들을 선택해 모든 참조글을 읽어보도록 하자. 참조글을 읽을 때에는 이전의 호스트/서퍼가 그 사람에 대해 긍정적/부정적으로 적어놓았는지 확인하고 그가 혼자 여행 온 여자를 호스트한적 있다면 그녀가 참조글에 긍정적인 글을 남겨 놓았는지 확인해 보자.
3) 참조글을 남긴 사람들이 그 사람을 직접 만났는지 아니면 인터넷으로만 만났는지 또 자신의 프로필은 잘 꾸며놓았는지 확인해 보고 이 호스트가 오직 여자만 서퍼로 받지는 않나 확인해 보자. 또 내용에 약간의 의문이 든다면 이전에 방문했던 서퍼에게 메시지를 보내 확인해보는 방법도 있다. 만약 한 번도 호스팅 해본 적이 없거나 참조글이 하나도 없는 호스트라면 수락하지 않기를 권한다.

4) 자신의 프로필에 MSN, E-mail, Facebook 등 개인의 연락처를 공개하지 않는 것이 좋다. E-mail이나 다른 방식으로 카우치서핑 초대가 왔다면 절대 승낙하지 말아야 한다. 자신의 연락처는 카우치서핑 사이트를 통해 최종적으로 연락이 되고 승낙을 받은 호스트에게만 알려주도록 하자. 프로필에 연락처를 공개해 놓는다면 카우치서핑 멤버가 아닌 다른 사람에게 연락이 올 수 있다.

5) 현지 핸드폰이나 로밍해간 핸드폰이 있을 경우 비상시를 대비해 미리 주변의 경찰서, 호텔 등의 번호를 등록해놓자. 그리고 갑자기 일이 생겨 약속이 취소될 수 있으니 주변의 호텔 주소, 전화번호 등을 알아두고 지역 택시 번호도 알아두도록 하자.

6) 자신의 다음 목적지에서 자신의 가족, 친구 혹은 다음 카우치서핑 호스트가 자신을 기다리고 있으며 그들이 자신이 이곳에 머무르고 있다는 것을 알고 그들과 매일 연락하는 것을 호스트에게 확실히 인지시켜준다.

7) 만약 호스트를 만나 집에 머무를 때 나쁜 경험을 했거나 무언가 이상한 느낌이 든다면 주저하지 말고 떠나야 한다. 자신의 행동으로 호스트의 기분을 상하게 하면 어쩌지 하는 미안한 생각보다는 당신의 안전이 더 중요하다. 그렇기 때문에 이상한 느낌이 든다면 자신의 직감을 믿고 바로 떠나야 한다.

8) 만약 그 도시에 안전한 호스트가 없다고 생각될 때에는 무리해서 호스트를 찾기보다는 호텔로 가도록 하자. 카우치서핑을 통해 위험한 일이 발생할 확률은 그리 높지 않지만 만약의 상황을 위해 이렇게 대비하는 것이다.

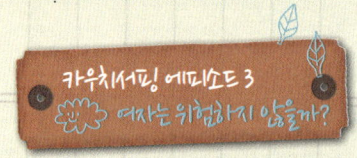
카우치서핑 에피소드 3
여자는 위험하지 않을까?

다음은 대학교 4학년생으로 여자 혼자 세계일주하며 카우치서핑을 한 김지원양 수기이다.

카우치서핑을 처음 알게 된 것은 세계일주 중 요르단의 와디무사(페트라Petra가 있는 작은 마을)의 호스텔에서 만난 한 네덜란드 친구로부터였다. 네덜란드에서 온 21살의 그 친구는 여행하는 나라의 가정집을 방문하여 문화 체험을 할 수 있는 기회는 흔치 않으며 배낭 여행자라면 숙박비도 아낄 수 있다며 카우치서핑을 꼭 해보라면서 내게 적극 추천해줬다. 위험하지 않냐는 나의 물음에 그녀는 물론 위험한 상황이 발생할 수도 있지만 대개의 호스트들은 선의를 가지고 카우치서핑에 참여한다고 이야기해줬다.

내가 호스트에 대해 걱정하는 것만큼, 호스트 역시 서퍼가 위험한 사람인지 아닌지에 대해 걱정하는 것은 마찬가지라면서 열린 마음을 가지고 호스트를 찾되 호스트 중에서도 참조글(Reference)이 많은 사람이거나 여성 호스트 또는 가족이 단체로 호스트인 경우를 우선순위에 두고 찾으라는 조언까지 해주었다.

그래서 그날부터 카우치서핑 사이트에 접속하여 친구가 해준 조언에 맞는 호스트를 찾기 시작했다. 하지만 배낭 여행자인 나의 일정이 정확하지 않을 뿐만 아니라 조건에 맞는 호스트를 찾는게 어려웠고 또 조건에 맞지 않는 호스트에게 요청을 하기에는 두려움이 너무 커 매번 망설이기만 할 뿐 시도해보지 못하고 있었다. 그러던 끝에 나의 첫 번째 카우치서핑은 터키에서 이루어졌다.

터키 시린제(Sirince) 마을에서

터키를 여행하던 중 셀축Selcuk에 살고 있는 메흐멧 아저씨가 먼저 초대 쪽지를 보내온 것이다. 호스트가 먼저 보내온 쪽지가 안전할지 의심이 들어 수락할지 고민하고 있었고 혼자였다면 절대로 수락하지 않았겠지만 마침 내 옆에는 여행을 같이 하고 있던 찬영 오빠가 있어 메흐멧 아저씨에게 동행자와 함께 가도 되냐 물어보니 함께 와도 좋다는 답장을 받았다. 그렇게 초대를 수락하여 아저씨네 가게까지 가게 되었지만 이 아저씨가 장삿속에 이러는 걸까 싶어 처음에는 호의를 100% 완전하게 받아들이지는 못했던 것이 사실이다. 하지만 1박 2일 동안 셀축에 머무르며 지내는 동안, 메흐멧 아저씨는 정말 다양한 나라의 친구들을 만나고 싶어 기꺼이 자진해서 호스트로 활동하고 있다는 것을 느낄 수 있었다.

그렇게 첫 번째의 카우치서핑을 통해 카우치서핑이 무엇이고 어떤 것인지 확실한 경험을 한 나는 세계일주를 하며 지속적으로 카우치서핑을 시도해보았고 터키 이스탄불(Istanbul)에서 바로 카우치 호스트를 찾을 수 있었다. 영어를 배우고 싶어서 카우치서핑을 한다는 누리 아저씨는 아이들이 초등학교 기숙사에서 살고 있어서 아내와 둘이서만 살고 있어 아이 방을 내어주었는데, 집도 넓고 깨끗하고 좋았을 뿐만 아니라 다음 날 터키를 떠나는 나를 위해서 공항까지 바래다주는 호의까지 보여주었다.

혼자 여행을 하는 여성이라도 호스트를 선택할 때 조금만 주의한다면 그 나라의 가정집에 머물면서 문화 체험도 할 수 있고, 새로운 친구도 만날 수 있으며 충분히 멋진 추억으로 남길 수 있다는 것을 알게 되었다.

한국에 돌아와서는 호스트를 하고 있는 친구들의 요청으로 가끔 서퍼들을 만나 함께 추억을 쌓고 있는데, 이렇게 만난 친구들의 나라에 여행을 갈 때 혹시 또 그들이 기꺼이 호스트를 자청할지도 모르는 일이다.

이집트 이시스 신전Temple of Isis에서

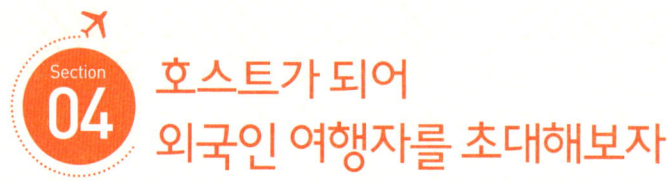

Section 04
호스트가 되어 외국인 여행자를 초대해보자

해외에 나가서 여행을 계획하고 있다면 카우치서핑을 활용하는 목적이 서핑이 되겠지만 국내에서 호스트가 되어 우리나라로 여행 오는 친구들을 초대하여 함께 생활해보며 우리나라의 문화를 소개해주고 그 친구들의 문화를 알아가는 것도 카우치서핑의 즐거운 재미 중 하나일 것이다. 또 해외에 나가 카우치서핑을 활용해 보기 전에 국내에서 호스트가 되어 외국인 친구를 받아보거나 친구들을 사귀어보는 것도 좋은 경험이 될 것이다.

01 호스트되어 보기

호스트를 하는 데에는 특별히 다른 절차가 필요하지 않다. 자신의 프로필의 [카우치] 부분에 집의 상태에 대해 사진과 함께 어떠한 잠자리이고 집이 어느 곳에 위치해 있는지 누구와 함께 살고 있고 한 번에 몇 명을 초대할 수 있는지 등을 설명해 놓은 후 자신의 프로필에서 카우치 상태를 Yes로 바꾸어 놓는다. 그 다음 자신의 지역으로 여행을 오는 외국인 여행자들에게 연락이 오기를 기다리면 된다.

❶ 메뉴의 [프로필 수정]을 클릭해 [카우치] 부분을 수정한다. [카우치] 페이지에는 여러 종류로 자신의 집을 설명하게 되어 있다. 손님으로 오는 서퍼들은 이 부분을 유심히 읽어보고 집이 어떤 분위기이고 누구와 함께 살고 있는지 반드시 체크하고 오기 때문에 사실 그대로의 [Couch Status] 카우치 상태를 설명해놓자.

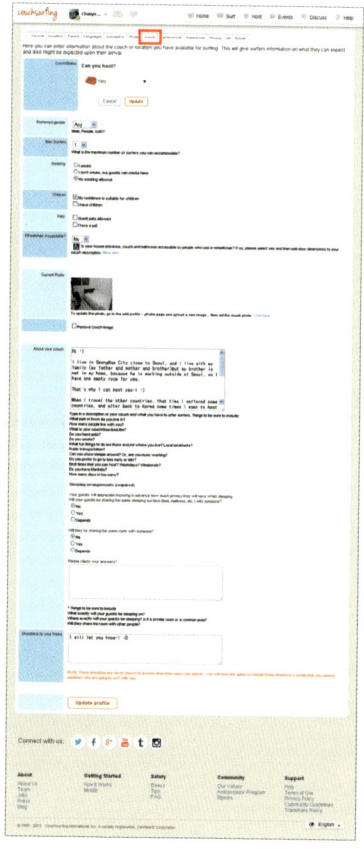

❷ 카우치의 상태를 Yes로 바꾸어 놓아 자신의 프로필에 손님을 받을 수 있다는 표시를 해둔다. 또 자신이 원하는 서퍼의 성별과 인원을 금연 여부 및 애완견 여부 등을 설정할 수 있다. 그리고 자신의 집에 휠체어를 이용해 접근 가능하다면 휠체어의 가능 여부를 체크할 수 있으며 사진을 업로드시켜 놓는 것이 서퍼들이 집안 분위기를 확인하는데 많은 도움이 된다.

Part 02 카우치서핑으로 떠나는 세계일주 133

자신의 집에 대해 명확하게 설명해 놓는 공간으로 어떤 내용을 적어야 할지 모르겠다면 다음 질문의 답을 적어 놓으면 된다.

- ★ 무슨 동네에서 살고 계신가요?
- ★ 몇 명이서 함께 살고 계신가요?
- ★ 카우치/바닥/침대의 모습은 어떤가요?
- ★ 애완동물이 있으신가요?
- ★ 흡연하십니까?
- ★ 당신이 사는 곳 주변에 재미있는 것들은 무엇이 있나요?
- ★ 지역의 랜드마크는 무엇인가요?
- ★ 대중교통으로 갈 수 있나요?
- ★ 주변 관광을 함께 하실 수 있습니까? 아니면 일 때문에 힘든가요?
- ★ 잠자리에 일찍 드시나요? 아니면 늦게 드시나요?
- ★ 호스트 하기에 가장 좋은 때는 언제입니까? 평일? 주말?
- ★ 담요가 있으신가요?
- ★ 며칠 동안 지낼 수 있나요?

그리고 잠자는데 필요한 준비물을 따로 가져가야 하는지 아니면 모두 준비되어 있는지 또 호스트의 방과 침대를 함께 사용해야 하는지 아니면 따로 준비되어 있는지 등의 설명도 해야 한다.

❸ 가장 마지막 목록의 'Directions to your Home [집으로 가는 방법]'은 프로필의 공개 설정에 노출되지 않는다. 그렇기 때문에 자신의 집으로 오는 방법을 자세히 설명해 놓는다고 해도 사생활 보호에 크게 문제되지 않는다.

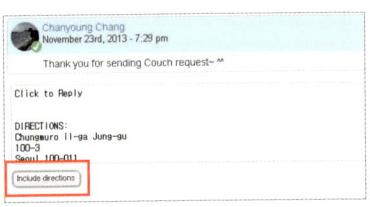

단지 자신에게 카우치 요청을 보낸 서퍼들에게 승낙의 답신을 보내줄 경우 메시지를 보내는 창 아래쪽에 Include direction [위치 안내 포함]이라는 설정을 클릭하면 자신의 집으로 찾아오는 서퍼에게 자신의 답신 아래쪽에 집으로 찾아오는 방법이 추가로 설명된다.

❹ 자신의 카우치에 대한 모든 설명이 끝났다면 페이지 가장 아래쪽에 있는 [프로필 업데이트]를 클릭한다. 자신의 프로필을 확인해보면 [카우치 정보] 부분에 자신의 카우치 상태가 설명된 것을 볼 수 있다. 이제 서퍼를 받을 준비는 모두 끝났다. 서퍼들의 연락을 기다리면 된다.

모든 준비가 끝난 후 얼마나 많은 서퍼에게서 카우치 요청이 올지는 당신이 어디에 살고 있느냐에 따라 다르다. 외국인 관광객이 많이 몰리는 곳이라면 많은 요청을 받을 수도 있고 그렇지 못한 곳이면 요청을 거의 받지 못할 수도 있다.

02 카우치 공개 요청자들을 찾아보자

호스트가 되어서 서퍼를 받아보고 싶지만 아무리 기다려도 서퍼들에게서 연락이 오지 않는다면 내가 머물고 있는 지역을 여행 예정인 카우치 공개 요청자들에게 초대 메시지를 보내 먼저 초대할 수 있다. 카우치 공개 요청자들을 찾는 방법을 알아보자.

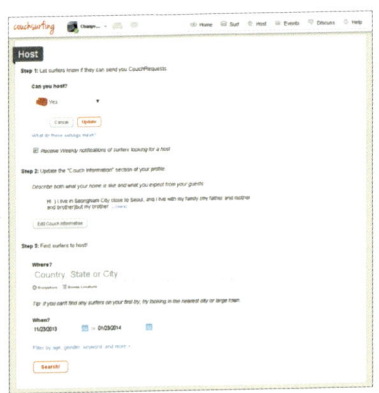

❶ 메뉴의 Host를 클릭하면 Step1, Step2, Step3으로 자신의 카우치 상태를 간단히 수정할 수 있는 창이 나타난다. 내용을 입력한 후 하단의 [Search]를 클릭한다.

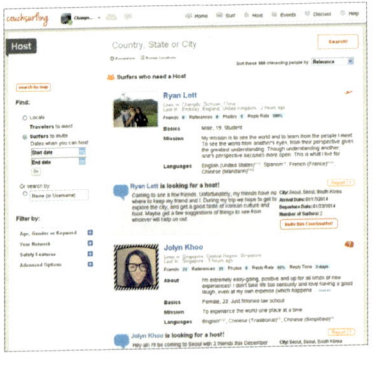

❷ 검색을 설정한 위치의 주변으로 여행을 계획하고 있는 사람들이 검색되어 목록에 표시된다. 그리고 이 여행을 계획하고 있는 카우치서핑 회원들의 각각의 목록 아래에는 그 사람의 여행 계획이 나와 있다. 여행 일정의 왼쪽에는 그 사람이 자신이 왜 이 지역을 방문해서 무엇을 하고 싶은지 설명되어 있다. 오른쪽에는 지역 이름과 도착일, 출발일, 인원이 나와 있다.

❸ 이 서퍼가 어떤 사람인지 더 알고 싶으면 서퍼의 이름을 클릭하거나 오른쪽의 [Invite this CouchSurfer!]를 클릭하면 해당 서퍼의 프로필로 이동한다.

❹ 해당 서퍼의 프로필로 이동하면 페이지의 좌측 중앙에 다음과 같이 초대할 수 있는 설정이 생긴 것을 볼 수 있다. 프로필을 잘 읽어본 후 해당 서퍼를 자신의 집에 초대하기로 결정했다면 [Read request]을 클릭하자.

❹ 그러면 다음과 같이 서퍼를 초대할 수 있는 메시지 창이 나타난다. 이 창의 입력 방법은 서퍼가 호스트에게 요청하는 것과 비슷하다. 왼쪽의 도착 날짜와 떠나는 날짜에 자신이 얼마동안 호스팅해줄 수 있는지 기간을 적어 놓으면 된다. 그리고 오른쪽에 제목과 메시지 내용을 적어 서퍼에게 보내면 서퍼를 초대한 것이 된다.

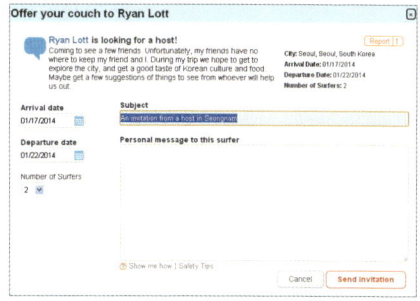

❺ 시간을 갖고 기다린 후 서퍼에게 답신이 도착했다면 메뉴의 Couchrequests에 승낙, 보류, 거절 등의 상태를 알 수 있으며 서퍼에게서 온 메시지도 볼 수 있다. 그렇게 서퍼가 승낙했다면 자신의 집의 위치를 알려주거나 만날 장소를 알려주어 만나서 집으로 초대하면 된다.

03 서퍼를 초대할 때 주의사항

호스트가 되어 서퍼를 받는 것이 처음이라면 많이 긴장되고 어떻게 행동해야 할지 모를 수 있으니 서퍼를 받을 때의 간단한 주의사항 및 팁을 알아보자.

1. 서퍼가 오기 전

서퍼에게 연락이 온다면 메뉴의 Couch의 Hosting에 메시지가 나타난다. 그럼 메시지와 도착 날짜, 출발 날짜, 서퍼의 프로필을 잘 읽어본 후 승낙할지, 거절할지, 보류할지 생각하고 함께 살고 있는 가족이나 친구가 있다면 서퍼에 대해 알려주고 상의를 해보자. 카우치 요청이 들어왔다 하더라도 당신이 그 요청을 반드시 받아들여야 하는 의무는 없으니 신중히 판단하고 회신을 보내준다. 그렇게 서퍼에게 승낙 메시지를 보냈다면 얼마나 머물지 등 일정을 확실히 해두고 며칠날 어디서 만날지 약속을 한다. 또 혹시 모를 상황에 대비해 전화번호를 알려주자.

2. 서퍼가 머무는 동안

약속장소에서 서퍼를 만나 집으로 오게 되면 가족들을 소개시켜주자. 그리고 집 안에서의 이용수칙을 말해주는 것이 중요하다. 그들이 집에 어떻게 들어오고 어떻게 나갈 수 있는지 또 어디서 잠을 자는지 보여주고 화장실은 어디를 이용하는지 알려주자. 서퍼들이 얼마나 많은 것을 할 수 있고 할 수 없는가는 당신에게 달려있다. 그러나 상황에 맞게 그들에게 전화, 컴퓨터, 부엌 등 무엇을 해도 되고 무엇을 하면 안 되는지 분명히 말해주도록 하자. 그리고 그들의 여행 일정과 자신의 스케줄을 조정하여 서퍼들이 무엇을 하고 싶어 하고, 어디를 가고 싶어 하는지 확인하고 자신이 서퍼들과 얼마나 많은 시간을 함께 할 수 있는지 알려주자. 자신의 스케줄에 따라 직접 소개를 시켜주거나 함께 다녀볼 수도 있지만 시간이 안 되거나 사정이 있을 경우 그곳에 가는 방법, 교통수단 등을 알려줄 수 있다. 만약 당신의 서퍼가 무례하게 행동하거나 마음에 들지 않는 행동을 할 경우에는, 그들에게 그 부분에 대해 말해주어야 한다. 대부분의 경우 그런 문제들은 고의적으로 하는 것이 아니거나 문화적인 문제이다. 만약 당신이 말해주지 않는다면 그 서퍼들은 결코 자신이 호스트에게 기분 나쁘게 행동했다는 것을 모를 것이다. 그리고 또 그 문제가 해결되지 않을 경우 당신은 언제든지 서퍼에게 떠나라고 말할 수 있다.

3. 서퍼가 떠난 후

서퍼가 떠난 후에는 그가 어떤 사람인지 다른 회원들에게 그 사람에 대해 알 수 있도록 참조글을 남겨주도록 하자.

카우치서핑 에피소드 4
호스트로 만난 첫 손님 인도네시아에서 온 타미

세계일주 중 카우치서핑을 경험하고 우리나라에 돌아온 후에는 호스트가 되어 우리나라로 여행 오는 외국인 친구를 초대해보고 싶다는 생각을 해 보았다. 하지만 아직 대학생이고 집에서 가족들과 함께 살고 있어 손님을 초대해 제공해줄 잠자리도 없었고 가족들도 불편해하지 않을까 싶어 호스트가 되어보는 것은 나중으로 미루고만 있었다.

교보문고 앞에서 타미

그런데 마침 집에 남는 방이 하나 생겨서 가족들에게 카우치서핑에 대해 충분히 설명해주고 외국인 친구가 카우치를 요청해오면 우리 집에서 며칠 머물며 지내보자고 말을 해보았더니 부모님과 형 모두 긍정적으로 생각해주었고, 내가 세계일주를 할 때 카우치서핑을 했던 것을 기억하고는 집에서 해보는 것도 재미있을 것 같다고 말을 해주었다. 그래서 우리 가족은 카우치서핑 호스트가 되어 카우치 상태를 가능으로 해놓고 외국인 친구가 카우치 요청을 보내오기를 기다렸다.

처음 카우치 상태를 가능으로 해놓고 외국인 여행자 친구들의 연락을 기다리는데 한 달이 넘도록 아무에게도 연락이 오지 않았다. 그렇게 연락을 받지 못한 데에는 내가 살고 있는 지역이 서울이 아니라 성남이어서 그 영향을 많이 받은 것 같았다. 실제로 여행자들은 서울을 많이 검색하고 관광지와 가까이에 위치해 있는 호스트들을 구하려고 한다. 아무래도 관광지 지역이나 시내 중심에서 가까이에 살고 있는 많은 호스트를 찾을 수 있는데 굳이 외국인 여행자들이 친숙하지 못한 지역에 살고 있는 호스트를 선택해서 카우치 요청을 보내려고 하지는 않기 때문이다.

그렇게 카우치 상태를 가능으로 해놓고도 한 달이 되어도 아무에게도 연락이 없어 호스트로 친구를 받아 보는 것을 어느 정도 포기하고 있을 때 인도네시아에서 여행을 온 타미라는 친구에게 카우치 요청이 들어왔다. 타미는 아시아 일주를 하고 있다며 3일 동안 우리 집에 머무를 수 있냐고 물어보았고 나는 타미의 프로필과 레퍼런스를 꼼꼼히 읽어본 후 가족들에게 타미에 대해 설명한 후 가족들 모두의 승낙을 얻게 되어 타미를 우리집의 첫 카우치서핑 서퍼로 초대할 수 있었다.

여자 혼자 카우치서핑을 하며 여행을 하고 있는 타미는 중국과 일본에서도 카우치서 핑으로 많은 친구들을 사귀면서 여행을 하고 있었는데 타미에게 호스트를 선택하는 기준이 어떻게 되냐고 물어보니 일단 여자 호스트를 선호하고 여자 호스트가 없을 경우에는 가족으로 이루어진 호스트를 찾는다고 했다. 그래서 우리집도 가족으로 이루어진 호스트였기에 카우치 요청을 보냈다고 했다.

타미를 집에 초대해 가족들과 인사를 나누고 이런저런 이야기를 나누며 우리 가족은 타미에 대해 알아가게 되었다. 인도네시아에서 약사로 일하다 일을 그만두고 여자 혼자 아시아 여행을 하고 있다는 타미는 중국과 일본을 2개월 여행을 하고 한 달 동안 우리나라 일주를 하기 위해 왔다고 했다.

타미는 우리 집에 머무는 동안 무슬림이여서 돼지고기를 먹지 않았고 매 시간마다 방에 들어가 기도를 하였다. 그리고 관광지를 둘러보는 것보다는 한글을 배우고 싶다고 해서 틈나는 대로 가르쳐주었는데 한글을 가르쳐 준다는 것이 너무 너무 어려워 서점에 가서 외국인을 위한 한글 교재를 구입해서 가르쳐 주었다. 그리고 하루는 낮 시간 동안 집 근처에 있는 남한산성에 함께 올라가 구경도 하였다.

카우치서핑은 기본적으로 집에 남는 쇼파를 지나가는 여행객에게 부담 없이 잠자리로 제공해준다는 취지로 한다. 하지만 추가로 자신이 원한다면 좀 더 좋은 잠자리를 제공해 줄 수도 있고 식사를 제공해 주거나 주변 관광지 혹은 마을을 구경시켜 주는 것 역시 자신의 선택사항일 뿐이다. 하지만 막상 집에 손님이 오게 되니 우리나라 정서상 이것저것

남한산성 수어장대에서 타미와 나

다 해주며 손님에게 극진하게 대해주게 된다. 그래서 아무래도 나보다 부모님께서 더 신경을 많이 써주신 것 같다. 타미는 그렇게 3일을 머물고 미리 연락해 둔 이천에 있는 다음 카우치서핑 호스트의 집으로 떠났다.

그 밖의 활용 방법 및 주의사항

카우치서핑은 잠자리를 제공받고 제공해주며 친구들과 함께 문화 교류를 하는 것이 전부가 아니다. 커뮤니티 내의 여러 종류의 그룹이 있는데 이 그룹을 통해 현재 자신이 머물고 있는 지역의 미팅에 참가해 친구도 사귀고 여행중인 외국인 여행자 친구들을 만날 수 있다.

01 카우치서핑 그룹

메뉴 상단의 Discuss를 보면 많은 그룹들이 있는 것을 볼 수 있다. 그룹은 카테고리별로 검색하여 자신이 원하는 그룹을 찾을 수도 있고 주제를 검색해 찾을 수도 있다.

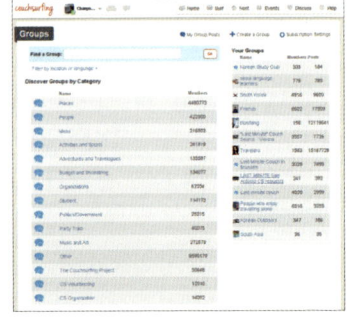

카테고리는 총 15개로 나뉘어져 있는데 이 중에서 자신이 원하는 카테고리를 선택하여 클릭하면 많은 그룹들이 목록에 나타난다. 그룹은 회원 수가 많거나 많이 활성화되어 있는 순으로 볼 수 있다.

원하는 그룹을 찾아 들어가 보면 단순한 형태로 구성되어 있는 것을 알 수 있다. 가장 위쪽에는 그룹에 관해 [세부 설명]이 되어 있고 그 아래에는 가입되어 있는 [Members] 글을 올려놓을 수 있는 [Group Posts]가 있고 아래에는 그 그룹의 하위 그룹인 [Sub-Groups] 목록이 나타난다. 그룹에 있는 글들은 모두 가입하지 않고 읽을 수 있지만 글을 쓰기 위해서는 가입을 해야 한다. 가입하는 방법으로는 [세부 설명]에 있는 [Join Group]을 클릭하면 바로 가입된다.

그룹의 종류들은 다양하지만 카우치서핑의 회원들 대부분이 여행자이다 보니 그룹들의 종류도 지역과 여행에 관련된 것이 많이 활성화되어 있다. 대부분의 나라와 도시에 그룹이 설정되어 있는데 그 그룹에 가입하면 그 지역에 여행을 오는 서퍼들이 그 지역에 살고 있거나 여행을 다녀갔던 사람들에게 자신의 여행 계획에 대해 질문을 올려놓을 수 있고 동행자를 찾는 글을 올려놓을 수 있다. 그러면 그 정보를 알고 있는 다른 회원들이 대답을 해주고 팁을 알려주기도 한다. 또 어떤 사람들은 자신이 그 지역에 왔는데 함께 어울릴 여행자나 그 지역을 함께 돌아다니거나 간단히 만나서 놀 친구들을 찾기도 한다.

자신이 여행을 계획하고 있는 도시가 있다면 미리 가입을 해두어 여행준비를 하다 문제가 생기거나 흥미로운 점, 궁금한 점이 생기면 그룹에 질문을 올려놓을 수 있다. 실제로 여행을 하다 보면 자신들이 어떤 파티를 한다며 초대 메시지가 오는 경우가 많다.

02 급하게 호스트 찾는 방법 [Last minute Couch]

여행 중 해당 도시에 도착을 해보니 미리 연락을 해 놓았던 호스트와 연락이 되지 않거나 호스트에게 급한 사정이 생겨 호스팅이 취소되는 경우가 생길 수 있다. 또 목적지에 도착하기 직전까지 호스트를 구하지 못했을 때 호스트를 급하게 구해야 하는 상황이 생긴다. 이런 상황에서는 카우치서핑 그룹의 각 나라 및 도시의 Last Minute Couch 그룹에 가입해 도움을 요청할 수 있다. Last Minute Couch 그룹은 대체로 하기의 예문과 같은 제목으로 되어있다. 때문에 상단 메뉴의 Discuss의 Find a Groups에 자신이 찾고자 하는 지역의 도시명과 Last Minute Couch를 조합하여 검색하면 찾을 수 있으며 카테고리에서 각 나라를 클릭해 그룹의 하위 그룹 (Sub-Groups)을 직접 눌러 찾을 수 있다.

참고 카우치서핑이 활성화 되어있지 않은 지역에서는 Last minute couch 그룹이 없을 수도 있다.

★ Last Minute Couch 그룹명 예시
Seoul Last minute Couch
Seoul Emergency Couch Request
Last minute Seoul CS Request
"Last minute" Couch Search – Seoul
Last minute Couch in Seoul

해당 그룹을 찾았다면 가입해야 한다. 가입 절차는 전혀 복잡하지 않고 [Join Group]을 누르기만 하면 된다. 가입했다면 [Post a Message]를 클릭해 자신이 처한 상황을 알리는 글을 남겨 도움 요청을 할 수 있다. 연락이 오고 안 오고는 도시와 상황에 따라 다르지만 이러한 방식으로 도움을 주고받는 사람들이 있어 최후의 상황에 시도해 볼만하다.

03 그룹을 통해 친구를 사귀어보자

여행을 떠나기 전 외국인 친구를 집에 초대해 호스트를 해보고 싶지만 집안의 사정상 집에 친구를 재워줄 수 없는 상황이고 또 어느 여행자도 나에게 연락을 해오지 않는다면 자신이 위치한 지역의 그룹에 가입해 주변 지역을 여행하고 있는 외국인 친구들에게 연락하거나 자신이 살고 있는 주변의 관광지를 구경시켜 줄 수 있고 그 지역에서 이루어지는 파티에 참석해 친구를 사귀어 볼 수도 있다. 또 이런 방식을 통해 카우치서핑 친구를 만들어 놓아 그 친구가 자신의 프로필에 참조글에 글을 적어준다면 해외여행을 시작하고 호스트를 구할 때 도움이 될 수 있다.

04 친구 등록하는 방법 및 참조글 남기는 방법

서퍼가 되어 호스트의 집에 머물렀거나 호스트가 되어 서퍼를 집에 초대한 후에는 상대방에게 친구 등록도 하고 프로필에 참조글(레퍼런스)을 남겨보자.

❶ 친구로 등록하기 위해서는 상대방 프로필의 왼쪽 아래에 있는 [Friends]의 [+Add to my friends]를 클릭한다.

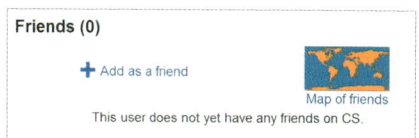

❷ 그러면 다음과 같은 창이 생성된다. 이 창에는 나와 내가 친구로 등록한 상대방이 어떻게 알게 되었고 얼마나 가까운 사이인지 묻는 질문들이 나온다. 질문들을 보면 호스트로 만났는지 아니면 서퍼로 만났는지 함께 얼마의 기간동안 어울렸는지 등의 정보를 입력한다.

❸ 정보를 입력하고 가장 아래에 있는 참조글(레퍼런스)을 남겨보도록 하자. 친구 등록을 하는데 있어 참조글은 선택사항으로 작성하지 않아도 된다. 하지만 친구 등록을 하지 않은 상태에서 레퍼런스를 남길 수는 없다. 모든 정보를 입력했다면 [Save Connection Information]을 클릭해 친구 등록을 마무리하자.

❹ 나의 프로필의 친구 목록에 상대방 친구가 보여지기 위해서는 상대방이 서로 친구 등록을 해야 목록에 보여진다. 그렇기 때문에 내가 친구 등록을 했다고 해도 상대방이 나를 친구 등록을 하지 않으면 친구 목록에 보이지 않는다. 하지만 상대편이 나를 친구로 등록하지 않았어도 내가 적은 참조글(레퍼런스)는 상대편 친구의 프로필에 보여진다.

05 카우치서핑 모바일 앱

카우치서핑은 모바일앱으로도 다운받아 사용할 수 있다. 여행 중 와이파이가 가능한 곳에서 모바일을 이용하면 간단하게 호스트와 연락을 취할 수 있다.

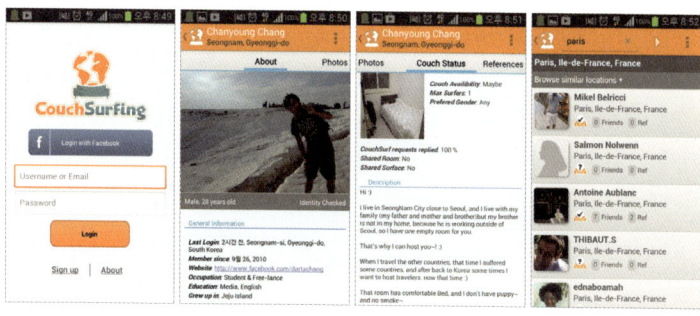

06 주의사항

서퍼나 호스트를 받을 때 이미 프로필에 적어 놓았던 부분을 물어본다면 상당히 실례되는 행동이다. 프로필을 확실히 읽어보지 않았다는 뜻이 되어 서운해 할 수 있다. 그러니 서퍼/호스트가 되어 친구를 만날 때에는 프로필을 꼼꼼히 읽어보고 그 내용을 되물어보는 일이 없도록 하자.

카우치서핑 에피소드 5
대만에서 온 친구 신디

호스트를 하던 당시 카우치 설정을 카우치 가능으로 해놓은 후 서퍼를 초대해 보려 하였지만 한 달이 다 되도록 아무에게도 연락이 오지 않았다. 그래서 우리나라로 여행을 계획하고 있다는 대만 친구 신디에게 먼저 초대 메시지를 보내 보았다. 하지만 신디는 이미 다른 호스트를 구했다며 나의 카우치 요청을 거절했지만 자신이 서울에 머무는 동안 나에게 하루 동안 서울 구경

서울타워에서 신디

을 시켜줄 수 있냐고 부탁해서 시간이 맞는 날 하루 서울 구경을 시켜주기로 했다.

그렇게 남대문 시장에서 신디를 만나 명동 주변을 돌아다니다 서울타워에 올라가 보았다. 한겨울에 회사 휴가를 내고 우리나라로 여행을 온 신디는 눈을 한 번도 본 적이 없어 눈 구경을 하고 스키를 타러 우리나라에 왔다고 했다. 두꺼운 잠바가 필요 없는 대만이지만 우리나라 여행을 위해 일부러 두꺼운 잠바를 사서 껴입고 왔는데도 날씨가 추워 감기에 걸렸는지 계속 코를 훌쩍거렸다. 함께 명동, 남대문, 서울타워를 돌아다니며 이것저것 설명을 해주었고 나에게 친숙한 것들이 외국인의 시선으로 어떻게 보이는지 들어보니 재미있었다.

꼭 호스트가 되어 친구를 집으로 초대하는 방법이 아니더라도 이렇게 외국인 친구를 만나 일일 가이드가 되어 우리나라를 소개시켜주는 것도 상당히 좋은 경험이었다.

비빔밥을 먹는 신디

그리고 여행자의 입장에서도 꼭 호스트의 집에 가서 머무르지 않더라도 따로 만나 시간을 함께 보내고 즐기는 것도 카우치서핑을 활용하는데 좋은 방법 같았다. 더구나 혼자 여행을 와서 관광지를 혼자 돌아다니는 것보다는 이렇게 새로운 친구를 만나는 것도 여행을 즐기는 새로운 방법인 것 같다.

다가간다

몇 년을 이메일과 펜팔로만 연락하던 친구들...
목소리 한번 들어본 적 없고 그 친구의 사진 한번 본적이 없다면...
그렇게 인연을 맺은 친구들을 몇 년 만에 드디어 만나게 된다면 어떤 느낌일까?
그 친구에 대해 내가 생각하고 상상하던 이미지와 정말 똑같은 친구가 내 앞에 나타날까?
세계일주를 하며 그동안 연락해오던 많은 펜팔친구들을 수없이 만나 보았다.
약속 장소로 향하는 나는 그곳에 그 친구가 없었으면 좋겠다고 생각한다.
먼저 도착해 있는 그 친구에게 다가가기보다는
친구를 기다리고 있는 나에게 그 친구가 용기 내어 다가와 주기를 바란다...
왜냐면 부끄러우니까, 아주 떨리니까.
지나가는 사람들 한 사람 한 사람, 혹시 저 사람일까...?
눈이라도 마주치면 속으로 긴장을 하며 뭐라고 인사를 할까 준비를 한다.
하지만 내 옆을 그냥 지나치는 사람들.
다가간다... 말을 건다... 참 아름답다.

WOLRD
TOUR

Part 03

펜팔로 떠나는
세계일주

펜팔 친구를 사귄 후 여행을 떠나
현지에서 만난다면 여행의 큰 기쁨이
될 수 있을 것이다. 어떻게 펜팔 친구들을
사귈 수 있는지 알아보자.

펜팔로 떠나는 세계일주

여행 중 외국인 친구를 사귀는 방법에는 우연히 친구를 만나거나 카우치 서핑을 통해 만날 수 있다. 여기에서는 여행을 계획한 시점부터가 아닌 평소에 펜팔 친구를 사귀는 방법에 대해 알아보도록 하자.

01 펜팔이란?

펜팔이라고 하면 어떤 것이 생각나는가?

'일반적으로 외국인 친구들에게 예쁜 편지지에 글을 적고 예쁜 봉투에 스티커를 붙이고 정성스레 풀로 봉하고 국제우편을 통해 외국으로 보낸 후 애틋한 기다림 끝에 답장을 받고 다시 편지를 보낸다.'라고 생각할 수도 있지만 꼭 그렇지만은 않다. 인터넷이 생기기 전에는 그런 아날로그적 방식으로 펜팔을 했지만 지금은 펜팔 사이트를 통해 쉽게 접근할 수 있다. 펜팔 사이트를 통해 알게 된 친구와 계속 이메일로 연락할 수도 있고 페이스북이나 MSN 또는 카카오톡, WhatsApp 등의 모바일 기기를 이용해 바로 채팅을 할 수도 있다. 다소 펜팔이라는 단어가 구시대적인 느낌이 들지는 몰라도 실제로 친구를 사귈 수 있는 상당히 좋은 방법이다.

02 펜팔 친구를 사귀어 두면 여행할 때 어떤 면이 좋을까?

해외여행을 하면서 외국인 친구를 사귀는 일은 흔하다. 여행자 숙소에서 만나거나 여행 중에 루트가 같으면 우연히 자주 만나게 되고, 그러다 보면 좋은 친구가 되어 여행을 함께 하기도 한다. 전 세계를 누비며 나와 다른 나라에서 온 친구들을 만나 함께 여행하고, 추억을 만든다는 것보다 매력적인 일은 없을 것이다. 하지만 만약 장기 여행이 아닌 2박 3일의 단기 여행으로 외국인 친구를 사귀려 한다면 그리 쉽지만은 않다. 오랜 펜팔 친구가 있다면 그 친구 때문에 그 나라에 대해 자연스럽게 관심을 가지게 되고 그 나라를 방문하면 현지에서 나를 기다려주고 그 나라에 대해 잘 설명해준다. 또 위급한 상황이 생겼을 때 아무도 모르는 낯선 곳에서 의지할 수도 있다.

홍콩 펜팔 친구 베라

2009. 06. 12.

Hi Chan Young, 안녕 찬영.

I am Vera. I live in HK. 나는 베라야. 나는 홍콩에 살고 있어.

Nice to meet you too! 만나서 반가워!

The weather in Hong Kong become hot and hot.
홍콩의 날씨는 점점 뜨거워지고 있어.

I am going to melt, oh 나는 녹아버릴 것 같아.

Tell me something about yourself! 너에 대해 말해줘!

Hope to see your reply soon. 답장이 빨리 오기를 바래.

Vera 베라

❖ 처음으로 만난 홍콩 펜팔 친구 베라

오전 9시, 홍콩 침사추이Tsim Sha Tsui 거리에 있는 청킹맨션의 1층 입구 끝에 나는 흰색 티셔츠를 입은 채 비오는 거리를 바라보며 베라를 기다리고 있었다. 비가 와서 그런지 너무나 많은 사람들이 1층에서 비를 피하고 있었고, 들어오고 나가며 혼잡한 모습이었다. 싸구려 호스텔이 많아서인지 흑인, 인도, 네팔 등의 국적을 가진 사람들이 많이 보였고 배낭을 메고 돌아다니는 여행객들도 보였다. 청킹맨션 1층은 사람들이 많아 혼잡한 분위기라서 약속장소를 잘못 잡은 것은 아닌가 하는 생각이 들었다.

어제 저녁 홍콩에 도착하고 청킹맨션에 숙소를 잡은 후 공중전화를 찾아 돌아다니다 지하철 안에서 공중전화를 발견하고 떨리는 마음으로 베라에게 전화를 했었다. 인도에서처럼 사람들의 얼굴을 마주보고 하던 콩글리시와 바디랭기지가 아닌 전화 영어를 할 생각을 하니 잔뜩 긴장이 되었다. 통화음이 멈추며 알 수 없는 중국말이 들려왔다. 나는 상당히 경쾌하게 "헬로~"를 외치고 "나 찬영이야!" 라고 했더니, 베라 역시 밝은 목소리로 "너, 왔구나. 홍콩에 온 것을 환영해!"라고 말했다. 그 후 베라는 내가 어디에 있는지 물어보았고 침사추이에 있는 청킹맨션에 있다고 하니, 내일 오전 9시에 나를 만나러 오겠다고 하였다. 그래서 나를 알아볼 수 있겠냐고 물어보니 내가 보내줬었던 사진이 기억난다며 오늘 밤 그 사진을 다시 한 번 보겠다고 했다. 나에게 무슨 색 옷을 입을 것인지 묻길래 흰색 티셔츠를 입고 가겠다고 했다. 그렇게 짧은 대화를 끝내고 내일 보자며 인사를 하고 전화를 끊었다.

나는 베라의 얼굴을 모른다. 이메일로 연락을 할 때 베라에게 나의 사진을 보내준 적이 있었지만, 베라는 나에게 사진을 보내준 적이 없었다. 그래서 지금 베라가 나에게 아는 척 해주기를 바라며 흰색 티셔츠를 입고 서 있다. 그런데 이곳에 와 보니, 사람이 너무 많다. 단순히 흰색 티셔츠만으로는, 나를 못 찾지 않을까 싶어 일부러 한국인이라는 티를 내기 위해 한국어로 적혀있는 홍콩 가이드북을 잘 보이게 손에 들고 주변을 두리번거리고 있었다.

누구를 기다린다는 것이 이렇게 떨려본 건 처음인 것 같았다. 만나면 무슨 말을 해야 할까? '만나면 많이 어색하지 않을까?'하는 걱정이 되었다. 베라는 나와 동갑이다. 내 또래의 여자가 건물에 들어오자 나는 그 여자를 뚫어져라 쳐다보며 한국어 가이드북을 잘 보이게 들었다. 그러나 나를 외면하

빅토리아 피크 마담투쏘에서 히틀러 인형과 포즈를 취하고 있는 베라.

고 지나가는 그 사람은 베라가 아니었다. '나타나지 않는 베라...' 건물에 들어오는 여자들을 바라보며 한참 동안 베라를 기다리고 있자니 벌써 약속한 9시가 넘었다. 왜 안 올까 생각하며 인도에서 잔뜩 설사병이 걸려 컨디션이 좋지 않던 나는 계단 구석에 앉아서 잠시 가이드북을 쳐다보고 있었다. 그 때 내 옆에 누군가 오더니 어깨를 툭툭 치는 것이 아닌가, '아! 베라가 왔나 보구나'하고 옆을 올려다보니 웬 아저씨가 나에게 중국말로 뭐라 소리를 치는데, 아마도 계단에 앉지 말라는 것 같았다. 알고 보니 청킹맨션 경비원 아저씨였다.

9시 15분이 되어도 베라는 나타나지 않고 그렇게 서서 가이드북을 읽고 있는데, 내 앞에 누가 멈춰서는게 아닌가, 앞을 보니 양쪽 보조개가 쏙 들어가서 방실방실 웃고 있는 여자 아이가 나를 보며 "너가 찬영이지?"라고 말을 하더니 내 대답은 듣지도 않고, 손을 쑥 내밀며 "만나서 반가워~."라고 했다. "응, 만나서 정말 반가워!"

❖ 홍콩의 풍경에 취하고 싶었지만... 설사 때문에...

베라는 중국 전통 과자가 들어있는 선물상자와 함께 작은 종이를 보여주며 이것이 오늘 우리가 다닐 여행 코스라고 말했다. "그러면 오늘 너만 졸졸 쫓아다니면 되겠다. 야호!" 때마침 비도 그쳐서 우리는 아침 식사를 하기 위해 베라가 잘 알고 있다는 식당으로 갔다. 하지만 문이 닫혀 있어서 베라도 당황한 눈치다.

이날 나는 컨디션이 정말 좋지 못했다. 인도에서 설사병이 걸렸고, 음식도 거의 먹지 못해 몸무게가 7kg이나 빠져 있었다. 하지만 내색하고 싶지 않아서, 아무렇지 않은 척하며 베라를 따라 나섰지만, 역시 힘들었다. 그렇게 길거리의 어느 식당에 들어가서 고기만두가 들어있는 국수를 주문해 힘겹게 먹고, 홍콩 관광을 시작했다.

우리는 페리를 타고 바다를 건너 홍콩섬으로 갔다. 페리에서 내려 우리는 빅토리아 공원Victoria Park까지 걸어갔는데, 이때 베라가 한국에 대해 소개를 해달라고 부탁했다. 한국에 대해 소개를? 어떤 소개를 해줄까하다 아주 평범하게, 한국은 사계절이 있고 어쩌고 저쩌고 말을 이어 나가니, 베라가 그게 아니라 한국말을 해보라고 했다. 초롱초롱한 눈빛으로 나를 바라보며 한국말을 해보기를 기다렸다.

"아 민망해, 한국말을 해보라고? 어떤 말을 하지? 안녕하세요, 만나서 반갑습니다."라고 하자 베라가 신기한 듯 나를 바라보았다. 그렇게 빅토리아 공원을 구경하고, 컨벤션 센터를 구경하다 2층 버스를 타고 빅토리아 피크로 갔다. 그리고 트램을 타고 산 정상 위에 올라가서 홍콩의 전경을 구경했다. 빅토리아 피크를 구경한 후 다시 페리를 타고 주룽반도로 돌아온 우리, 베라가 계속 배를 만지는 나를 보며 더 이상 돌아다니면 안 되겠다고 결심했는지, 그만 숙소로 돌아가 쉬라고 했다. 열심히 가이드해주는 베라에게 미안했지만 몸의 상태가 너무 안 좋았기 때문에 쉬라는 말을 거절할 수 없었다. 베라는 나를 청킹맨션까지 데려다 주었고, 우리는 그렇게 헤어졌다. 그렇게 처음으로 만난 펜팔 친구 베라의 소개로 홍콩여행을 색다르게 즐길 수 있었지만 몸이 좋지 못해 베라가 준비해온 일정을 함께 하지 못한 것이 너무 미안했다. 베라와는 그 후에도 꾸준히 연락하며 지내고 있다.

빅토리아 파크 마담투쏘에서 성룡 인형 옆에서 베라와 함께

마다가스카르 소녀 니나

2007. 12. 29.

Hi, Chan Young! 안녕 찬영!

My name is Andrianina. I'm a malagasy girl.
내 이름은 안드리아니나야. 나는 마다가스카르 소녀야.

I'm 17. I usually speak French but I want to speak English fluently. 나는 17살이고 보통 불어를 사용하지만 영어를 유창하게 하고 싶어.

So I'll be very pleased to receive mails from you…
그래서 너에게 메일을 받는다면 너무 기쁠 것 같아…

I'm very curious and I'd like to discover how young Coreans live!
나는 매우 호기심이 많고 한국 젊은이가 어떻게 살고 있는지 알고 싶어!

And I'd like also to present my country to you.
그리고 나의 나라를 소개해주고 싶어.

I'm sure that there will be great exchanges! So,
멋진 교환이 될 것이라고 확신해 그래서,

email me! I won't forget to answer!
나에게 메일을 보내줘! 나는 답장을 해줄 거야!

Sincerely yours. 너의 친구가.

❖ 마다가스카르 펜팔 친구 니나를 프랑스 파리의 생라자르역(Gare Saint-Lazare)에서 만나기로 했다. 약속시간에 맞춰 역 앞에 가보니 그동안 사진으로만 보아오던 니나가 역 입구를 바라보며 내가 나오기를 기다리며 서 있었다. 그런 니나의 뒤로 살금살금 몰래 다가가 앞으로 뛰어나가서 "짜잔!"하고 놀래 주었다. 그랬더니 놀란 듯 뒷걸음질을 치며 나를 쳐다보고는 "아~ 찬영!"하고는 너무나 큰 미소를 지었다. 우리는 크게 포옹했다. 그렇게 나와 니나

는 파리에서 만날 수 있었다.

펜팔 사이트에 올려놓은 프로필을 보고 니나가 이메일을 보내왔다. 자신이 마다가스카르Madagascar 사람이라며 나와 친구가 되고 싶다고 했다. 마다가스카르? 들어본 것 같기도 하고 아닌 것 같기도 한데 인터넷으로 찾아보니 아프리카 동쪽에 있는 섬나라였다. 펜팔 친구들을 사귀다 보면 이렇게 생소한 나라의 친구들도 사귈 경험이 생긴다는 것이 너무 재미있었다. 니나의 원래 이름은 안드리아니나인데 이름이 길어서 뒷부분 두 단어만 잘라서 '니나'라고 부르기로 했다.

니나는 마다가스카르의 수도 안타나나리보Antananarivo에서 고등학교를 다니며 군인인 아버지와 전업 주부인 어머니 그리고 중학생인 여동생과 함께 살고 있었다. 이메일에 종종 친구들과 찍은 사진이나 자신의 집의 창밖 풍경을 찍은 사진을 보내줬는데 내가 마다가스카르 도시의 전혀 발전되지 못한 모습을 보면 충격을 받을 수도 있다며 언제나 주의를 주었다. 니나가 보내준

안드리아니나가 나에게 보내준 사진

사진은 TV의 다큐 프로그램에서나 볼 수 있을 법한 사진이어서 언제나 흥미로웠다. 니나는 지난 여름휴가 때 가족들과 처음으로 해외 여행으로 마다가스카르의 동쪽에 있는 섬 모리셔

스Mauritius에 놀러 갔었는데 그곳에서 처음으로 맥도날드를 봤다고 했다. 나와 전혀 다른 세상 속의 사람이 나와 연락을 하고 있는 느낌을 받아 참 신기했다.

니나는 자신의 나라가 너무 가난하다며 경제학자가 되어서 나라에 큰 도움을 주고 싶다고 했다. 그러면서 프랑스에 유학을 가서 공부를 하고 싶다고 했는데 나는 네가 만약 프랑스로 유학을 간다면 내가 프랑스에 놀러 가겠다고 했더니 니나는 그러면 함께 에펠탑에 구경하러 가면 참 좋겠다고 했다. 그런데 정말로 니나는 이듬해 프랑스 대입시험에 합격해 프랑스 정부에서 주는 장학금을 받아 파리에 있는 에이치이시HEC Paris 대학교에 입학했고 나는 세계일주를 떠나 프랑스에 오게 되어 우리는 파리에서 만날 수 있었다.

생라자르역에서 만난 우리는 처음 만났지만 전혀 어색하지 않았다. 니나와 대화를 나누며 천천히 걸어서 파리의 개선문을 지나 트로카데로광장까지 왔다. 트로카데로광장은 에펠탑을 가장 잘 볼 수 있는 곳인데 예전에 니나가 프랑스에 처음 왔을 때 고향이 너무 그리워서 이곳에서 혼자 외로움을 많이 달랬다고 했다. 니나는 내가 세계일주 중인 것을 너무 부러워했다. 고향에서 보내주는 용돈과 장학금으로 빠듯하게 지내고 있는 니나 앞에서 여행 이야기를 하는 것이 조금 미안한 마음이 들기도 했다. 트로카데로광장을 지나 에펠탑 아래를 지나가면 평화의 공원이 나온다. 평화의 공원에는 여러 개의 기둥이 서 있는데 각 기둥에는 여러 나라의 언어로 '평화'라고 적혀있다. 한글로도 평화라고 적혀있고 마다가스카르 언어로도 평화라고 적혀있는데 서로의 언어로 평화라는 말을 들려주다 니나가 나를 보며 말했다.

"너는 참 너의 나라가 자랑스럽겠다. 한국의 학교에서는 한국 선생님들이 한국말로 수업을 하고 한국 TV로 한국 드라마를 보고 한국 차를 타고 다니며 한국 핸드폰을 사용하자나… 마다가스카르의 학교에서는 마다가스카르 언어를 사용하는 것보다 불어를 사용하는 것을 더 선호해 물론, 그래도 난 마다가스카르가 자랑스러워."

이 말을 들으니 니나가 정말 자신의 나라를 사랑하고 발전되기를 바라며 이 다음에 마다가스카르의 발전을 위해 큰 힘이 될 인물이라는 것이 느껴졌다. 그렇게 프랑스를 끝으로 유럽 여행을 마치고 남미 여행을 위해 브라질로 떠나던 날 니나는 내가 머물고 있는 숙소로 마중을 나와 마다가스카르에서 가져온 부적 목걸이와 마다가스카르 지도가 그려져 있는 티셔츠를 주며 건강히 여행을 하라고 배웅해 주었다.

안드리아니나와 파리 에펠탑 앞에서

펜팔 사이트 소개 및 간단한 사용 방법

국내외에는 많은 펜팔 사이트가 있다. 각 사이트마다 펜팔 친구를 사귀는 방법은 조금씩 다르다. 어느 사이트는 가입을 해야 하고 어느 사이트는 바로 친구들에게 메일을 보낼 수 있다. 사이트별 특징을 알아보고 펜팔 친구에게 메일을 보내는 방법을 알아보자.

01 펜팔 사이트 소개

인터넷에서 펜팔이라고 검색을 하면 많은 펜팔 사이트가 나온다. 그 중에는 순수 펜팔이 아닌 이성 간의 교제를 목적으로 하는 수많은 사이트가 있다. 이 책에서는 순수하고 건전한 친목을 위한 사이트를 소개하고 있으며 모두 무료로 사용할 수 있는 사이트이다.

스튜던드 오브 더 월드(http://www.studentsoftheworld.info/)
필자는 대부분의 펜팔 친구들을 이 사이트를 통해 사귀었다. 이 사이트는 한국어가 지원되지 않고 영어, 불어, 스페인어밖에 지원되지 않는다. 사이트에서는 따로 가입할 필요 없이 자신의 정보를 등록한 후에 친구들을 찾을 수 있으며 사이트 사용방법이 어렵지 않고 아주 쉽게 되어 있으며 연령대와 국적이 다양하다. 특히 프랑스에서 만든 사이트여서 그런지 프랑스인들이 많이 활동하고 있다. 예전에는 사진을 올릴 수 없었지만 점점 사이트가 개선되어 요즘은 프로필에 자신의 사진도 업로드할 수 있다.

인터팔(http://www.interpals.net)

어떤 면에서는 가장 이용하기 편한 펜팔 사이트일 수 있다. 회원가입을 하고 개인 홈페이지를 관리하듯 이용할 수 있기 때문이다. 페이스북과 같이 개인 페이지에 자신의 프로필을 올려놓고 친구를 추가할 수 있다. 사람 찾기도 쉽고, 가입하면 방명록처럼 다른 사람들의 프로필 아래 담벼락(Wall)을 작성할 수 있다. 각국의 사람들이 이용한다.

하이펜팔(http://www.hipenpal.com)

한글이 지원되기 때문에 처음 이용하는 사람들이 이해하기는 편하지만 회원 가입을 해야 하고 시스템 자체가 조금 불편하고 복잡하다. 하지만 펜팔 사이트들 중에서 메일 주소가 노출되어 스팸이 오는 경우가 많이 발생하는데 하이펜팔은 관리가 철저한 만큼 이메일이 노출되지 않아 스팸 메일로부터 안전하다. 펜팔 사이트마다 한국인 비율이 높은데 하이펜팔에서도 한국인이 가장 많고 그 다음으로 일본인이 많다. 일본 친구를 사귀고 싶은 사람들에게 추천한다.

02 펜팔 사이트 (스튜던트 오브 더 월드) 사용 방법

필자가 가장 추천해주고 싶은 사이트이고 이 책에 소개되어 있는 펜팔 친구들은 모두 이 사이트를 통해 사귀었다. 펜팔 친구 사귀는 방법을 순서대로 따라해 보도록 하자.

1. 친구 찾아 메일 보내는 방법

전 세계 많은 나라의 친구들 중 자신이 평소 사귀고 싶었던 나라의 친구를 선택하여 그 친구에게 메일을 써 보도록 하자.

❶ 스튜던트 오브 더 월드(http://www.studentsoftheworld.info/) 사이트의 메인 페이지 왼쪽의 'Penpals'(펜팔)을 클릭한다.

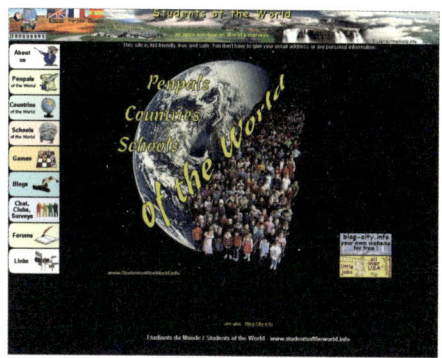

❷ 자신의 소개를 올릴 수 있는 버튼이 나타나고 전 세계의 대륙을 9개 지역으로 나눈 나라들의 목록이 나타난다. 자신의 소개를 올리는 것은 다음 단원에서 알아보도록 하고 친구들을 찾아 메일을 보내는 방법을 알아보자.

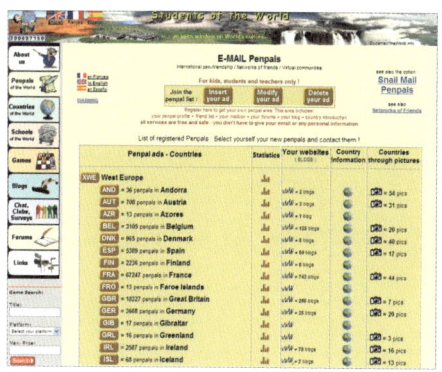

❸ 목록에 나열되어 있는 대륙별, 나라별 친구들 중에서 자신이 사귀고 싶은 친구의 나라를 선택해서 클릭하면 그 나라의 친구들이 새로 등록된 순서로 나열된다. (여기서는 미국 USA를 눌러 보았다.)

❹ 그 친구들의 등록한 날짜, 이름, 나이, 성별, 취미, 할 수 있는 언어, 자기소개, 국가 순으로 정보가 나오면 친구들의 프로필을 잘 읽어본 후 그 중에서 친구가 되고 싶은 사람의 이름을 클릭한다.

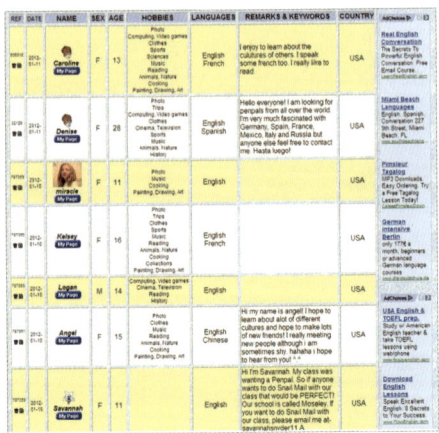

❺ 그 친구의 프로필 정보가 나오면 왼쪽 위에 그 친구에게 연락할 수 있도록 이메일 정보가 나온다. 'E-mail'은 그 친구가 자신의 정보를 등록할 때 입력한 이메일로 메일

을 보내는 것이고, 'SOTW mail'은 스튜던트 오브 더 월드 사이트의 그 친구 메일박스로 메일이 보내진다.

❻ 이메일을 누르면 다음과 같은 창이 나타난다. 자신의 메일 주소를 입력하고, 메일 제목과 내용을 입력한 후 [Ok - Send message]를 선택해 메일을 보내자. 이처럼 간단하게 연락할 수 있다.

2. 내 소개 올리는 방법

친구들을 찾아 이메일을 보낼 수도 있지만 친구들이 나에게 메일을 보낼 수 있도록 내 소개를 올려놓을 수도 있다. 내 소개를 올리는 방법을 알아보자.

❶ 자신의 프로필을 등록하기 위해 [Insert your ad]를 클릭한다.

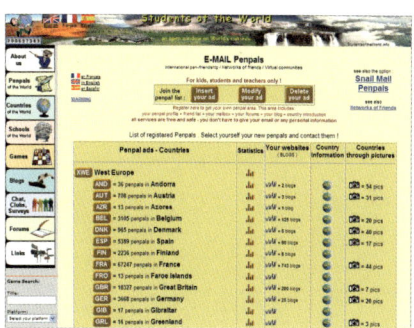

❷ 새 창에 나온 양식에 자신의 정보를 간단히 영어로 입력한다.

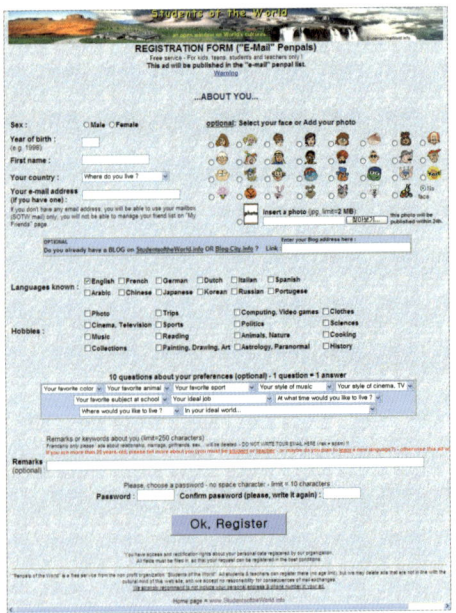

❸ 성별, 출생연도, 이름, 국적, 이메일 주소를 입력한다. 이메일 주소는 가급적 네이버나 Hanmail보다는 Hotmail이나 Gmail 또는 Yahoo 등을 추천해준다. 해외의 친구들과 연락을 하는 만큼 스팸메일로 간주되기 쉽기 때문이다.

❹ 제시되어 있는 캐릭터 중 자신이 원하는 캐릭터를 선택한다. 마음에 드는 캐릭터가 없다면 자신의 사진을 올려놓을 수 있다.

❺ 자신이 할 수 있는 언어를 선택한다.

❻ 자신의 취미를 선택한다.

❼ 10가지의 간단한 질문에 대답을 선택한다.

❽ 마지막으로 자기소개를 할 수 있는 곳에 간단한 소개문을 넣는다. 만약 특정 국가의 친구를 사귀고 싶다면 자기소개란에 특정 국가의 친구를 사귀고 싶다고 적어 놓으면 그 국가의 친구에게 연락이 오는 경우가 많다. 자기소개문을 완성했다면 비밀번호를 입력한 후 [OK, Confirm & Register]를 클릭하면 등록이 끝난다.

❾ 등록되었다는 표시가 나타난다.

❿ East Asia의 'Korea'를 클릭하면 가장 위쪽에 자신의 정보가 올라온 것을 볼 수 있다. 이제 이것을 본 외국인 친구들이 여러분에게 메일을 보내 줄 것이다.

한국을 사랑하는 이탈리아의 알래사

2010. 02. 10.

안녕! 반가워^^

Oh! by the way, can I use the informal speech?
그런데 내가 반말로 해도 될까?

And thanks for sending me a mail! :) 메일을 보내줘서 고마워 :)

Yes, I'm trying to learn korean by myself hehe I've been studying it for 2 months and I absolutely enjoy it! 그래, 나는 한국어를 독학으로 배우고 있어. 공부를 시작한지 2달이 되었고 완전히 즐기고 있어!

I really love korea. It's my favourite foreign country! :P
나는 정말 한국을 사랑해. 내가 가장 좋아하는 나라야 :P

I've watched many dramas and I almost listen to korean music only haha. 나는 한국 드라마를 많이 봤고 거의 한국 노래만 들어. 하하.

Yeah...I like korea this much XD I'm planning to travel there next year! 나는 이만큼 한국을 좋아해. XD 내년에는 한국으로 여행갈 거야!

Well, I live in the north of italy in a city called Mantova.
나는 맨토바라고 불리우는 북 이탈리아에 살고 있어.

(I've also sent you a picture of it.) (사진 보내준 거 있어.)

I don't live in the city centre, but in a small village that is only 7km far from Mantova.
나는 시내 중심에 살지 않고 맨토바에서 7km 떨어진 작은 마을에 살고 있어.

Anyway, Mantova is the province. 어쨌든, 맨토바는 지방이야.

What about you? Where do you live in korea?
넌 어때? 너는 한국 어디에 살고 있니?

And tell me something about your interests^^
네가 흥미있어 하는 것을 말해줘^^

I have many, I'll write them next time 나는 너무 많아. 다음에 알려줄게.

This mail runs the risk to become too long :D
이 메일이 길어질 위험이 있어 :D

Nice to meet you again! ^^ 다시 한 번 만나서 반가워! ^^

Bye. Bye. And take care! 안녕 몸 건강해!

from Alessia. 알래사가.

❖   펜팔로 연락을 하던 알래샤를 처음 만난 곳은 이탈리아의 시골마을 맨토바역의 플랫폼에서였다. 역에서 내려 주변을 둘러보니 저쪽에서 한 아이가 나를 보고 아무 말 없이 서서 이쁜 웃음을 짓고 있었다. 한국인 친구를 너무 만나보고 싶었던 알래샤는 처음으로 한국인 친구를 만났다는 기쁨과 그 한국인 친구가 자신을 만나러 맨토바까지 왔다는 사실에 크게 감격했다. 로마 한인마트에서 선물로 구입한 식혜 한 상자를 알래샤에게 건네주고 인사를 나누었다. 그렇게 인사를 나누고 역 플랫폼에서 기념사진을 찍고 사진을 확인하는데 알래샤가 물었다.

"잘 나왔어?"
"응..? 어... 너..."
"왜? 놀랐어? 나, 한국말 잘해 ㅋ"
"아... 한국말 하네..."

알래샤 입에서 한국말이 술술술 나오다니... 메일로 연락을 할 때 한국어를 독학으로 공부하고 있다며 항상 짧게 한글로 인사말 정도를 적어 보냈는데 이렇게 한국말이 술술 나올 줄이야.

알래샤가 보내준 맨토바 전경

알래샤의 가족은 맨토바에서 작은 호텔을 운영하고 있었다. 문학축제 시즌이 아닐 경우에는 손님이 없어 나보고 머물고 싶은 만큼 오랫동안 머

맨토바역 플랫폼에서 식혜를 들고 있는 알래샤

물러도 된다고 했지만 너무 오래 머무르면 실례일 것 같아 3일을 머물겠다고 했더니 알래샤가 여기까지 왔는데 그렇게 조금 있으면 안 된다며 일주일을 있어야 한다고 했다. 그래서 이탈리아의 시골마을 맨토바에서 일주일은 머물렀다.

알래샤는 고등학교 5학년인데 이탈리아의 학교 제도는 초등학교 5년, 중학교 3년, 고등학교 5년으로 되어 있어 이제 마지막 학년이어서 자신의 진로에 대해 고민하고 있었다. 고민을 하면서도 온통 한국 관련 음악, 영화, 드라마에 빠져 있어 대학교에서 한국어를 공부할까 아니면 한국에 와서 일을 해볼까 하는 생각을 심각하게 하고 있었다. 알래샤가 한국 문화에 관심을 갖게 된 것은 우연히 유튜브에서 한국 드라마를 보게 되어 한국 문화에 관심을 갖게 되었다고 했는데 처음에는 드라마를 좋아하던 것이 영화도 보게 되고 노래도 듣게 되었다고 한다. 매일매일 인터넷으로 한국 연예기사를 읽어 봐서 우리나라 연예계 사정을 너무 잘 알고 있었는데 당시 여행을 다니던 나보다도 훨씬 더 잘 알고 있었다.

알래샤의 컴퓨터에는 온통 한국 관련 드라마 쇼 프로 영화가 저장되어 있었는데 내가 집에 도착하자마자 그동안 이것저것 궁금하게 생각하던 질문들이 쏟아져 나왔다. 연예인들의 제스처를 보며 한국인들은 왜 웃을 때 박수를 치며, 손가락을 코 위에 갖다 대는데 그 뜻이 무엇인지 등 여러 가지 궁금한 것들을 물어보았는데 그 중 가장 웃겼던 질문은 소녀시대 티파니를 왜 '띨파니'라고 부르냐고 물어봐서 한참을 웃었다. 한류라는 것이 아시아를 넘어 유럽에까지 퍼져있다고 하는데 정작 유럽을 여행하며 관광지에서 한류를 찾기는 힘들었지만 이렇게 한국문화를 좋아하고 애정을 갖고 있는 친구를 통해 결코 한류가 거짓이 아니라는 것을 알 수 있었다.

알래샤의 가족 사진

태국 친구 녹과 친구들

2009. 07. 07.

Hello! Chan young^^ 안녕, 찬영.

My name is Tassanee and my nickname is Nok.
내 이름은 타싸니이고 별명은 녹이야.

So you can call me Nok, my friends always call me Nok!!
나를 녹이라고 부르면 돼. 내 친구들은 항상 그렇게 불러.

I would like to be your friend. I'm 20 years old girl from Thailand.
나는 너와 친구가 되고 싶어. 나는 20살이고 태국사람이야.

I'm university student in second years.
나는 대학교 2학년생이야.

My major is Tourism Industry. 나는 관광학을 전공하고 있어.

I would like to be a tourist guide.^^ I love to meet new people.
나는 관광가이드가 되고 싶어. 나는 새로운 사람을 만나는 것을 좋아해.

Please reply my e-mail back and then I'll introduce myself more.
답장해주면 나에 대해 소개할게.

Nice to meet you. 만나서 반가워.

Nok. 녹.

❖ 녹은 태국 방콕의 쑤원 쑤난타 라차팟 대학교Suan Sunandha Rajabhat University에서 관광학을 전공하고 있고 관광가이드가 되고 싶고 외국인 친구를 사귀는 것을 좋아했고 영어를 참 잘했다. 또 녹의 주변에는 항상 친구들이 가득했다. 친구들 모두 다른 지역에서 방콕으로 공부하기 위해 온 친구들이어서 자취를 하며 무슨 일이 있을 때마다 함께 돌아다니며 공부하고 학교 과제를 준비하며 함께 놀았다. 그렇게 녹을 통해서 많은 친구들을 소개받

을 수 있어 태국에 머무는 동안에는 쉴 틈이 없었다.

태국의 길거리는 어디를 가나 한국 노래가 나오고 TV를 틀면 한국 드라마가 나오며 길거리에서 K-pop을 틀어 놓고 춤을 추는 젊은이들이 많았다. 다른 나라에 비해 한류 열풍이 강한 태국인데 그런 태국의 젊은 친구들은 한국인인 나에게 궁금한 것도 많고 신기한 것도 많았나 보다. 한 번은 친구들과 함께 식사를 하고 있었는데 나보고 한국 노래를 불러달라고 했다. 어떤 노래를 불러줘야 할지 몰라 생일 축하 노래를 불러주었는데 모든 친구들이 따라하며 생일 축하노래를 불렀다. 생일인 사람은 아무도 없었지만 내가 태어나서 생일 축하노래를 그렇게 재미있게 불러본 적은 처음이었다.

그렇게 관광객의 입장으로 관광지를 돌아다니는 것보다 태국 친구들에게 소개를 받으며 태국 젊은이들이 다니는 곳에 함께 어울리는 것이 너무 재미있었다. 여행을 마치고 한국으로 돌아온 후 녹에게 카카오톡으로 연락이 왔는데 드디어 관광가이드 자격증 시험에 합격했다고 하여 축하해 주었다.

치킨 와인을 들고 있는 쑥

쑥과 녹

펜팔 친구를 사귀는 팁

처음 펜팔을 시작할 때 영어로 작문을 하는 것이 익숙한 사람이 아니라면 편지를 몇 줄 적어서 보내주는 데에도 시간이 오래 걸린다. 더구나 상대편 친구가 너무 많은 양의 내용을 적어서 보내준다면 해석하는데 지칠 수도 있다. 친구들에게 답장을 할 때 연락을 빨리 하고 싶은 마음이 들어 글을 빨리 써서 보내주는데, 너무 짧고 빨리 써서 보내면 성의가 없어 보이기 때문에 최대한 정성껏 작성하여 보내는 것이 중요하다. 친구를 사귀는 데에는 인내심을 갖고 서로를 알아가는 것이 중요하다.

펜팔로 친구를 사귀는 데에는 시간과 노력이 필요하고 많은 인내심이 필요하다. 이렇게 친구를 사귀어 연락을 하다가 손 펜팔(Snail penpal)이라고 하여 실제 종이에 편지를 적어 연락을 하는 펜팔로 전향하는 경우도 많다. 계속 손 펜팔을 하기 어려우면 생일이나 특별한 날에 손 펜팔로 연락을 해 줄 수도 있다. 그리고 요즘은 우리나라에서도 보편화되어 있는 글로벌 네트워크인 페이스북(facebook)을 이용하면 친구들과 연락을 취하는데 더 유용하다.

어느 펜팔 사이트라도 한국인이 참 많다. 한국인이 없는 사이트를 찾기는 힘들다. 그러니 앞에서 소개했던 사이트를 모두 알 필요도 없다. 펜팔 사이트는 하나만 알고 꾸준히 참여 하는 것이 중요하다. 실제로 여행지에서 친구를 사귀는 방법은 다양하고, 카우치서핑 및 그와 비슷한 방법으로 친구를 사귀어 해외에서 여행을 할 수 있다. 하지만 지금 바로 만나서 서로에 대해 알아가며 며칠을 함께 지내는 것보다 미리 한국에 있을 때부터 몇 년씩 연락을 하고 지내다 나중에 그 나라를 방문했을 때 그 친구를 만나서 그 친구가 내가 보내주었던 편지와 엽서들을 모두 갖고 있고 나에게 보여준다면, 정말 뜻 깊은 인연이 될 것이다. 내가 펜팔을 하며 가장 후회했던 것은 '좀 더 일찍 시작할 걸…'이었다. 이 글을 읽는 독자들도 나이에 상관없이 펜팔을 꼭 해보라고 추천해주고 싶다.

01 영문 편지 작성 요령

편지를 작성하는 데에는 따로 형식이 없다. 메일에 자신의 간단한 소개와 하고 싶은 말을 정성스럽게 작성하면 된다. 하지만 처음 편지를 영어로 작성한다면 영작을 하는데 부담감이 생기므로 어떻게 작성해야 할지 감이 오지 않을 수도 있다. 펜팔을 이제 막 시작했다면 다음 예문을 통해 따라해보자.

20세 대학생 차은주가 미국의 고등학생 티파니에게 보낸 이메일

Hello.

Greetings to you from Korea! I saw your profile and I liked it.

My name is Eunjoo. I'm 20 years old and sophomore at Baewha Women's University. I'm currently studying Secretarial Administration.

I live in Paju with my grandmother, parents, older brother and lovely puppy. My puppy is Pekinese. Her name is Chorong, she is 11years old and very energetic.

Although she may not be pretty but she is very lovely to me. Well, I enjoy various foods and spices. I like watching movies, animals, playing badminton and strolling.

I play badminton with my friends on weekends. It's one of my favorite sports.

If you like to be my sincere friend, then you can reply me.

I hope to hear from you soon. Let's be friends! -Eunjoo

안녕.

한국에서 너에게 인사하게 되네! 난 너의 프로필을 보았고 마음에 들었어.

내 이름은 은주라고 해. 나는 20살이고 배화여자대학교 2학년에 재학 중이야. 나는 학교에서 비서행정을 공부하고 있어.

나는 할머니, 부모님, 오빠 그리고 사랑스러운 강아지와 함께 파주에서 살고 있어. 나의 강아지는 페키니즈야. 이름은 초롱이고 나이는 11살이지만 아주 활발해.

초롱이는 예쁘진 않지만 나에겐 너무나도 사랑스러워. 음. 나는 다양한 음식을 좋아하고 매운맛을 좋아해. 나는 영화보는 것, 동물, 배드민턴 치기 그리고 산책하는 것을 좋아해.

나는 주말마다 친구와 함께 배드민턴을 쳐. 배드민턴은 내가 가장 좋아하는 스포츠 중 하나야.

나와 진정한 친구가 되고 싶다면 답장해주길 바래.

너에게 빨리 소식이 오길 기대할게. 친구하자! – 은주가

23세 대학생 김태호가 프랑스의 여대생 스테파니에게 보낸 이메일

Hello Stephanie ^^

I am KIM TAE-HO from South Korea.

I think having a pen pal from anywhere would be fun.

So I'm writing this letter to you we could be friends each other.

I am 23 year old boy and student of university.

I am majoring in computer science in Seoul.

I live in a boarding house here in Seoul because my home is in Busan city.
Busan is located to the south of Korea.
How much do you know about Korea?
I want to learn about your culture and in return I'm willing to teach about mine.
Of course I can search the information about France on the internet,
but it would be more special and better for me If I could get information from you.
I hope I can learn lots of things from you by exchanging e-mail
Do you like traveling? I like traveling very much.
So I will take my semester off for a year and travel all over the world next year.
I like to go Asia, Oceania, Europe and South America.
Especially, I'm looking forward to visiting Europe.
So these days I'm trying to get information about Europe.
I think France has many tourist attractions.
If I go to France, I want to visit Eiffel Tower. Have you ever been there?
Anyway, I'm so glad to meet you. I want us to share many things with each other.
If you are interested, please feel free to e-mail me.
Bye for now. Sincerely your.
KIM TAE-HO.

안녕, 스테파니. 나는 한국에 살고 있는 김태호라고 해. 다른 곳에 살고 있는 펜팔 친구를 사귀는 게 정말 재미있을 것 같아. 그래서 너와 친구가 되길 바라며 이 이메일을 쓰고 있어. 나는 23살이고 대학생이야. 서울에서 컴퓨터공학을 전공하고 있어.

집이 부산이라 이곳 서울에서 하숙을 하고 있지. 부산은 한국의 남쪽에 있어. 너는 한국이라는 나라에 대해 얼마나 알고 있니? 난 너의 문화에 대해서 알고 싶어. 그리고 나도 우리 문화에 대해서 알려줄게. 물론 인터넷으로 프랑스의 정보를 찾을 수 있지만, 너를 통해 알게 된다면 더 특별하고 좋을 것 같아. 이메일을 통해 많은 것을 배울 수 있기를 바래. 여행 다니는 거 좋아하니? 나는 여행 다니는 것을 아주 좋아해. 그래서 내년에 1년을 휴학하고 세계일주를 떠날 거야. 나는 아시아, 오세아니아, 유럽, 남미를 가보고 싶어. 특히 유럽을 기대하고 있어. 그래서 요즘 유럽에 관한 정보를 찾고 있어. 내 생각에 프랑스는 매력적인 관광지가 많은 것 같아. 만약 프랑스에 간다면 에펠탑에 가보고 싶어. 너는 그곳에 가봤니? 암튼, 너를 알게 되어 기쁘고 많은 것을 함께 나눌 수 있기를 바래. 혹시 관심 있다면, 부담 갖지 말고 편하게 메일 보내줘. 이만 안녕. 너의 친구 김태호.

말레이시아 페낭섬에 살고 있는 펭

2008. 09. 11.

Hello Chan young! 안녕 찬영!

I'm peng from Malaysia! 나는 말레이시아에 살고 있는 펭이야.

I'm chinese girl who 22 years old! 나는 중국계이고 22살이야.

Now Im study at utar, graphic design.
나는 utar(University Tunku Abdul Rahman)에서 그래픽 디자인을 공부하고 있어.

I like to know more about Korea culture and interesting places ;-)
나는 한국 문화에 관심이 있고 장소에 흥미가 있어.

Besides I want to learn Korean maybe u can teach me Korean!
게다가 한국어를 공부하고 싶은데 아마 너가 가르쳐 줄 수 있을거야.

If you want to learn chinese I would be glad to teach you! or you want to know about my country! Hope to hear from you ;-)
너가 만약 중국어를 알고 싶으면 내가 가르쳐 줄 수 있어. 또는 내 나라에 대해서 너에게 소식을 들려줄 수도 있어.

from Peng! 펭

❖ 말레이시아 펜팔 친구 펭은 말레이시아의 북서쪽에 있는 페낭이라는 섬에 살고 있다고 했다. 페낭섬에는 유네스코 지정 세계문화유산인 죠지타운이 있는 아주 아름다운 섬이라고 했다. 그리고 페낭섬에서는 매년 10월 열리는 페낭국제등축제Penang International Lentern Festival가 유명하다며 사진을 보내주었는데 등축제의 모습이 너무 아름다워 세계일주를 계획할 때 꼭 페낭섬에 가서 직접 등축제를 직접 봐야겠다고 다짐했었다.

그렇게 세계일주 중 페낭섬에 도착해 펭을 만났는데. 펭은 학교를 잠시 휴학하고 자동차 회사에서 바쁘게 아르바이트를 하고 있었음에도 내가 자신의 슈퍼 VIP 손님이라며 매일 일을 일찍 끝내고 내 숙소에 와서 나를 데리고 페

낭섬의 멋진 곳을 구경시켜 주었다. 그렇게
페낭섬에서 일주일을 머무르며 내가 가장
기대하던 페낭국제등축제가 열리는 날이
되어 기대를 하며 보러 갔지만 안타깝게 그
날 비가 오는 바람에 종이로 만든 연등들이
전시되지 못하고 축제는 썰렁하기만 했다.
비록 등축제는 즐기지 못했지만 페낭섬에
서 일주일동안 펭의 가족들과 섬의 외각에
놀러도 가고 여행으로 지쳤있던 몸과 마음
을 평화로운 휴양지에서 쉴 수 있었다.

페낭섬에서 말레이시아 친구들과 함께 어
울리다보니 말레이시아는 너무 독특한 나
라라는 것을 알 수 있었다. 말레이계, 중국
계, 인도계의 3개의 민족이 함께 살고 있는
나라 안에서 서로 전혀 별개의 언어를 사용
하는 것이 신기했다.

펭은 다른 인종의 사람들과 대화를 할 때
보통 영어와 말레이어로 대화를 하고 또 가
족들과는 중국어로 대화한다고 했다. 이렇
게 여러 민족이 함께 하나의 나라에서 서로
다른 문화를 인정하며 공존하여 지낸다는
것이 신비롭게 느껴졌다.

태국 타마삿대학교의 와리치

2007. 11. 20.

Hi! Nice to meet you chan-young. 안녕! 만나서 반가워 찬영.

I would like make friends with you. 나는 너와 친구가 되고 싶어.

My name is Warich from Thailand I'm 27 years old.
나는 태국에 살고 있는 와리치이고 27살이야.

I have planing travel to Korea on December.
나는 올해 12월에 한국에 여행을 갈 계획을 갖고 있어.

I want information about traveling I hope you can help me.
여행 정보를 찾고 있는데 좀 도와줄 수 있어?

❖ 한국 여행을 계획 중이라고 연락해온 와리치는 태국의 방콕에서 무역회사에 다니며 대학원에 다니고 있던 대학원생이었다. 한국 여행을 계획하며 나에게 여행 정보를 물어보던 것이 인연이 되어 계속 연락하며 지내다 세계일주 중 방콕을 방문하여 만날 수 있었다. 그동안 메일로 연락하며 생각하던 와리치의 모습은 아주 활동적이고 씩씩할 것 같았는데 실제로 만나보니 얌전하고 정이 많았다. 태국에 머무는 동안 와리치와는 많은 것을 함께 할 수 있었다. 와리치는 여행자들의 천국 카오산로드 Khaosan Road 가까이에 있는 타마삿대학교 Thammasat University에 다니고 있었는데 하루는 나를 불러 학교를 구경시켜 주었다.

또 방콕의 외곽지역에 있는 자신의 집에도 초대해주어 가족들과 동네 사람들 모두 만나 다함께 식사를 하며 특별한 하루를 보낼 수 있었다. 또 내가 방콕에 머무는 동안 와리치와 같이 살고 있던 친구 깍의 대학원 졸업식이 있어 함께 졸업식에 참가하기로 했다. 졸업식 당일 학교에 가보니 핸드폰이 먹통이 될 정도로 엄청나게 많은 사람들이 몰려 있었고 꽃다발, 간식거리, 기념품 등을 팔고 있는 사람들이 길거리 양옆으로 빼곡하게 늘어 서 있었다. 태국의 대학교에서는 졸업하는 선배를 둘러싸고 노래를 불러주는 전통이 있는데 이 친구들과 함께 노래를 부르며 졸업을 축하해주고 사진 촬영도 함께 하며 어울려 놀 수 있었다.

후알람퐁 기차역에서 와리치와 함께

타마삿대학교 졸업식날 깍과 함께

Section 04 펜팔 시 주의사항

펜팔을 하며 친구들을 사귀다 보면 생각지 못한 다양한 일이 생길 수 있다. 어떠한 일이 생길 수 있는지 알아보도록 하자.

01 손 펜팔 하는 방법

펜팔 사이트에서 알게 된 친구들 중에 연락을 하다 보면 손 펜팔(Snail penpal)을 하자고 하는 친구들이 있다. 손 펜팔은 직접 편지를 적어 집 주소로 보내는 펜팔을 말하는데 우리가 흔히 생각하는 오리지날 펜팔을 생각하면 된다. 펜팔을 하는 친구들 중에는 이런 아날로그적 방식의 펜팔에 로망을 갖고 있는 학생들도 많으니 이것 또한 펜팔의 즐거운 재미가 될 수 있다. 하지만 이러한 손 펜팔을 하는 데에는 많은 정성과 기다림이 필요하다. 엽서를 한 번 보내 상대편에게 도착하고 또 상대편이 엽서를 적어서 나에게 답장이 오는 데까지는 빠르면 2주에서 늦게는 한 달 넘게 걸릴 수 있기 때문이다. 요즘처럼 모든 것이 빠르게 전달되고 읽혀지는 인터넷 세상에서 손 펜팔을 해보는 것도 좋은 경험일 것이다.

필자는 일부러 손 펜팔을 하지는 않았지만 친구들의 생일 같은 날에는 엽서를 보내주었다. 또 리투아니아의 한 친구는 각 나라의 맥주 라벨을 모으는 것이 취미여서 우리나라의 라벨을 보내주거나 할 때 우편을 통해 보내주곤 했다.

손 펜팔을 하는 데에는 정성이 많이 들어갈 뿐 비용이 크게 부담되지는 않는다. 국제 우편 요금은 지역과 무게에 따라 요금이 달라지는데 일반 편지를 20g 정도로 따졌을 때 대륙별로 조금 차이가 있지만 약 650원 정도이며 도착하는데 걸리는 기간은 1~2주일 정도라고 생각하면 된다. 그리고 선물을 보내주려 한다면 소형 포장물로 CD, 과자 같은 것을 담아 보내주면 약 300g 정도 기준으로 아시아 지역은 5,000원 정도이며 유럽 & 북미는 7,000원 정도이다. 하지만 국제특급 EMS를 이용한다면 비용이 많이 비싸진다.

02 펜팔 시 주의사항

펜팔을 하며 주의해야 할 것들에 대해 알아보자.

1. 첫 번째 편지가 중요하다.

낯선 사람에게 편지를 쓰는 것이기 때문에 내가 왜 편지를 쓰게 되었는지를 말해준다. 그리고 상대방의 나라에 대해서 듣고 싶은것에 대해 질문을 하고 자신에 관한 이야기를 너무 늘어놓거나 자랑이나 허풍을 떨지 않는 것이 좋다. 가중 중요한 것은 답장을 늦추지 않는 것이다.

2. 상대방에게 부담을 주어서는 안 된다.
펜팔로 알고 지낸지 얼마 되지 않은 친구에게 선물을 보내준다던가 하면 상대방이 부담을 느낄 수 있다. 또 어설픈 애정을 표현한다던가 하는 것은 삼가야 하며 사생활을 너무 캐묻지 않는 것이 좋다.

3. 성의 있게 작성해야 한다.
펜팔을 하다 보면 답장을 빨리 해주는 것이 가장 좋지만 상황에 따라 답장이 늦어지고 연락이 끊겼다 다시 연락을 하는 경우가 생길 수도 있다. 그렇기 때문에 자신이 예전에 했던 말을 기억하지 못할 수도 있다. 자신이 했던 질문을 또 하게 된다면 상대방은 당신이 펜팔을 하는데 별 신경을 쓰지 않고 자신의 말을 진지하게 읽지 않는다고 생각할 수 있다. 때문에 상대방이 써준 말은 집중해서 읽고 혹 그 친구의 특이사항이 있다면 따로 메모하는 것도 좋다.

03 해외 펜팔 사기 사례

펜팔을 하다 보면 생각지 못한 불쾌하고 당황스러운 메일을 받을 수 있다. 단순 문화 교류 차원에서 친구를 사귀기 위한 펜팔을 시작했지만 그 이상의 것을 요구하는 친구들이 생길 수 있으니 펜팔로 일어난 사기 사례를 알아보도록 하자.

1. 아프리카 사기 메일

아프리카발 사기 메일은 펜팔을 시작하면 쉽게 받을 수 있다. 세네갈, 가나 등의 국가에서 많이 보내오는 데 메일의 내용은 자신의 나라에 전쟁이 터져 부모님은 모두 돌아가시고 자신이 난민 캠프에 있고 생활이 어렵다는 내용과 비슷한 형태의 메일이 온다. 신뢰도를 높이려는지 자신의 사진까지 함께 보내주는데 자신의 처지를 알리며 동정을 사 결국 돈을 보내달라고 하거나 개인 정보를 요구하는 경우가 있다. 이런 방식으로 메일을 받고 돈을 보내주는 사람이 있을까 싶지만 실제로 북미에서 몇몇 사람들은 돈을 입금해주는 사례가 발생해서 이런 메일이 더 많아졌다. 때문에 그런 메일을 받았을 경우 무시하는 것이 가장 좋다.

2. 해외 송금 사기

펜팔로 친구들을 사귀어 연락을 하다 보면 충분히 선물을 받거나 보내줄 수도 있다. 하지만 종종 송금 사기 사건들이 발생하는데 이러한 사기범들은 펜팔 사이트를 이용하여 접근한 후 꾸준히 연락해오다 선물을 보내주겠다고 하며 선물을 소포로 보냈는데 운송 회사의 보관료와 수수료 등이 필요하다며 송금을 요구하는 사례가 발생하기도 한다. 펜팔을 한지 얼마 되지 않아 돈을 요구한다면 의심할법한 상황이지만 오랫동안 연락을 해오던 친구가 돈을 요구한다면 또 의심하기 어려울 수 있다.

게다가 이러한 종류의 범죄자들은 피해자가 신뢰할 수 있도록 소포 송장번호와 배송회사 사이트를 알려줘서 검색 시 배송되는 소포의 배송지 추적이 가능하도록 사이트까지 조작해놓으니 쉽게 믿어 버리는 수가 있다. 그렇기 때문에 펜팔로 만나 알게 된 사람이 선물을 보내준다고 하는데 그로 인한 돈 문제가 생겨 송금을 해달라고 할 시에는 의심해보고 돈 관련 거래를 하지 않아야 한다.

체코의 알리스

❖ 체코의 프라하Praha에 살고 있는 알리스는 서태지를 좋아한다고 했다. 유튜브에서 메탈 음악을 검색하다 알게 되어 서태지를 좋아하게 되었고 상업적인 헐리우드 영화보다 깊은 의미를 담고 있는 한국 영화에 매력을 느꼈다고 했다. 대학교에서 외교학을 전공하고 있지만 한국 문화의 매력에 빠져 한국어 공부를 시작했고 그래서 한국인 펜팔 친구를 찾다 나와 펜팔을 하게 되었다.

프라하의 명물 댄싱빌딩 앞에서의 알리스

프라하에 도착해 알리스를 만나기 위해 오후 6시 프라하 시내 남쪽에 위치한 비셰흐라드Vysehrad Castle 지하철역에 도착했다. 언제나 그렇듯 친구를 기다리는 순간은 기쁘면서 많이 떨린다. 역에 전철이 도착해 입구를 바라보고 있는데 뒤에서 "우~와~"하는 소리가 들려 뒤돌아보니 키 큰 여자 아이가 반갑게 뛰어오고 있었다.

알리스는 글을 통해 알고 있던 이미지와는 많이 다르게 키도 컸고 목소리도 컸다. 메일로 연락을 할 때에는 베이스 음악을 좋아한다며 유튜브에 톡특한 비주류 음악을 많이 소개시켜 주어서 어두운 면이 있지 않을까 했는데 실제로 만난 알리스는 엄청 쾌활했다.

알리스는 외교학을 전공하고 있는데 한 달 전쯤 프라하 시내 구시가지 광장에 있는 찰스대학교Charles University 한국어과에 또 입학했다고 했다. 한국어에 열정이 많아 독학으로 공부를 해오다 아예 한국어과에 정식 입학을 했다는데 원래 공부하던 외교학에 한국어까지 학교를 두 군데나 다니면서 아르

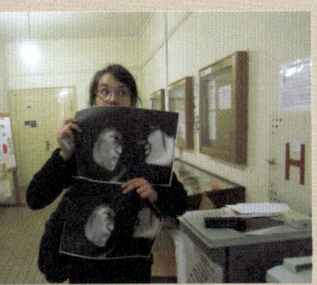
찰스대학교 복도에서 복사기로 사진을 찍고 사진을 들고 있는 알리스

프라하 카페에서의 알리스

바이트도 하며 엄청 바쁘게 지내고 있었다. 내가 프라하에 오면 한국어로 대화를 할 수 있을 것이라던 알리스에게 한국어 실력이 얼마나 되나 물어보니 "아저씨, 소주 있어요? 네~ 소주, 양주, 맥주 다 있어요, 아~ 소주 주세요~."라고 한국말로 했다. 아.... 이런 거를 외워갖고 다니다니 크게 웃었다.

알리스는 나의 가이드가 되어 프라하 시내를 구경시켜 주었는데 프라하의 최대 관광 명소 구시가지 광장에서 함께 걷고 있을 때, 이번에는 자신이 새로 입학한 찰스대학교를 가보지 않겠냐고 해서 좋다고 했더니 바로 옆의 건물을 가리키며 이곳이라고 하며 들어갔다.

관광객이 엄청 몰리는 매번 지나다니던 관광지 한가운데 대학교가 있을 줄은 몰랐다. 찰스대학교는 유럽에서 가장 먼저 생긴 대학교라는데 구시가지 광장에서 너무 가까워 구시청사에서 매 시각 정각에 울리는 천문시계의 종소리와 나팔소리를 매일 들으며 공부를 하고 있다고 했다.

마침 학교에서 만난 알리스의 친구가 강의실에서 한국영화 '좋은 놈 나쁜 놈 이상한 놈' 영화를 상영할 것이라며 와서 함께 보러 가자고 했다. 알리스는 이미 이 영화를 20번이나 넘게 봤다고 했지만 우리는 함께 영화를 보기로 하고 다른 10명 정도의 체코 친구들과 영화를 보았다. 체코의 펜팔 친구 덕분에 그냥 관광을 와서는 겪을 수 없는 새로운 경험을 하였다. 시간이 많지 않아 며칠 머물지 않고 바로 프라하를 떠나게 되어 아쉬웠다.

벨기에 몽의 스테파니

2009. 06. 25.

Hi! My name is Stéphanie. 안녕 내 이름은 스테파니야.
I'm 20 and I live in Belgium! 나는 20살이고 벨기에에 살고 있어.
I would like to make friends from Korea. 나는 한국인 친구를 사귀고 싶어.
I would like to learn more things about this country...
나는 너의 나라에 대해 배우고 싶어.
Hope we can talk together. 우리가 함께 이야기 했으면 좋겠어.
Wait your mail! :D 답장을 기다릴게.
Stéphanie. 스테파니.

❖   벨기에의 몽이라는 작은 마을에 살고 있다는 스테파니는 한국인 친구를 사귀고 싶다고 하며 연락을 해 왔다. 스테파니는 20살이었지만 법학고등학교를 다니던 중간에 독일어 선생님이 되기로 마음을 바꿔 다시 고등학교에 입학해 고등학교 1학년을 다니고 있다고 했다. 스테파니는 펜팔을 통해 일기를 쓰듯이 자신의 주변에서 일어나는 일들을 나에게 소개해주는 것을 즐겼다. 그런 스테파니의 소개로 몽이 작은 마을이지만 여러 종류의 파티가 있다는 것을 알았고 또 스테파니가 파티에 가서 찍은 많은 사진들을 보내주어 벨기에의 작은 마을에서 일어나는 파티들을 간접적으로 즐길 수 있었다. 그렇게 내가 세계일주를 시작하고도 스테파니와 연락을 계속 이어 나갔다. 펜팔을 하다 보면 종종 답장이 늦어져 연락이 오랫동안 끊기는 친구들이 많이 생기는데 스테파니는 항상 답장을 바로 보내주어 여행을 하는 도중에도 꾸준히 연락할 수 있었다. 그래서 매번 그날 있었던 이야기들을 들려주었더니 마치 자신도 나와 함께 세계일주를 하고 있는 것 같은 착각이 든다며 나

의 여행 이야기를 항상 기다리고 응원해주었다.

한번은 베트남에 있을 때 며칠 동안 비가 너무 많이 와서 밖에 나가지 못하고 호스텔에 꼼짝없이 갇힌 적이 있었는데 스테파니가 내가 호스텔에만 있다는 말을 듣고는 비를 그치게 춤을 쳐준다고 했는데 정말로 스테파니의 메일을 받고 비가 그친 적이 있었다. 그래서 기념으로 베트남 길거리에서 파는 팔찌를 하나 사서 이 팔찌는 나중에 벨기에 갔을 때 주겠다고 하고 1년 이상을 가방 속에 넣고 다녔었는데 드디어 벨기에의 몽에 도착해 스테파니도 만나고 팔찌도 주게 되었다.

몽에서 만난 스테파니는 매번 사진을 보여주던 남자친구 기욤과 함께 나왔다. 기욤은 스테파니와 동갑이고 같은 고등학교에 다니는데 스테파니와 함께 고등학교에 재입학하며 만났다고 했다. 스테파니와 기욤은 바로 기념이 될 만한 물건을 사주고 싶다며 펜시점에 들어가서 곰돌이 인형을 사주고 벨기에의 특산 쵸콜렛을 먹어봐야 한다며 쵸콜렛도 사주었다.

벨기에의 시골마을 몽에서 스테파니와 기욤

프린스

인도, 우다이뿌르.
몬순 팔레스를 가는 도중 덜컹거리는 오토릭샤 운전석 옆에 위태롭게 매달려 있던 프린스는 뒤를 돌아보며 나에게 물어보았다.

"너는 어디에서 왔니?"
"코리아에서 왔어."
"아! 코리아 거기는 좋아?"
"좋지."

그는 한참을 생각하더니 이렇게 말했다.

"코리아는 별로 살기 좋은 곳이 아닌가봐…"
"왜?"
"좋다고 말하는 너 표정이 별로 안 좋아보여서…"
"음…"

그래서 나는 방긋 웃으며 다시 말해주었다.

"코리아는 정말 살기 좋은 곳이야~~!"

프린스는 나를 따라 방긋 웃으며 말을 이었다.

"그래 나도 이곳이 너무 좋아, 나는 매일매일 행복하지. 친구들하고 이렇게 놀러 다닐 수도 있고 너가 그렇게 좋은 옷을 입고 좋은 카메라를 들고 여행을 다니지만 너의 표정에는 근심이 가득 차 있어. 결국 우리는 죽을거고 죽을 때 그 옷들을 가져갈 수 없어. 우리는 모두 빈손으로 돌아가는거지, 우리는 이렇게 하루하루 행복하게 지내는 인생을 살아야 해."

나는 아무 말도 하지 않고 깊은 생각에 잠겼다.
생각에 잠긴 나에게 프린스는 말했다.

"그러니 말이야. 너가 지금 입고 있는 그 옷 나에게 주지 않겠니?"

WORLD
TOUR

Part 04

세계일주를 위한
워킹홀리데이 정보

세계일주를 떠나려는 젊은 학생들에게 워킹홀리데이는
필수 코스가 되고 있다. 워킹홀리데이에 대해 알아보고
자신에게 맞는 여행을 준비해보자.

워킹홀리데이란?

요즘 젊은 사람들 중에 워킹홀리데이라는 말을 들어보지 못한 사람은 없을 것이다. 주변에서 많은 친구 및 학교 선.후배들이 워킹홀리데이를 갔다 왔다고들 하는데 어떤 이는 워킹홀리데이 제도가 호주만 있는 것으로 알고 있는 사람도 있다. 하지만 워킹홀리데이는 호주뿐 아니라 아시아, 북미, 유럽의 여러 나라들도 우리나라와 체결을 맺고 있다. 그럼 워킹홀리데이에 대해 알아보자.

01 워킹홀리데이란?

워킹홀리데이란 나라 간에 협정을 맺어두어 해외에 여행 중인 청년들이 방문국에서 여행 경비를 목적으로 일정기간 동안 관광과 취업을 병행할 수 있도록 특별히 허가해주는 제도이다. 보통의 관광비자로는 방문국에서의 노동이 금지되어 있으나 결국 청년들의 상호 교류와 국가 간의 상호 이해 및 우호 증진에 기여하도록 만들어진 예외적인 제도이다. 우리나라는 1995년 호주와 처음으로 워킹홀리데이를 체결한 이래 현재 17개국(이탈리아, 이스라엘, 네덜란드 발효 예정)이 우리나라와 워킹홀리데이 협약을 맺고 있으며 1개 국가와 청년 교류 제도(YMS : Youth Mobility Scheme)를 체결하고 있다.

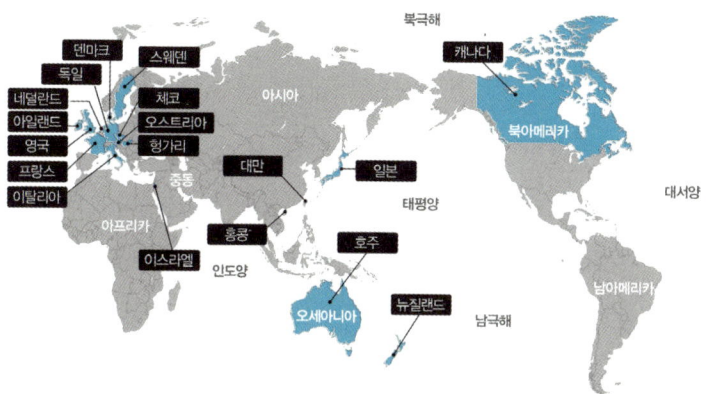

워킹홀리데이 협약국 지도

02 워킹홀리데이 비자의 특징

워킹홀리데이를 시행하고 있는 나라들은 대체적으로 다음과 같은 기본 규정이 있다.

1) 국가별(지역 포함)로 평생 1회에 한해 발급
2) 비자 발급일로부터 12개월 이내에 해당국(지역) 입국
3) 해당국(지역) 입국일로부터 최대 1년 체류 가능(호주 & 뉴질랜드 특정 조건 만족 시 연장 가능 & 오스트리아 최대 6개월)
4) 체류기간이 만료될 때까지 출입국이 자유로운 복수비자, 일본은 단수비자)
5) 한국에 체류하면서 각국의 주한 대사관/총영사관 또는 이민성을 통해 신청 가능
6) 워킹홀리데이 비자기간을 연장하거나 다른 체류 목적으로 갱신 불가

03 워킹홀리데이로 갈 수 있는 나라들

현재 우리나라와 워킹홀리데이 협정을 체결한 국가는 다음과 같다.

영어권 국가	호주, 캐나다, 뉴질랜드, 아일랜드, 영국(YMS)
유럽 국가	독일, 프랑스, 스웨덴, 덴마크, 체코, 헝가리, 오스트리아, 이탈리아, 네덜란드(발효 예정)
아시아 국가	일본, 대만, 홍콩, 이스라엘(발효 예정)

아시아뿐 아니라 유럽과 북미 등의 국가에서도 일과 여행을 하며 해외 경험을 쌓을 수 있도록 해마다 협정 체결국이 확대되고 있는 중이다. 또 워킹홀리데이에 참가할 수 있는 인원 제한 역시 계속 확대되고 있어 호주, 독일, 덴마크, 스웨덴 4개국에서는 인원의 제한 없이 워킹홀리데이에 참여할 수 있다. 각 나라별로 워킹홀리데이의 매력이 틀리고 개성이 있다.

> 주의 워킹홀리데이비자 획득에 관한 사항은 늘 변동이 있기 때문에 가장 확실한 최신 정보가 있는 각 나라의 대사관이나 이민성 홈페이지를 참조하는 것이 좋다.

1. 영어권 국가

우리나라와 워킹홀리데이 협정을 체결한 나라들 중 영어권 나라로는 가장 오래된 호주부터 캐나다, 뉴질랜드, 아일랜드가 있으며 청년교류제도(YMS)를 시행 중인 영국이 있다. 영어권 국가들은 워킹홀리데이를 통해 영어 어학연수와 여행, 일을 병행하려는 학생들이 주로 선택하고 있다. 대부분의 일자리 시장은 호주가 가장 좋다.

✤ 호주

호주(Australia)는 우리나라와 가장 먼저 워킹홀리데이 협정을 체결한 나라이다. 그래서 우리나라와 워킹홀리데이를 체결한 국가들 중 가장 역사가 긴 만큼 많은 인원이 호주워킹홀리데이를 경험했고 이들을 통한 많은 정보가 인터넷, 서적 등을 통해 쉽게 접할 수 있다는 것이 장점이다. 그런 만큼 우리나라의 워킹홀리데이 메이커들이 가장 많이 찾는 나라이기도 하다. 또 비자 신청이 연중무휴이며 인원수 제한 없이 받고 있으며 비자 신청이 용이하다. 그리고 다른 나라와 비교할 때 많은 일자리와 높은 임금으로 취업 조건이 가장 좋은 나라이기도 하다. 또 국가에서 지정한 농업, 어업 등에서 3개월 이상 일을 할 경우 1년 비자 연장이 가능하다는 것도 호주워킹홀리데이 비자의 특징이다.

국가 호주 지역 오세아니아
언어 영어
워킹홀리데이 시행년도 1995년
누적 워홀러 인원 약 250,000명
쿼터 (인원 제한) 없음
비자신청기간 상시
비자기간 1년
비자종류 복수비자
비자신청방법 온라인과 우편
비자신청비용 AU$ 420

✥ 캐나다

과거에는 캐나다(Canada)의 워킹홀리데이 선발인원수가 적었으나 2010년 밴쿠버동계올림픽과 장애인올림픽을 기념하고자 1년에 2번에 걸쳐 2,000명씩 총 4,000명으로 모집인원이 확대되었다. 선발 조건도 이전에는 에세이를 써서 선발했으나 지금은 완화되어 참가자의 서명이 들어간 신청서와 구비서류에 한해 우체국 접수 선착순으로 선발하고 있다.

하지만 신청 조건으로 재정 보증 및 최종 학교 졸업 증명서, 개인 경력서 등 서류가 많다 보니 신청 후 발급되기까지 몇 개월씩 소요되기 때문에 미리미리 준비를 해두어야 한다. 그리고 북미 영어를 구사하는 곳이기 때문에 어학을 목적으로 하는 워킹홀리데이 메이커들에게 인기가 많아 경쟁률이 10:1에 이를 만큼 치열하다. 캐나다 내 일자리 시장이 넉넉하지 않으며 기후는 호주에 비해 다소 추우며 겨울 스포츠를 즐길 수 있다.

국가 캐나다 지역 북아메리카
언어 영어, 불어
워킹홀리데이 시행년도 1996년
쿼터(인원 제한) 4000명 선착순 선발 (2,000명씩 2회)
비자신청기간 상반기, 하반기 한번씩 우체국 선착순으로 선발(모집 시기가 매년 새롭게 바뀌고 있다. 캐나다 대사관 홈페이지를 통해 확인)
비자진행방법 1차 서류심사 → 2차 서류와 신체검사 → 최종 결과발표
비자기간 1년
비자종류 복수비자
지원서신청방법 우편, 방문 접수
비자신청비용 $150

✢ 뉴질랜드

뉴질랜드의 워킹홀리데이는 1년에 모집시기가 4월에 딱 한번만 온라인 선착순으로 진행되기 때문에 지정된 날짜와 시간에 맞추어 신청하는 것이 중요하다. 신청 날짜는 4월 중으로 매년 변하기 때문에 이민성 홈페이지를 참조하여 확인하여야 한다.

국가 뉴질랜드 지역 오세아니아
언어 영어 시행년도 1999년
쿼터(인원 제한) 1800명선착순선발
신청기간 4월(연 1회) 온라인 선착순으로 접수
비자신청기간 1년
비자종류 복수비자
지원서 신청방법 온라인(주한 뉴질랜드 대사관 홈페이지(www.nzembassy.com/ko/한국)를 통해 신청)
비자신청비용 NZ$140

✢ 아일랜드

아일랜드(Ireland)는 우리나라와 워킹홀리데이 승인이 된지 얼마 안 되었지만 영어를 모국어로 한다는 점에 가장 인기 있는 국가 중 하나이다. 비자는 1년에 2회, 상반기와 하반기에 모집하고 있다.

국가 아일랜드 지역 유럽
언어 영어 시행년도 2009년 쿼터(인원 제한) 연 400명 비자신청기간 연 1회 상반기(미달일 경우 하반기 추가 모집) 비자기간 복수비자(1년)
비자신청방법 우편접수(우체국 접수 날짜 기준) 비자 신청비용 90,000원

✢ 영국

영국(United Kingdom)은 잉글랜드, 스코틀랜드, 웨일즈, 북아일랜드로 구성된 영연방으로 청년교류제도를 통해 우리나라 청년들의 교류가 가능하다. 2012년 처음으로 시행한 청년교류제도는 인원 500명을 모집했지만 지원자가 1,500명을 넘어 현재 모집인원을 1,000명으로 늘렸다.

국가 영국 지역 유럽
언어 영어 시행년도 2012년
쿼터(인원제한) 연 1,000명
비자신청기간 연 1회 상반기
비자기간 최대 2년(복수비자)
비자신청방법 우편접수(우체국 접수 날짜 기준) 비자신청비용 US$330

참고 영국 청년교류제도(YMS : Youth Mobility Scheme)는 영국에서 공부와 일을 모두 병행할 수 있는 '영국 워킹홀리데이'로 생각해도 무방하다.

2. 유럽 국가

영어권 나라를 제외한 워킹홀리데이가 가능한 유럽 국가로는 독일, 프랑스, 스웨덴, 덴마크, 체코, 헝가리, 오스트리아가 있으며 곧 발효 예정인 이탈리아도 있다. 영어 외에 불어나 독어를 배운 적이 있거나 배울 계획이 있다면 세계일주 도중 유럽 워킹홀리데이를 추가하는 것도 좋은 경험이 될 것이다. 하지만 언어적인 문제가 해결되지 않는다면 여행을 목표로 선택하기 쉽지 않은 국가들이다. 북유럽 및 선진국에서의 생활과 영어 이외의 언어를 공부해보고 싶은 여행자들에게 추천해준다. 다만 남들이 잘 가지 않는 독특한 나라라는 이유로 유럽 워킹홀리데이를 선택을 했다가는 후회할 수 있다. 자신의 여행 목적을 잘 생각해보고 결정해야 한다.

✥ 독일

독일(Germany)은 비영어권 국가 가운데 일본을 제외하고 가장 많은 워홀러들이 찾는다. 무역업, 제조업 등으로 경제가 활성화되어 있어 일자리도 많고 임금도 높은 편이다. 독어를 배우며 독일 문화를 경험하고 싶은 여행자가 도전해볼 만하다.

국가 독일 지역 유럽
언어 독일어 시행년도 2009년
쿼터(인원 제한) 없음 신청기간 연중신청 가능 기간 1년 (복수비자)
신청방법 방문
신청비용 60유로(약 10만 원)

❖ 프랑스

전 세계에서 가장 많은 외국인 관광객이 방문하는 나라 프랑스(France)에서 워킹홀리데이로 여행 경비를 마련하며 여행을 함께 병행한다는 것은 참으로 멋진 경험이 될 것이다. 하지만 프랑스에는 불어를 모국어로 하는 많은 외국인 이주민들과 학생들이 아르바이트 자리를 차지하고 있으며 외국어에 관대하지 못한 프랑스인들의 특성상 불어를 능통하게 하지 못하면 일자리를 찾는데 어려움이 있을 수 있다.

국가 **프랑스**　지역 **유럽**
언어 **불어**　시행년도 **2008년**
쿼터(인원제한) **연 2,000명**
신청기간 **상시**
비자기간 **1년(복수 자)**
체류지역제한 **유럽 외의 해외 영토에서는 체류 불가**
신청방법 **방문**
신청비용 **없음**

❖ 스웨덴

스웨덴(Sweden)은 세계 최고의 복지국가답게 노동자의 주권 또한 높다. 때문에 일자리의 형태가 대부분 정규직인 곳이 많으며 시급을 받고 일을 할 수 있는 아르바이트 자리는 다른 나라에 비해 찾기 힘든 편이다. 일자리를 구해 여행 경비를 모으려는 워홀러의 입장에서 일자리를 구하는 것이 쉽지 않다. 스웨덴 국민의 80% 이상이 영어로 의사소통이 가능하기에 스웨덴어를 하지 못해도 영어로 생활하는데 큰 불편은 없다. 또한 워킹홀리데이 비자를 받으면 스웨덴에 있는 어학원에서 6개월 무료로 어학연수를 받을 수 있다.

국가 **스웨덴**　지역 **유럽**
언어 **스웨덴어**　시행년도 **2010년**
쿼터(인원 제한) **없음**
비자 신청기간 **연중 신청 가능**
비자기간 **1년**
비자신청방법 **스웨덴 대사관 방문 접수**
비자신청비용 **158,000원**

❖ 덴마크

덴마크인(Denmark)들은 덴마크어와 영어를 동시에 사용하기 때문에 영어를 잘한다면 일자리를 구해 워킹홀리데이 생활을 하는데 무리가 없을 수 있다. 또한 워킹홀리데이비자를 받으면 덴마크에 있는 어학원에서 6개월 동안 무료로 어학연수를 받을 수 있다.

국가 덴마크   지역 유럽
언어 덴마크어 시행년도 2010년
쿼터(인원 제한) 없음
비자신청기간 연중 신청 가능
비자기간 최대 1년 (복수비자)
(예상 체류기간을 충분히 고려하여 이민국에서 결정함)
비자신청방법 주한 스웨덴 대사관에 방문 접수
비자신청비용 164,000원

❖ 체코

동유럽에 위치한 체코(The Czech Republic)는 사회주의의 영향으로 사람들이 무뚝뚝한 편이며 체코 사람들도 영어를 잘하지 못해 일자리를 구하는데 있어 체코어가 필수이다. 하지만 영어가 중급 이상의 실력이라면 외국인이 많이 몰리는 관광지에서 일자리를 구할 수 있다.

국가 체코   지역 유럽
언어 체코어 시행년도 2012년
쿼터(인원 제한) 없음
비자신청기간 연중 신청 가능
비자기간 1년 (복수 비자)
비자신청방법 주한 체코 대사관 방문 접수
비자신청비용 약 100유로

❖ 헝가리

헝가리(Hungary)는 부다페스트를 수도로 하는 동유럽의 국가로 헝가리어를 모국어로 사용한다.

국가 헝가리   지역 유럽
언어 헝가리어 시행년도 2012년
쿼터(인원 제한) 연 최대 100명
비자신청기간 연중 신청 가능
비자기간 1년(복수비자)
비자신청방법 주한 헝가리 대사관 방문 접수
비자신청비용 60유로

✤ 오스트리아

오스트리아(Austria)는 워킹홀리데이비자로 체류할 수 있는 기간이 6개월이며 기간을 연장할 수 없다. 또 독일어를 모국어로 사용한다.

국가 오스트리아 지역 유럽
언어 독일어 시행년도 2013년
쿼터(인원 제한) 연 최대 300명
비자신청기간 연중 신청 가능
비자기간 90일~180일
비자신청방법 주한 오스트리아 대사관 방문 접수(독일, 스위스, 슬로바키아 대사관 및 밀라노, 뮌헨 총영사관에서도 신청할 수 있음)
비자신청비용 90일 60유로, 180일 100유로

3. 아시아 국가

아시아 국가로는 일본, 대만, 홍콩과 워킹홀리데이 협약이 체결되어 있으며 이스라엘도 곧 발효 예정이다.

✤ 일본

일본(Japan)은 2009년부터 연 10,000명의 워킹홀리데이 지원자를 연 4회(1, 4, 7, 10월)에 나누어 받고 있다. 일본비자를 받기 위해서는 계획서, 사유서를 작성해야 하며 워킹홀리데이 비자가 다른 나라와는 다르게 단수 비자로서 일본에 입국한 후 1년 이내에 출국할 경우 재입국 허가를 받지 않을 경우 비자가 소멸된다.

국가 일본 지역 아시아
언어 일본어 시행년도 1999년
쿼터(인원 제한) 연 10,000명
비자신청기간 연 4회 (1, 4, 7, 10월)
비자기간 1년(단수비자)
지원서 신청방법 일본 대사관 방문 및 지정 대행업체
비자신청비용 없음
일본 비자의 특징 만 18세~25세 이하 신청 가능(부득이한 사정이 있다고 인정되는 경우는 30세)

✥ 대만

우리나라에서 아직 인기 있는 워킹홀리데이 국가는 아니지만 중국어를 공부할 계획이 있다면 시도해볼 만하다. 한류에 호의적이며 다른 나라에 비해 상대적으로 안전하다. 또한 물가가 저렴해 생활비를 적게 들일 수 있다. 하지만 그만큼 시급이 적기 때문에 세계일주를 목표로 여행자금을 모으기에는 적합하지 않은 국가이다.

국가 대만   지역 아시아
언어 중국어   시행년도 2010년
쿼터(인원 제한) 400명
비자신청기간 상시
비자기간 1년(복수비자) 180일
체류기한 180일, 만기 15일 전 「내정부출입국 및 이민서」에 가서 연장 신청, 최대 180일 연장 가능, 이후 추가 연장 또는 체류 자격 변경 불가.
비자신청방법 주한국타이페이대표부 또는 부산 사무처에 본인이 직접 방문신청(대리 신청 불가)
비자신청비용 없음

✥ 홍콩

홍콩(HongKong)은 인원제한이 200명이며 매년 선착순으로 모집하고 있다. 홍콩으로 워킹홀리데이를 계획하고 있다면 미리 준비를 해두는 것이 좋다.

국가 홍콩   지역 아시아
언어 중국어(광둥어)
시행년도 2010년
쿼터(인원 제한) 200명
비자신청기간 상시(매년 1월 1일부터 선착순 200명 마감)
비자기간 12개월
비자신청방법 주한중화인민공화국대사관, 주부산중화인민공화국총영사관, 주광주중화인민공화국총영사관에 본인이 직접 방문 접수
비자 신청비용 없음

Section 02 호주워킹홀리데이 준비

짧게는 몇 개월에서 길게는 최대 2년 동안 생활하게 될 호주에서의 워킹홀리데이 생활을 위해 호주에 대해 알아보도록 하자.

01 호주 기초 정보

위치 오스트레일리아 대륙	경위도 동경 133° 00", 남위 27° 00"
면적 7686850km²	해안선 25760km
시간대 UTC+10	수도 캔버라
공용어 영어	건국일 1901-01-01 (영국으로부터)
국제전화 +61	정치 입헌군주제
통화 호주달러(AUD, A$)	홈페이지 http://www.australia.gov.au
인터넷 도메인 .au	종족구성 유럽계(89.2%), 아시아계(4.1%), 원주민(1.6%) 등
국가원수/국무총리 엘리자베스(Alizabeth II) 영국 여왕	
종교 가톨릭(26.4%), 성공회(20.5%), 그 외 그리스도교(20.5%)	

호주는 영국 연방에 속한 나라이다. 오스트레일리아 대륙과 태즈메이니아(Tasmania)섬 등을 국토로 하고 1788년 1월 26일 영국이 최초로 유럽인 정착지를 세운 이래로 영국의 식민지였다가 1901년 1월 1일 오스트레일리아 연방을 발족하였다.

호주는 세계에서 제일 작은 대륙으로 남쪽과 서쪽은 인도양으로 둘러싸여 있으며 북쪽으로 티모르해Timor Sea, 동쪽으로 산호해Coral Sea・태즈먼해Tasman Sea가 있다. 각 6개주, 오스트레일리아수도주Australian Capital Territory・노던준주Northern Territory와 노퍽섬Norfolk Island, 매쿼리섬Macquarie Island, 로드 하우섬Discover Lord Howe Island, 크리스마스섬Christmas Island, 오스트레일리아 남극령 등으로 구성되어 있다. 각 주와 특별구역은 722개의 작은 지방자치구역으로 구분된다.

1. 기후

호주는 남반구에 자리 잡고 있어 우리나라의 사계절과 정반대이다. 봄 : 9~11월, 여름 : 12~2월, 가을 : 3~5월, 겨울 : 6~8월이고 기후는 열대기후에서 온대기후까지 다양한 기후 분포를 보이고 있다. 북부지역의 80%, 서부 호주지역의 40%는 열대기후에 속하고 그 나머지는 온화한 온대기후에 속해 있다. 가장 추운 지역은 타즈마니아 섬(Tasmania Island)의 고원지대와 호주대륙의 남동 해안지역이다. 때문에 워킹을 떠나기 전 자신이 도착할 도시의 기후에 대해 알아보고 그에 맞게 의류를 준비할 필요가 있다.

12월 한여름의 크리스마스

7월에 파카를 입고 있는 모습.

2. 시차

호주는 3개의 시차 구역으로 나뉜다. 남동해안을 끼고 있는 동부지역은 한국보다 1시간이 빠르고 남 호주와 북부자치구의 중부지역은 한국보다 30분이 빠르며, 서호주를 포함한 서부지역은 한국보다 1시간 늦다. 또 호주 대부분의 도시에서는 10월 말 ~ 3월 말까지 썸머타임제도를 실시하여 썸머타임 기간에는 평균 시간보다 1시간 빠르다.

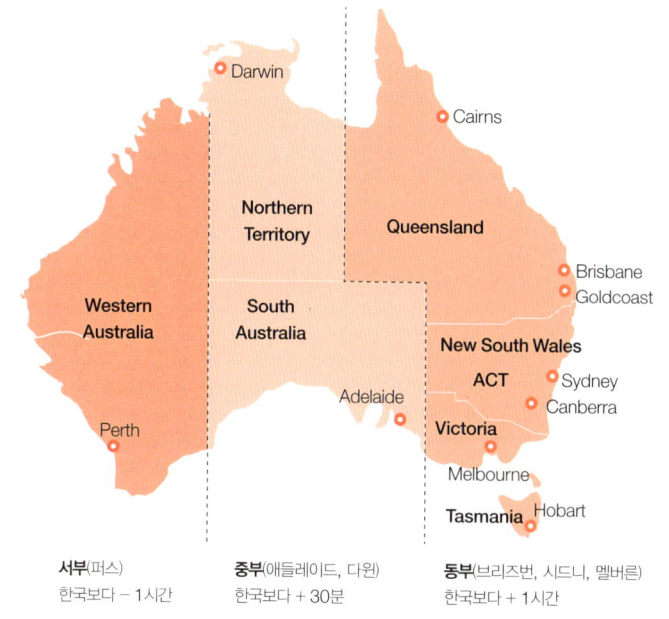

서부(퍼스)
한국보다 − 1시간

중부(애들레이드, 다윈)
한국보다 + 30분

동부(브리즈번, 시드니, 멜버른)
한국보다 + 1시간

3. 통화

호주의 화폐 단위는 호주달러(AU$)이고 $5, $10, $20, $50, $100의 지폐와 $1, $2, ¢5, ¢10, ¢20, ¢50의 동전이 사용된다. 또 호주의 지폐는 플라스틱으로 만들어져있어 찢어지거나 물에 젖지 않아 유통되는 기한이 길고 튼튼하다.

호주 돈 이미지(위).
수영하며 돈을 물에 넣어보는 모습(아래).

전압 및 전기 사용

호주의 전압은 240V/250V이다. 전력소켓은 3핀 방식인데 그 형태가 다른 지역에서 사용되는 것과 달라 어댑터가 필요하다. 전자제품이 110V용인 경우 220V겸용 스위치가 있는가를 확인하고 220V는 240V 변압기를 사용해야 한다.

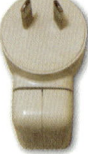 

호주의 콘센트

02 호주워킹비자 받기

호주워킹비자를 신청하는 방법으로는 호주 이민성 사이트를 통해 직접 신청하는 방법도 있고 유학원 같은 에이전시를 통해 신청할 수 있다.

비자신청 구비서류

1) 여권(여권 잔여 유효기간 6개월 이상)
2) 해외 사용 가능 비자 또는 마스터 신용카드(수수료 AU$270)
3) 헬스폼(온라인 신청 시 수수료 결재 후 바로 다음 단계에서 다운로드)

비자신청절차

비자를 신청하는 방법을 복잡하게 생각하는 사람들도 많지만 하나하나 절차를 따라 하다 보면 그리 어렵지 않은 것을 알 수 있다. 다음 순서에 맞춰 비자를 신청하는 방법을 알아보자.

✣ 1단계

호주 이민성 홈페이지에 들어가 비자신청 서류를 작성한다. (인터넷 접수는 24시간 직접 신청 가능하다.)

❶ 호주 이민성 홈페이지(www.immi.gov.au)에 접속하여 [Visas, Immigration and Refugees] → [Applications, Forms and Booklets]를 클릭한다.

❷ [Online Applications]를 클릭한다.

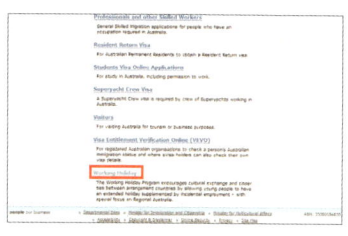

❸ 페이지의 가장 하단에 위치한 [Working Holiday]를 클릭한다.

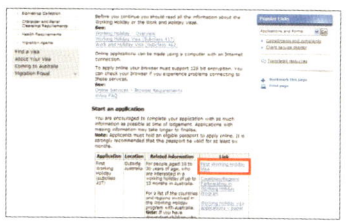

❹ [First Working Holiday Visa]를 클릭한다.

 ❺ 다음과 같은 [Electronic Visas Application] 창이 새로 생긴다. 창의 상단에는 진행사항(Progress)이 보여져 지원서의 몇%가 완성되었는지 보여진다.

✥ 2단계

비자신청서류를 작성한 후 신용카드로 결제한다.(TRN(진행 번호) 메모, Referral Letter 출력)

※ 해외 사용 가능한 신용 카드 확인(비자 또는 마스터카드)

인터넷으로 비자를 신청한 후 수정해야 할 때에는 호주 이민성으로 메일을 보내 정정 요구

✥ 3단계

지정병원을 선택한 후 TRN Number가 찍힌 헬스폼 다운로드(온라인 신청 시 수수료 결재 후 바로 다음 단계에 있음)를 받는다.

※ 어학원을 12주 이하로 다닐 계획인 경우 : 502폼(5만 원)

어학원을 13주 이상 다닐 계획인 경우 : 501 및 502폼(15만 원)

신체검사 지정병원

★ **신촌세브란스병원**
02-2228-5808, 5809, 5815
서울특별시 서대문구 연세로 50(신촌동 134)

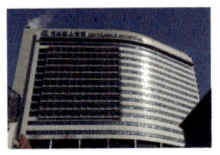

★ **강남세브란스병원**　　02-2019-1209 서울특별시 강남구 도곡동 언주로 712
★ **삼성서울병원**　　　　02-3410-0200 서울특별시 강남구 일원동 50
★ **삼육의료원 서울병원** 02-2249-3511 서울특별시 동대문구 휘경동 29-1
★ **부산해운대백병원**　　051-797-0369 / 70 부산광역시 해운대구 좌동 1435

✥ 4단계

신체검사를 한다. 온라인 신청 후 28일 이내 받아야 하고 병원 전화 예약을 해야 한다. 신체검사 결과는 지정병원에서 대사관으로 바로 송부된다.

준비물
여권 원본, 헬스폼, 여권용 사진 (5만 원 비자의 경우 1장, 15만 원 비자의 경우 3장이 필요하다), 신체검사 비용(5만 원 또는 15만 원)

신체검사 전의 유의사항
검진 전 과식, 과음 삼가, 여성은 생리가 끝난 후 검사 받는 것을 권장함, 안경이나 렌즈를 사용하면 지참 요망

✥ 5단계

해당 병원에서 신체검사가 끝난 후 3주~5주 후 이메일로 비자승인결과(Visa Grant Notification) 메일 확인

※ 비자승인결과 메일에 나와 있는 비자승인일 날로부터 1년 이내에 호주에 입국하면 된다. 워킹홀리데이 비자 신청 방법은 외교통상부 워킹홀리데이 인포센터(http://www.whic.kr)에서 온라인접수가이드를 다운받으면 자세히 볼 수 있다.

호주워킹홀리데이 비자 신청 시 주의사항 및 참고사항

1. 여권 정보 입력 시 정확히 입력한다.
여권의 유효기간은 최소 6개월 이상 남아 있어야 하며 영문 이름의 대소문자와 띄어쓰기, 생년월일, 여권 유효기간, 여권 번호를 확실하게 확인하고 입력한다.

2. 호주워킹홀리데이 비자를 신청할 때는 신용카드가 있어야 한다.
해외 사용이 가능한 신용카드로 결제해야 하며 본인의 카드가 아니어도 결제가 가능하다. (VISA나 MASTER 카드)

3. 호주워킹홀리데이 비자 신청은 호주 밖에서 해야 한다.
호주워킹홀리데이 비자는 호주 내에서 신청할 수 없다. 때문에 호주에 관광비자로 입국한 후에 호주 내에서 신청할 수 없지만 싱가포르, 말레이시아 등 호주 외의 지역에서는 신청 가능하다. 하지만 쎄컨비자의 경우 호주로 입국한 후 신청이 가능하다.

4. E-mail 주소 기입은 꼭 hotmail을 사용한다.
네이버 및 한메일을 사용할 경우 메일 수신이 되지 않을 수도 있다. 때문에 호주 이민성에서는 hotmail 주소 사용을 권장하고 있다. 또 이메일 주소를 입력한 후에는 이메일 스팸 필터에서 @immi.gov.au에서 이메일을 받을 수 있도록 반드시 설정해야 한다.

5. 헬스폼 출력 시 오류가 자주 발생할 수 있다.
헬스폼 출력 시에 오류가 나는 경우가 있는데 adobe reader 프로그램을 설치하지 않아서 그런 경우가 많다. 비자 신청 전 adobe reader 프로그램을 설치해야 한다. 또 비자를 신청하고 헬스폼을 출력하지 못하였거나 혹은 TRN 번호를 받지 못하여 헬스폼을 출력하지 못한 경우가 있다. TRN 번호는 알고 있는데 헬스폼을 출력하지 못한 경우에 이민성 사이트에서 조회하여 헬스폼을 출력할 수 있다. 또 TRN 번호를 몰라서 헬스 폼을 출력하지 못한 경우에도 이민성에 TRN 번호를 재요청하여 헬스폼을 출력할 수 있다.

6. 호주워킹홀리데이 비자 유효기간
호주워킹홀리데이 비자를 승인받은 후 사정이 생겨 호주로 입국하지 못한 경우 비자 신청 비용은 환불 받을 수 없지만 나이가 30세 이하라면 워킹비자를 재신청할 수 있다. 하지만 비자승인을 받고 단 하루라도 호주에 다녀온 경우에는 재신청이 불가능하다.

03 워킹비자 연장하기

호주워킹홀리데이 비자로는 호주에서 1년을 머무를 수 있다. 하지만 호주 농촌 등 외곽지역에서 특정업무를 3개월(88일)간 마쳤을 경우 1년 더 호주 워킹홀리데이를 할 수 있다. 이때 워킹비자의 성격은 첫 번째 워킹비자와 같으며 재발급 비자의 유효기간은 첫 번째 만료기간에서 최대 1년이다. 자격 조건만 충족된다면 첫 번째 워킹홀리데이 비자로 호주에 머무는 동안 연장 신청할 수 있고 한국으로 돌아온 후에도 만 30세가 넘지 않는다면 신청할 수 있다. 호주의 노동해당지역은 시드니Sydney, 뉴캐슬Newcastle, 울롱공Wollongong, 센추럴코스트Central Coast, 브리즈번Brisbane, 골드코스트Gold Coast, 퍼스Perth, 멜버른Melbourne, 캔버라Canberra를 제외한 호주 전역이고, 특정 업무는 농작물 재배 및 목축업, 어업, 나무 재배 및 벌목, 광산업 및 건설업 등이다.

준비물
작성된 1263 워킹홀리데이 비자 양식, 고용주가 서명한 고용 증명서(가까운 이민시민부사무소 또는 이민성 홈페이지에서 구할 수 있음)
재발급 비자 신청비용 : AU$270
급여명세서, 소득증명서(group certificate), 지불 요약 기록, 세금 환급(tax return) 및 혹은 고용주 추천서 등의 원본 혹은 공증된 사본
※ 1263 양식 및 추가 증빙 서류(Form 1263-Employment Verification)를 제출할 경우 신청서가 더 빨리 처리됨.
※ 세컨비자 승인 지역에서 3개월 동안 일을 하였어도 고용주의 ABN(사업자등록번호)이 가짜인 경우 비자 승인이 불가능하다.

세컨비자를 받을 수 있는 주요 요건, 하루 8시간 주5일 이상 근무 시(주말 포함) 해당.
호주 이민성 지정 농장의 고용주 확인증 필요(Form 1263).
※ 1263품에는 농장주의 사인과 날짜, ABN(사업자등록번호)을 받아야 함.
※ 세금 납부를 제대로 하는 고용주 여부 확인
※ 자세한 해당 지역은 이민성 웹사이트 참조

호주 내에서 세컨비자를 신청할 경우에 대해 알아보자. 호주 이민성 홈페이지를 통해 세컨비자를 신청할 경우 이민성에서 여러 가지 서류를 요구한다. 이민성의 요구사항을 분류하면 다음과 같다.

1. 서류를 요구하지 않는 경우
운이 좋을 경우 세컨비자 신청 후 이민성에서 아무런 서류를 요청하지 않고 며칠 만에 바로 비자 승인이 날 경우가 있다. 서류 제출 및 신체검사 없이 바로 비자 연장이 된 것이다.

2. 1263 연장폼 제출하는 경우
일반적인 경우로 이민성에서 1263 연장폼을 제출하라고 이메일이 온다. 그러면 직접 방문, 이메일, 팩스 등의 방법으로 서류를 보내면 된다.

3. 신체검사를 요구하는 경우
이민성 담당자에 따라 신체검사를 요구하는 메일이 올 수 있다. 이는 순전히 이민성 담당자에 따라 달라진다.

> **주의** 브릿징 비자(Bridging Visa) : 세컨비자는 첫 번째 비자 신청에 비해 승인이 나는 데까지 기간이 오래 걸릴 수 있다. 때문에 세컨비자를 호주에서 신청할 경우 신청한 비자가 아직 승인이 나지 않은 상황에서 워킹비자가 만료될 수 있다. 이럴 경우에는 브릿징 비자를 신청해서 받는다. 그렇게 되면 워킹비자가 만료된 상태에서 브릿징비자로 합법적으로 머물 수 있다. 또 세컨비자를 신청한 후에 한국으로 입국하게 될 경우 세컨비자는 자동으로 취소되는데 이때는 브릿징비자B를 신청하면 한국에 입국도 하며 세컨비자도 취소되지 않는다.

우리나라에서 세컨비자를 신청할 경우 첫 번째 워킹홀리데이 비자를 신청했던 방식과 동일하게 하면 된다. 이민성 홈페이지에서 세컨비자를 신청한 후에 신체검사를 받고 서류를 이민성 이메일로 보내준 후 승인 메일을 기다리면 된다.

04 세컨비자를 위한 일한 날 계산법

특정 업무를 3개월(88일)간 했다면 세컨비자를 받을 수 있는 요건이 충족된다. 자신이 3개월을 충분히 넘게 일을 했다면 굳이 계산을 해볼 필요가 없겠지만 자신이 지정 일수를 모두 채웠는지 확신이 가지 않는다면 계산을 해봐야 할 것이다.

1. 풀타임(Full time work)

주말도 일한 날짜로 계산한다. 이는 농장주가 주 5일을 풀타임이라고 정한 상태에서 일주일에 5일씩 3개월을 일했다면 실제 지정일수가 88일이 되지 않아도 신청이 가능하다. 또 주 4일을 풀타임으로 정했다면 역시 일주일에 4일씩 3개월을 일했어도 세컨비자를 신청할 수 있다. 또 3개월간 고용되어 일을 하던 중 몸이 안 좋아 며칠 일을 못하게 되었어도 고용되었던 기간이 3개월이므로 신청 가능하다. 이처럼 풀타임으로 일을 하여 3개월을 채웠을 경우에는 세컨비자를 신청할 수 있다. 하지만 농장에서 주 4일 근무가 풀타임으로 지정된 경우에 3개월간 주당 3일씩밖에 일하지 않았다면 신청이 불가능하고 또 이민성에서 지정한 일을 하였어도 워킹홀리데이 비자가 아닌 다른 비자로 일을 하였다면 세컨비자를 받을 수 없다.

2. 캐주얼(Casual job) 또는 파트타임(Part time work)

캐주얼 또는 파트타임의 경우 실제로 일한 날만 계산한다. 만약 바나나 농장에 캐주얼잡으로 고용되어 80일간 일을 하고 더 이상 일을 하지 못한 상태에서 첫 번째 비자기간이 끝났다면 세컨비자를 신청할 수 없다.

호주 도착 후 해야 할 일

호주에 처음 도착하여 앞으로 생활하게 될 호주의 사회 분위기에 적응도 하며 기본적인 생활을 위해 필수로 필요한 것들 숙소 및 핸드폰 개통하기 등 기본적인 생활 준비를 위한 정보를 알아보자.

01 숙소 정하기 및 숙박 정보

호주에는 많은 외국인 관광객이 방문을 하고 또한 많은 워홀러들이 있어 도시마다 많은 종류의 숙소를 이용할 수 있다. 호주의 숙소 정보를 알아보자.

1. 백팩커스

백팩커스(Backpackers)는 말 그대로 배낭 여행객이라는 뜻이다. 호주에는 배낭 여행자를 위한 백팩커스가 도시마다 상당수 갖추어져 있다. 요금이 저렴한 편이고 시설로는 4~12명이 한 방을 사용하는 도미토리(dormitor) 형태이고 주방과 샤워룸, 세탁실 등을 공동으로 사용하는 시스템이다. 위생 상태는 천차만별이므로 인터넷이나 가이드북을 통해 다녀온 사람의 평을 참고 하는 것이 좋다.

백팩커스 VIP 카드 소지자는 1~2달러의 숙박료를 할인 혜택 받거나 예약을 할 경우에도 할인을 받을 수 있고 장기간 머물수록 할인을 받을 수 있다. 예약은 백팩커스 홈페이지에서 할 수 있고 전화로만 예약을 받는 곳도 있다. 인기가 높은 백팩커스는 성수기에 빈 방이 없을 수도 있다. 그러니 최소한 1주일 전에 예약을 하는 것이 좋다. 예약할 때는 도착하는 버스나 기차, 비행기 시간을 말해두면 시간에 맞춰 터미널로 무료 픽업 차량을 보내주는 곳도 있으니 알아두면 좋다.

호주에 처음 도착해서 집을 구하는 데에는 시간이 많이 걸린다. 때문에 호주에 도착한 후 백팩커스에 임시 거처를 마련하여 호주 생활에 적응을 하고 나서 장기간 거주할 숙소를 여유 있게 알아볼 수 있다. 하지만 백팩에서는 전 세계 각국에서 온 친구들을 사귀기 쉽고 매일 재미있는 파티를 하거나 많은 워홀러들과 커뮤니케이션이 이루어진다는 점에서 셰어하우스나 다른 집을 구하지 않고 백팩커스에만 머무르는 여행자들도 있다.

백팩커스는 1일 숙박비가 15~35달러 정도로 성수기와 비수기일 때 차이가 있다. 일주일 단위로 계산할 경우 보증금(Deposit)을 받고 하루치 비용을 할인해 주는 경우도 있다.

수영장이 있는 백팩커스

백팩커스 도미토리의 모습

> **백팩커스 호스텔 정보**
> www.hostelz.com 백팩커스와 호스텔 정보를 알 수 있는 호주 사이트
> www.hb-247.com/ 백팩커스 예약 사이트
> www.hostelworld.com/ 백팩커스 예약 사이트
> www.vipbackpackers.com/ Vip 백팩커스

2. 유스호스텔

유스호스텔(YHA : Youth Hostel)은 저렴한 숙소를 찾는 여행자들이 많이 이용하는 숙소로 전 세계 거의 모든 도시에 있을 정도로 규모가 큰 연맹이다. 호주 전역에는 약 140군데 이상의 유스호스텔이 있다. 배낭 여행자를 위한 도미토리는 물론 알뜰하게 머물고 싶은 가족 여행자를 위한 트리플룸까지 갖추어져 있다. 일부를 제외하고는 YHA 카드가 없어도 묵을 수 있지만, 카드 소지자는 1박당 1~3달러 할인 혜택을 비롯하여 다양한 혜택이 주어진다. 지역별 유스호스텔 검색과 예약은 호주 유스호스텔연맹 홈페이지에서 하거나 전화로 할 수 있다. 가격은 1박에 15~33달러 정도이고 도미토리 인원과 숙소 상태에 따라 가격이 달라진다.

유스호스텔 홈페이지 www.yha.com.au

3. 캐러반팍

캠핑을 좋아하는 호주인들 때문에 호주 각 지역에는 곳곳에 캐러반팍이 있다. 캐러반이라는 것은 자동차 뒤에 달고 다니는 캠핑 트레일러를 부르는 말이다. 여행자가 이 캐러반을 끌고와 주차시켜 놓고 캠핑할 수 있는 장소를

캐러반팍(Caravan Park)이라고 부른다. 캐러반팍은 공동으로 샤워장이나 키친을 제공해 주는 야영지라고 생각하면 된다. 때문에 캐러반팍은 주로 백팩이 생길 수 없는 지역에 많이 분포하고 있다. 캐러반팍은 여행할 때 이용하는 경우도 있고 워홀러들이 농장에서 일을 할 때 숙소가 제공되지 않는 농장일 경우 캐러반팍을 많이 이용한다. 때로는 캐러반팍 측에서 워홀러들에게 농장 일을 알선해 주는 경우도 있다.

캐러반팍 내에서는 캐러반, 코티지, 캐빈, 야영지(텐트 사이트)의 형태로 머무를 수 있다.

캐러반

자동차에 매달아 끌고 다니는 캐러반(Caravan)에 숙박하는 형태로 캐러반팍에 세워두고 침대와 키친은 캐러반에 설치되어 있는 것을 사용한다. 화장실과 샤워실, 세탁실 등은 캐러반팍의 공동시설을 이용한다. 또 캐러반팍에서는 더 이상 차에 메달아 사용할 수 없는 캐러반들을 고정시켜 놓고 숙소로 제공하기도 한다. 보통 2개의 침대가 있고 키친이 있다.

코티지&캐빈(Cottage&Cabin)

작은 별장 같은 공간으로 침대, 키친, 식탁, 화장실 등의 구성을 갖추고 있어 4인 이상이나 가족 단위의 여행자들이 묶는 장소로 캐러반팍에서 가장 비용이 많이 나가는 형태의 숙소이다.

야영지(텐트 사이트 Tent site)

텐트를 치거나 캠핑카를 사용할 경우 그대로 주차를 하고 사용한다. 주로 돈을 가장 아끼고자 하는 워홀러들이 개인 텐트를 갖고 다

캐러반 팍의 모습

니며 사용한고 전기 및 기타 물품을 사용할 경우에는 돈을 더 지불해야 한다.

4. 셰어하우스

셰어하우스(Share House)라는 것은 일반 아파트 혹은 하우스에서 여럿이서 공동으로 사용하는 것을 말한다. 때문에 주방과 세탁기, 화장실 등은 집에서 함께 생활하는 사람들과 공동으로 사용하여야 한다. 셰어 종류에 따라 싱글룸, 룸셰어, 거실셰어 등이 있으며 셰어 가격도 지역과 집에 따라 달라지지만 보통 한 주당 100~120달러 정도이다.

싱글룸은 방 하나를 혼자 사용하는 것으로 방에 욕실이 있는 경우도 있고 없는 경우도 있다. 그 외 TV, 냉장고, 인터넷 등은 선택사항으로 배치되어 있을 수도 있다. 대체로 셰어하우스에서는 룸셰어를 하는데 한 방에 동성 친구 2~3명이 함께 생활하게 된다. 거실셰어는 셰어하우스에서 가장 가격이 싼 곳으로 거실에 매트리스 혹은 침대를 놓고 지낸다. 자신의 공간이 확실히 정해져 있지 않고 잠을 자는 동안에 다른 친구들이 부엌을 이용하거나 화장실을 이용할 때 신경 쓰일 수 있어 가장 안 좋은 곳이지만 셰어 하우스 내에서 가장 저렴한 가격에 이용할 수 있다. 셰어하우스는 현지 각 지역의 대형마트

> **셰어를 구할 때 고려할 점**
> · 셰어하우스의 위치(교통편, 쇼핑센터와의 거리)
> · 본인이 사용할 셰어 방의 체크(침대 상태, 옷장, 책상 등)
> · 셰어하우스 규칙(비누나 샴푸, 조미료 등의 공동 구매 여부, 청소 규칙 등)
> · 욕실, 주방, 세탁실 체크
> · 전기비, 가스비가 셰어 비용에 포함 여부
> · 인터넷 여부
> · 집 전화기 사용 여부, 전기세, 가스비 등이 셰어비에 포함되어 있는지 여부와 무선 인터넷 사용 여부
> ※ 셰어하우스에 들어가기 전 방의 상태를 체크하고 컨디션 리포트에 표시하여 셰어하우스를 나올 때 피해를 방지할 수 있다.

나 백팩커스, 대학교의 보드판에서 셰어 정보를 쉽게 구할 수 있다. 또 한인 커뮤니티 사이트나 외국인 셰어하우스 사이트에서 정보를 얻을 수 있다.

한인 셰어하우스 구하는 사이트
호주나라 http://www.hojunara.com/
멜번의 하늘 http://cafe.daum.net/melbsky/
썬브리즈번 http://www.sunbrisbane.com/
케언즈 가이드 http://cafe.daum.net/cairnsguide
호주바다 http://hojubada.com
퍼스 http://cafe.daum.net/aushome

외국인 셰어하우스 구하는 사이트
http://www.gumtree.com.au/
http://www.domain.com.au
http://www.easyroommate.com/
http://www.share-accommodation.net/
http://www.flatmates.com.au/
http://www.brisbaneexchange.com.au/
http://www.realestate.com.au/buy
http://www.spentrent.com/

셰어 비용
셰어하우스는 대체로 1주에 한 번씩 비용을 계산하고 때에 따라 2, 3주에 한 번씩 방 값을 계산하기도 한다. 보통 보증금(본드비)으로 2주~4주의 비용을 내고 집을 나올 때 돌려받는다.

호주워킹홀리데이 생활기 1 - 셰어하우스 친구들

호주의 다윈에서 내가 살았던 셰어하우스는 4개의 방과 1개의 거실로 이루어져 있었는데 그 공간에 함께 살던 친구들은 대만인 5명, 인도인 2명, 프랑스인 1명 그리고 한국인인 나까지 총 9명이 함께 생활했다. 대체로 2~3명이 한 방을 사용하여 생활을 하는데 나는 대만인 친구 다니엘과 함께 방을 사용하였다.

친구들과 함께 만들어 먹은 음식들

셰어하우스에서 외국인 친구들과 함께 생활하다 보면 참 재미있는 일이 많이 일어난다. 도시 근교에서 일어나는 이벤트에 방문하기도 하며 근처 바닷가에 가서 낚시를 하기도 한다. 특히 대만 친구들과 생활하다보니 자연스럽게 대만 음식을 자주 먹게 되었고 재미있는 중국어를 많이 사용하게 되었다. 대만 친구들 역시 함께 생활하고 있는 한국인인 나를 통해 많은 한류 문화에 관심을 갖고 신기해했다. 또 다들 돈을 아끼려는 어린 학생 여행자들이다보니 돈을 아끼기 위해 서로 머리를 잘라주기도 하였다.

다윈 해변가에서 낚시하는 다니엘

서로 머리를 잘라주는 워홀러들

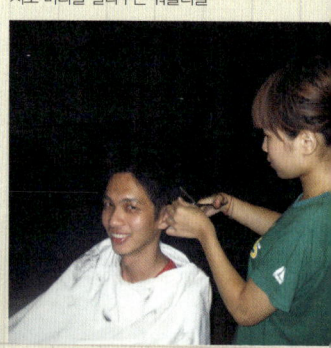

5. 팜스테이

팜스테이(Farm Stay)는 호주 전역에 퍼져 있는 많은 농장들이 농장에서 일하는 워홀러들에게 제공하는 숙소이다. 모든 농장마다 있는 것은 아니고 숙소가 없는 농장도 있다. 일부 농장은 사용 요금을 안 받기도 하지만 받는다 해도 저렴한 비용에 이용할 수 있다. 팜스테이의 장점은 농장 안에 숙소가 있으므로 농장으로 일을 하러 갈 때 교통비와 시간을 절약할 수 있다는 점이다. 또 농장 안에서 머물다 보니 일과가 끝난 후나 주말에 추가적으로 일을 하여 돈을 더 벌 수도 있다. 하지만 농장이 시내와 멀리 떨어져 있을 경우 자동차가 없다면 농장에서 타운으로 이동하기가 힘들고 농장 안에 갇혀 지내야 한다.

또 우프(WWOOF)라는 개념이 있다. 우프는 농장에서 제공해주는 잠자리와 식사를 하고 용돈식의 약간의 돈을 받고 농장 일을 해주는 것으로 체험을 목표로 하는 것이다. 우프체험을 위해서는 우프책자를 사서 우프협회에 가입해야 하며 농장에서 여러 가지 경험을 할 수 있다.

농장 안에 워킹홀러데이족들을 위해 준비되어 있는 숙소

6. 홈스테이

홈스테이Home stay는 집주인과 함께 거주하며 집주인이 청소, 빨래, 식사와 같은 일들을 해결해 주는 '하숙'과 같은 개념으로 워킹홀리데이 메이커보다는 어린 어학 연수생이나 유학생들이 단기 영어 과정을 공부할 때 가장 선호하는 거주 형태이다. 호주인 가족들과 함께 생활하며 자연스럽게 영어를 사용하며, 또 홈스테이 가족들 역시 자신의 집에 오는 학생에 대한 책임감을 갖고 있어 함께 영어를 사용하는 것에 도움을 주려고 한다. 비용은 보통 주당 약 200달러 이상으로 비싼 편이다.

7. 렌트

렌트Rent는 집을 통째로 빌리는 것을 말한다. 집 하나를 렌트하여 세어 하우스를 구하는 워홀러들을 모아 잘 관리한다면 오히려 이득을 볼 수도 있는 거주 형태이지만 워킹홀리데이 비자를 갖고 있는 여행자에게는 렌트 계약이 까다로운 편이다. 또 학생 비자를 갖고 있을 경우 잔고증명서를 요구하는 경우도 있다. 호주에 오랜 기간 머물 계획이거나 여러 친구들과 함께 지내고 싶은 경우 선호하는 형태이다.

셰어하우스들

02 은행계좌 개설하는 방법 및 은행 정보

호주에 도착하면 가장 먼저 해야 할 일 중 하나가 호주 은행계좌 개설이다. 우리나라에서 신용카드나 계좌를 만들어가도 되지만 워킹비자로 호주에서 일을 하고 임금을 받기 위해서는 호주 은행계좌가 필요하다. 또 호주 은행계좌 개설은 입국 후 6주가 지나면 계좌를 개설하는 절차가 까다로워지기 때문에 6주 이내에 해야 한다. 호주에서는 은행계좌를 개설할 때 본인 신분을 증명 할 수 있는 포인트가 100이 되어야 한다. 때문에 6주 전에 계좌를 개설할 경우에는 여권 하나로 100포인트를 충족하지만 6주 후에는 여권이 70포인트로 낮아져 여권 이외에 30포인트의 신분을 증명할 수 있는 서류가 필요하다. 그렇기 때문에 호주에 도착하면 은행계좌를 빠른 시일 내에 개설하는 것이 좋다. 호주에는 ANZ Australia and New Zealand, Commonwealth, Westpack, NAB 그리고 외국계인 HSBC, Citybank 등이 있다. 이 중에 외국인들이 가장 많이 사용하는 은행은 ANZ이다. ANZ 은행의 계좌 종류에 대해 알아보자. 먼저 보통 계좌는 다음과 같다.

액세스 셀렉트(Access Select)

계좌 관리비 : 월 AU$2　　　　　　　이자율 : 없음
무료 인출횟수 : 월 6회　　　　　　　창구 이용 인출수수료 : AU$2.5
ATM 이용 잔액 조회 : 무료　　　　　인터넷뱅킹 : 무료
장점 : 월 6회까지 전자거래 인출 수수료가 무료이다.
특징 : 월 인출횟수를 제한하면 수수료를 최대한 아낄 수 있다.
http://www.spentrent.com/

액세스 어드밴티지(Access Advantage)

계좌 관리비 월 AU$5
무료 인출횟수 무제한
ATM 이용 잔액조회 무료
이자율 AU$50,000 이상부터 0.01%
창구이용 인출 수수료 무료
인터넷뱅킹 무료
특징 현금 인출에 제한이 없고 카드 지출(EFTPOS)을 많이 사용하는 사람에게 좋다.
장점 학생은 계좌 관리비를 면제 받을 수 있다.

ANZ 은행의 적립식 예금 계좌는 다음과 같다.

프로그레스 세이버(Progress Saver)

계좌 관리비 무료
ATM 이용 잔액조회 무료
이자율 변동금리 약 5%
인터넷뱅킹 무료
특징 보통 계좌와 별도로 저축하여 이자를 받을 수 있다.
주의사항 매달 AU$10 이상을 예금하여야 하고 그 달에 인출 내역이 없어야 이자가 지급된다.

온라인 세이버(Online Saver)

계좌 관리비 무료
창구이용 인출 수수료 무료
인터넷뱅킹 무료
이자율 변동금리 약 5%
ATM 이용 잔액조회 무료
특징 일반 계좌와 연계하여 인터넷뱅킹을 이용해 이자를 받을 수 있다.
장점 인터넷 뱅킹상 계좌 간에 횟수 제한 없이 이체가 가능하고 이자는 매달 지급된다.

ANZ 은행

1. 호주은행 계좌 개설하기

일반적으로 워홀러들이 많이 이용하는 은행은 ANZ, Commonwealth, NAB이다. 이 중에서 가장 많은 ATM기와 지점을 보유한 은행이 Commonwealth와 ANZ이고 최근에는 계좌 유지비 면제로 NAB도 많이 이용하고 있다. 은행에서 은행 계좌를 개설하는 방법을 알아보도록 하자.

1) 필요서류 및 준비물을 챙겨 원하는 은행에 방문한다.

> **준비물**
> 신분증(여권, 국제운전면허증 등), 우편물 수령할 주소, 현지 연락처(핸드폰을 개설하고 은행에 가자), 입금할 돈

2) 개인정보 확인 후 자신이 만들 통장의 타입을 선택한다. (계좌의 타입에 따라 수수료가 달라지고 상담원에게 통장에 대해 안내를 받거나 미리 통장 타입을 알아두고 간다.)
3) 호주은행의 계좌는 통장이 없이 카드가 우편으로 오는데 이 때문에 거주하고 있는 곳이나 우편을 수령할 수 있는 곳의 주소를 작성한다.
4) 계좌를 개설한 1~2주 후 카드와 비밀번호(핀 번호)가 적혀있는 우편을 수령하게 된다.
5) 우편물을 수령하면 가까운 은행지점이나 전화로 카드를 활성화시켜야 하며 또 ATM에서 비밀번호를 변경하여 사용하면 된다.

> **호주 은행 계좌 개설**
> 1. 계좌 타입에 따른 유지비를 매달 추가로 지불하게 되는데 유지비의 경우 호주 현지 학생증이 있다면 학원을 다니는 동안은 무료로 사용할 수 있다.
> 2. 대도시의 은행에서는 한국인 직원이 상주해 있어 어렵지 않게 계좌를 개설할 수 있다.
> 3. 호주 은행은 통장이 없다. 때문에 나중에 입출금 내역을 우편으로 보내주거나 인터넷에서 확인할 수 있다.
> 4. 은행마다 계좌를 만들 때 일정 금액 이상을 예치해야 할 수도 있다.

2. 호주은행 ATM기 사용하기

자신의 은행 ATM기를 찾아서 은행카드를 넣은 후 비밀번호를 입력한다. -> Saving을 선택한다. -> Withdrawal(인출)을 누른 후 출금한다. -> 잔액 조회하려면 Account balance를 클릭한다. -> 출금했을 경우 카드가 먼저 나오고 돈과 영수증이 나온다.

ATM기를 사용할 때 비밀번호를 3번 연속으로 잘못 입력하면 ATM기가 카드를 먹고 영업 중인 은행을 방문해서 다시 받아야 한다.

03 텍스파일넘버(TFN) 신청하기 및 텍스 연금 관련 정보

텍스파일넘버 TFN : TAX File Number 란 호주에서 일을 하는 사람들이 정부에 세금을 낼 수 있는 납세자 번호로써 호주에서 합법적으로 일을 하기 위해서는 반드시 필요하다. 때문에 일을 할 때 레스토랑이나 농장 측에서는 텍스파일넘버를 요구하고 일을 할 때 일정 부분 세금을 납부하게 된다. 그렇기 때문에 호주에서 워킹홀리데이 비자로 일을 할 경우 한 고용주 밑에서 6개월까지 할 수 있으며 모두 텍스 파일 넘버를 발급받아야 일을 할 수 있다.

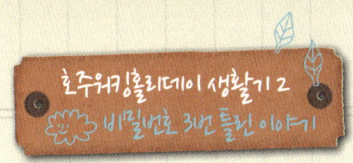

호주에 도착하고 은행카드를 만들 때 카드 수령지를 당시 머물던 백팩커스 주소로 해놓았었다. 그리고 바로 망고농장에서 일을 하게 되었는데, 망고농장은 아주 외각 지역에 위치해 다윈 시내로 다시 나오려면 한참 후에나 가능했다.

그렇게 망고농장에서 3주를 생활하고 기회가 되어 다윈 시내로 나오는 사람의 차를 얻어 타고 시내로 나올 수 있었다. 그렇게 농장에 들어가기 전에 머물던 백팩커스에 가보니 내 은행카드가 도착해 있었다. 카드가 들어있는 봉투를 뜯어 카드를 확인하고 함께 온 친구의 도움으로 은행에 전화를 걸어 카드를 활성화시켰다.

망고농장에서 2주 동안 일한 돈이 잘 입금되었나 확인하고 싶어 ATM기에 넣고 비밀번호를 누르니 비밀번호가 틀리다고 나왔다. 그럴 리가 없다고 생각되어 다시 누르니 또 틀리다고 나왔다. 이렇게 두 번 틀렸을 때 다시 건들지 말고 왜 비밀번호가 틀린지 이유를 찾아봤어야 했는데, 나와 함께 시내로 나온 친구가 잠시 후에 다시하면 될 것이라는 말에 따라 잠시 후 다시 해보았는데 또 비밀번호가 틀리다면서 ATM기가 카드를 먹어버렸다.

너무나 확실하다고 생각한 비밀번호였는데 틀린 번호라고 나오니 어의가 없고 당황스러워서 어떻게 해야 하나 난감했지만, 바로 ANZ 은행에 가서 상담원과 대화를 나눠보니 내가 비밀번호라고 생각하고 누른 번호는 비밀번호(pin number)가 아니라 보안번호(security number)라고 했다. 그리고 비밀번호는 따로 우편으로 보내주는 것이라고 했다. 그래서 내가 갖고 있던 우편물을 확인해보니 비밀번호 4자리가 적혀있는 것이 아닌가...

그냥 그 우편물을 확인만 해봤어도 바로 알 수 있었던 것을 이 우편물을 대충 훑어봤던 것이 잘못이었다. 그렇게 그 카드를 다시 신청하여 그 다음 달 농장에서 시내로 나올 때 카드와 비밀번호를 다시 받을 수 있었다.

다윈 시내의 ATM기

1. 텍스파일넘버(TFN) 신청하기

텍스파일넘버를 신청하는 방법으로는 호주 국세청 사이트(www.ato.gov.au)에 접속하여 여권번호, 국적, 주소, 전화번호, 이메일 주소 등을 입력하면 텍스파일 신청이 완료되고 텍스파일넘버가 거주지로 발송되기 전까지 사용할 수 있는 14자리의 임시텍스파일넘버가 나오는데 이 번호는 잘 메모해 두어 텍스파일넘버가 나오기 전에 일을 할 경우 텍스파일넘버처럼 사용할 수 있다. 신청이 완료되면 보통 2~4주 내에 신청 시 적어놓은 주소로 텍스파일넘버 9자리가 적힌 우편물이 배송된다.

만약 한 달이 지나도 텍스파일넘버가 나오지 않는다면 132-861로 전화 문의하면 된다. 텍스오피스에 직접 방문하여 신청할 때에도 텍스오피스 내에 준비되어 있는 컴퓨터로 신청하는 것이기 때문에 신청 절차는 똑같다. 하지만 오피스 직원이 직접 도와주면 신청할 수 있다. 텍스파일넘버를 신청하는 방법은 다음과 같다.

❶ 호주국세청사이트(www.ato.gov.au)에 접속한다.

❷ [What do you want to do?]-[Get a tax file number or Update your details]-[Migrant or Visitor]를 순서대로 클릭한다.

❸ [Non-residents, migrants and visitors]-[Migrants & visitors - apply online]을 클릭한다.

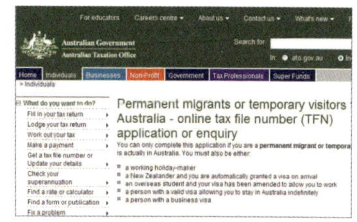

❹ [Permanent migrants or temporary visitors - Apply online]을 클릭한다.

❺ [Next]를 클릭한다.

❻ [Next]를 클릭한다.

❼ 여권번호를 입력한다. 여권 상의 국적을 선택한다. 여기서는 [REPUBLIC OF KOREA(SOUTH)]를 선택한다.

전에 호주를 방문한 적이 있다면 'Yes', 없다면 'No'를 선택한다. 모두 입력한 후 [Next]를 클릭한다.

Part 04 세계일주를 위한 워킹홀리데이 정보 233

❽ 자신의 여권 상의 이름과 생년월일, 성별을 적어주고 배우자가 있다면 배우자의 이름을 입력한다.

자신의 성별에 맞게 타이틀(Mr, Mrs, Miss, Ms)을 선택한다. 여권 상의 성과 이름을 입력한다. 없으면 공란으로 비워두고 'No'를 선택한다. 여권 상의 생일을 입력하고 성별을 선택한다. 배우자가 있다면 배우자의 이름을 등록하고 없으면 공란으로 비워둔다. 모두 입력한 후 [Next]를 클릭한다.

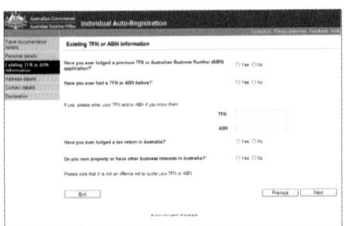

❾ 전에 호주에 머물렀던 사람이라면 호주의 텍스파일넘버(TFN), 사업자등록번호(ABN), 텍스리턴을 받았던 경험, 호주에 본인 재산이 있는지를 체크한다. 호주가 처음이라면 전부 'No'를 체크한다.

전에 TFN이나 ABN을 신청한적 있는지? TFN이나 ABN을 갖고 있는지? TFN이나 ABN을 갖고 있다면 입력한다.

그리고 텍스리턴을 신청한 적이 있는지? 를 호주에서 재산이나 사업체를 갖고 있는지를 모두 입력한 후 [Next]를 클릭한다.

❿ TFN을 우편으로 받을 주소를 입력한다. 살고 있는 집 주소가 우편 받는 곳과 동일하다면 'Yes'를 선택하고 다르다면 'No'를 선택한다. 'No'를 선택했다면 주소를 입력한다. 모두 입력한 후 [Next]를 클릭한다.

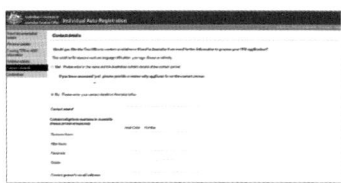

❿ 이 페이지는 본인이 언어, 나이, 건강상의 이유로 텍스 피스에서 연락이 왔을 때 연락받지 못할 경우, 대신 연락받을 친구나 대리인의 정보를 적는 것으로 'Yes'를 선택하면 다음에 친구의 정보를 입력하면 되고 원치 않을 경우 'No'를 선택한 후 본인의 정보를 적어준다.

❿ 모든 단계가 끝났고 [Submit]을 클릭하면 텍스파일넘버신청서가 제출된다. 텍스파일넘버신청서가 제출된 후에는 이런 페이지가 보여지는데 이곳에는 텍스파일임시번호(Reference Number)가 나와 있기 때문에 텍스파일넘버임시번호를 잘 메모해 두어야 한다.

이제 모든 절차가 끝났으니 2~4주 후에 텍스파일넘버를 신청할 때 적어두었던 주소지로 텍스파일넘버가 오기를 기다리면 된다. 텍스파일넘버가 들어있는 우편이 배송되기 전에 일을 구했다면 임시텍스파일넘버로 일을 시작할 수 있고 나중에 텍스파일넘버가 도착한 후 일하는 곳의 사장에게 번호를 알려주면 된다.

2. 텍스리턴(세금 환급) 받기

호주에서 캐쉬잡으로 일을 할 수도 있지만 텍스잡으로 일을 할 경우 세금을 낸다. 이러한 세금들은 급여에서 먼저 공제된 후에 세금환급기간에 환급받을 수 있다. 텍스리턴은 7월 1일~ 10월 31일까지 4개월에 걸쳐 진행된다.

세금 환급을 받기 위한 서류

페이먼트 써머리Payment Summary or Payslip, 텍스파일넘버, 여권 세금을 환급받기 위해서는 고용주에게 받은 급여 명세서인 페이먼트 써머리Payment Summery가 있어야 하는데 여기에는 전년도 7월 1일부터 올해 6월 30일까지 고용인들이 낸 세금이 정리되어 있다. 하지만 지역을 자주 옮겨 일을 했다든지 일한 업체가 여러 곳일 경우 이 페이먼트 써머리를 받지 못하는 경우가 생길 수 있다. 이럴 경우에는 전년도 7월 1일부터 올해 6월 30일까지 지불한 세금이 기록되어 있는 페이슬립Payslip으로 환급 신청을 할 수 있다. 그러니 일을 할 때 매주 받았던 페이슬립은 꼭 보관해 두는 것이 좋다.

❶ 직접 환급받기
호주국세청사이트(www.ato.gov.au)에 들어가면 e-tax 파일을 다운받을 수 있다. 인터넷으로 e-tax를 이용하여 직접 세금환급을 신청할 수 있다.

❷ 회계사에게 환급대리 신청하기
회계사에게 환급대리 신청을 하는 것은 회계사에게 세금환급을 받기 위한 서류를 건네주고 환급받는 방법으로 가장 정확하고 안전하며 빠르다. 하지만 약간의 비용 부담이 있다는 단점이 있다. (약 AU$50~100 정도)

참고 인터넷에 '호주텍스환급'이라고 검색하면 많은 환급 대행업체가 나온다. 그곳에 서류를 보내주고 대행을 맡길 수 있다.

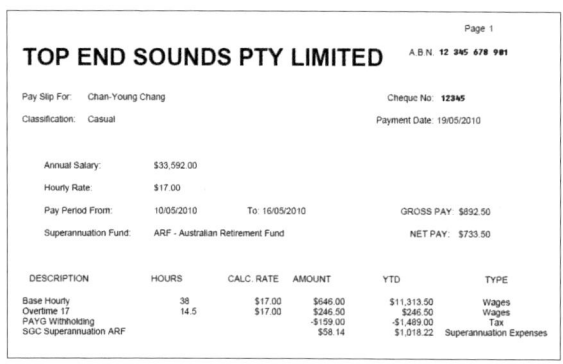

페이슬립

3. 연금환급받기

호주에서 워킹홀리데이를 마치고 출국할 때 텍스 외에 또 신경을 써줘야 하는 것이 연금이다. 연금이란 보통 고용주에게 고용되어 고용인으로 일하게 될 때, 고용주가 임금과는 별도로 고용인에게 정년을 보장해주기 위해 의무적으로 납부해야 하는 돈이다. 이 연금은 최소 임금의 9%를 보장해주며 연금 회사는 고용인이 직접 선택할 수 있고 선택하지 않을 경우 고용주가 임의로 선택한다.

연금은 호주 내에서 'Superannuation'이라고 불리며 연금을 환급받게 되면 호주 재입국 시 불이익이 있다며 많은 사람들이 정당하게 받아야 할 것을 받지 않고 그냥 넘어가는 경우가 있다. 하지만 호주에서 세금신고를 하고 합법적으로 일을 했다면 당연히 받아야 하는 권리이므로 놓치지 말고 받도록 하자.

연금환급을 위한 서류

호주워킹홀리데이 비자 사본, 호주 입·출국 시 받은 여권의 스템프, 페이먼트 써머리, 페이슬립, 텍스파일넘버, 연금회사 이름, 연금 번호, 호주에서의 주소, 현재 한국

주소의 영문(수표를 우편으로 받기 위해)

연금환급 시기
호주 연금환급은 연금의 의도대로 정년이 되어야 신청이 가능하지만 호주 영구 거주자가 아닌 워킹비자나 학생비자를 갖고 있는 사람들은 비자가 만료되거나 취소되면 연금환급을 받을 수 있다. 그렇기 때문에 워킹비자로 호주에 머무는 워홀러들은 호주에서 출국한 후 연금환급을 신청할 수 있다. 하지만 나중에 세컨워킹비자를 발급받을 예정이라면 연금환급은 세컨비자의 비자기간이 취소 혹은 만료되었을 때 신청해야 한다. 그 후에 호주를 다른 비자로 입국하여도 불이익은 없다.

연금환급 방법
연금환급은 대부분 텍스환급을 회계사에게 대리를 맡길 때 연금도 함께 맡기는 경우가 많다. 하지만 본인이 직접 연금환급을 받을 수도 있다. 연금회사마다 인터넷으로 신청이 가능한 회사도 있고 서류를 보내줘야 하는 회사도 있다.

❶ 공증받기
여권의 앞면(서명 포함), 호주워킹비자면, 호주입국 도장, 호주 출국 도장 부분을 공증받아야 한다.

❷ DASP(departing Australia superannuation payment) 신청서류 작성
연금회사에서 보내준 파일을 프린트하여 서류를 작성한다.

❸ 위 두 서류를 국제우편으로 연금회사에 보낸다.
모든 절차를 마치면 약 한 달 후 세금을 제외한 60% 정도 금액의 수표가 자신의 집으로 배송된다.

04 핸드폰 만들기

호주에 도착하면 해야 할 일들 중 하나가 핸드폰을 구입하는 것이다. 은행계좌를 만들고 일을 구할 때, 이력서를 넣고 고용주의 연락을 기다릴 때 핸드폰 번호는 필수이다. 때문에 핸드폰을 구입하거나 한국에서 사용하던 스마트폰이 있다면 호주에서 심카드를 구입하여 이용할 수 있다.

호주에서 핸드폰은 프리페이드Pre Paid 방식과 플랜Plan 방식, 포스트페이드Post-paid 방식으로 나뉜다.

프리페이드 방식
선불제 방식으로 이름, 주소, 생년월일만 있으면 누구나 만들 수 있다.

플랜 방식
우리나라에서 일반적으로 사용하는 방식과 같이 정해진 금액을 후불로 청구되는 방식을 말한다. 하지만 약정이 2년이기 때문에 1년 워킹비자로 온 워홀러들은 가입할 수 없다.

포스트페이드 방식
정해진 금액 없이 사용한 후 후불로 지불하는 방식이다. 때문에 대부분의 워킹홀리데이 비자를 갖고 있는 워홀러들은 프리페이드 요금제를 이용하고 있다.

1. 한국에서 스마트폰을 가져갔을 경우 사용 방법

한국에서 사용하던 스마트폰이 있다면 호주에 가져가서 호주의 통신사에서 심카드를 구입해 핸드폰에 삽입하여 사용하면 된다. 하지만 우리나라에서 사용하던 핸드폰을 호주뿐 아니라 다른 나라에서 사용하려면 컨트리락Country Lock을 풀어주어야 한다. 컨트리락은 핸드폰을 특정 나라에서만 사용할 수 있도록 잠금장치를 걸어 넣은 것이다. 때문에 자신의 핸드폰 이동통신사에 문의하여 해외로 출국하기 전에 컨트리락을 풀어주어야 한다.

스마트폰에는 많은 종류가 있지만 많은 사람들이 사용하고 있는 갤럭시와 아이폰을 보면 일반적으로 갤럭시는 컨트리락이 해제되어 출시된다. 때문에 컨트리락을 풀어줄 필요 없이 바로 사용할 수 있다. 하지만 확실히 하기 위해 자신의 기종이 컨트리락이 걸려있는지 통신사에 문의해 확인해보는 것이 좋다. 아이폰의 경우 114를 통해 컨트리락 해제를 신청한 후 정상적으로 해제되었다면 최대 3일 이내에 컨트리락 해제 처리가 정상적으로 되었다는 문자를 받게 된다. 그러면 아이폰을 아이튠즈에 연결하여 동기화하고 동기화가 끝나면 해제되었다는 축하 메시지가 뜬다.

2. 호주에서 핸드폰 구입

호주의 주요도시에 가보면 전자제품을 파는 상점이나 대형마트 심지어 편의점, 우체국에서도 핸드폰을 구입할 수 있다. 우리나라에서처럼 통신사를 방문하여 개통하는 절차가 없기 때문에 이런 상점에서 적당한 가격의 핸드폰을 구입할 수 있다. 이렇게 핸드폰을 구입하면 사용하기 전에 개통Activation을 해야 한다. 개통은 전화나 통신사 홈페이지에서 할 수 있고 또는 매장을 방문해도 된다. 개통할 때는 구입할 때 받은 심카드번호와 개인정보(이름, 주소, 생년월일, 연락 가능한 번호, 이메일 주소, 요금제)를 입력하면 된다. 전화로 개통할 때는 원어민이 받기 때문에 구입한 곳의 직원에게 개통을 도와달라고 하면 쉽게 개통할 수 있다.

3. 호주의 핸드폰업체 및 요금제

호주에 있는 통신사로는 옵터스Optus, 텔스트라Telstra, 보다폰Vodafone, 버진 모바일Virgin mobile, 어메이심Amaysim, 레바라 모바일Lebara Mobile, 헬로우 모바일Hello Mobile, 울월쓰 모바일Woolworths Mobile 등이 있다. 이 중에서 한국인 워홀러들은 대다수가 옵터스 통신사를 사용하고 있다. 그 이유는 같은 옵터스 프리페이드 요금제인 사람들과는 무료 통화를 할 수 있는 프리콜이라는 제도와 지정된 사람과는 무료 통화를 할 수 있는 마이타임제도가 있기 때문이다. 다음은 옵터스 요금제에 대한 내용이다.

뉴 터보캡 플러스(New Turbo Cap Plus)
30달러 충전 시 보너스 요금 270달러 충전되어 총 300달러가 충전되고 문자 사용 무제한에 데이터 요금 500MB가 제공된다. 그리고 소셜 네트워크(Facebook, twitter 등)는 무제한으로 사용할 수 있고 유효기간은 28일이다. 만약 50달러 이상 충전 시 통화는 무제한이다. 스마트폰을 사용할 때 좋은 요금제이다.

크루캡(Crew Cap)
30달러 충전 시 100달러(프리콜)와 100달러(타 통신사 통화와 문자, 국제전화)의 총 200달러가 제공된다. 그리고 옵터스끼리 문자 무제한에 데이터 요금 100MB가 제공되며 유효기간은 2개월이다. 크루캡은 유효기간이 2개월이라 핸드폰 사용을 별로 하지 않아 유효기간이 짧은 요금제를 이용하고 싶지 않을 때 이용할 만하다.

2 달러데이즈(2Dollar days)

옵터스의 무제한 요금제로 하루에 2달러씩 한 달 비용이 60달러로 호주 내 통화 문자 데이터요금이 무제한이다. 하지만 국제전화는 우리나라로 1분에 10c로 무제한은 아니다.

롱 익스파이얼 캡(Long Expiry Cap)

30달러 충전 시 100달러(프리콜)와 50달러(타 통신사 통화와 문자)의 총 150달러가 제공된다. 그리고 유효기간이 가장 긴 6개월이다. 때문에 전화 발신은 거의 하지 않고 수신을 주로 한다면 이용할 만하다.

커넥트 4 레스(Connect 4 less)

국제전화에 특화된 요금제로 30달러 기준 옵터스 간 무료통화 10분. 호주 내 통화료 분당 10c/flagfall 10c(접속료)이고 한국유선전화는 분당 1.5c이고 휴대전화는 분당 3.5c/flagfall 25c이다.

> 주의 flagfall은 접속료로 전화를 걸었을 때 무조건 빠지게 되는 통화기본료이다. 요금제는 통신사의 상황에 따라 변동이 있을 수 있다.

05 비자라벨받기

예전에는 호주워킹홀리데이를 가면 이민성에 가서 워킹비자라벨을 받아야 했다. 하지만 지금은 워킹홀리데이비자가 전산화되며 비자라벨을 받을 필요가 없어졌다. 호주워킹홀리데이 비자 신청자의 비자는 신청 시 제출한 여권 정보와 전산으로 연결되어 있기 때문이다. 때문에 신청인은 비자 조건이 설명되어진 비자 발급 이메일을 받게 되고 이 비자승인레터를 프린트하여 호주에 입국하면 되고 호주 내에서도 굳이 여권에 비자라벨을 붙이고 다닐 필요없이 비자 승인레터를 호주에 머무는 동안 갖고 있으면 된다. 비자라벨은 꼭 필요한 것은 아니지만 비자 승인레터를 갖고 다니는 것보다는 여권에 비자라벨을 붙여두는 것이 편하고 또 일을 구하다 고용주 측에서 비자라벨을 요구할 수도 있으니 받아두는 것이 좋다.

하지만 이민성에서는 비자라벨을 붙이러 오는 워홀러들에게 전산시스템이 되어 있으니 여권에 비자라벨은 붙일 필요가 없다며 되돌려 보내기도 한다. 이때는 자신이 일하는 곳의 보스가 비자라벨을 요구해서 비자라벨이 꼭 필요하다고 말하면 붙여준다. 또 대부분의 워홀러들은 이런 실용적인 이유뿐만 아니라 여권에 비자를 받아두는 것 자체를 기념품으로 생각하고 받아두는 사람들도 많다.

시드니로 입국할 경우 월요일부터 금요일까지 오후 3시 이전에 입국하면 공항에서 비자라벨을 바로 받을 수 있다. 그 외의 시간이나 다른 지역으로 입국할 경우에는 각 도시의 이민성에서 비자라벨을 받을 수 있다.

호주 워킹 비자(위)와 호주 다윈 이민성(아래)

Section 04 호주워킹홀리데이 생활정보

호주에서 생활하며 알아야 하는 기본적인 것들 마트, 대중교통, 의료시스템, 우체국 등을 알아보자.

01 쇼핑

호주에서 생필품을 구입하는 데에는 대형마트 및 편의점이 있으며 각 도시마다 아시아 물품을 판매하는 상점을 통해 한국 물품도 구입할 수 있다.

1. 생필품

호주에는 여러 종류의 마트가 있지만 그 중에 대형마트로는 대표적으로 Coles와 Woolworths Safeway가 있고 비교적 규모가 작은 AlDI가 있다. 이곳에서는 각종 야채와 과일을 비롯한 식료품 및 생필품들을 구입할 수 있다. 마트를 이용할 때에는 여러 마트를 이용하기보다는 한 마트를 정해놓고 포인트 카드를 적립하는 것이 좋다. 또 저녁에 마트가 문을 닫기 직전에 가면 할인 판매하는 가격으로 구입하거나 매주 특별 세일을 하는 상품들을 구입하면 돈을 아낄 수 있다. 또 호주의 대형마트에서는 아시안 코너에 가면 한국 라면과 과자들을 팔고 있는 것을 볼 수 있다.

2. 주류전문점

호주의 마켓에서는 주류를 판매할 수 없고 따로 주류를 전문적으로 판매하는 가게에서 구입할 수 있다. 나이가 18세 미만일 경우 구입할 수 없으며 주류를 판매하는 가게는 대표적으로 Bottle shop과 Liquorland, BWS Beer Wine Spirits가 있다. 가게 안에는 여러 종류의 술들이 진열되어 있고 맥주는 박스로 구입하는 것이 저렴하다. 주류를 취급하지만 대부분 저녁 10시 전에 문을 닫으니 그 전에 미리 사 두어야 한다.

3. 한인마트

호주의 주요도시에는 한인마트가 많다. 한인마트에 가면 우리나라의 슈퍼마켓에 온 것 같은 기분이 들 정도로 거의 모든 종류의 한국 음식들을 판매하고 있다. 한인마트에서 팔고 있는 가격들은 우리나라 시중 가격보다 조금 비싸기는 하지만 크게 부담되는 가격은 아니다.

4. 생활용품 및 전자제품

호주에는 생활용품을 파는 많은 마트가 있다.

타겟(Target) - 타겟은 호주의 대형마트 브랜드 중 하나로 옷, 생활용품, 전자기기, 스포츠용품 등을 중저가의 가격으로 저렴하게 구입하기에 좋은 곳이다. 지역별 매장에 따라 구성 품목이 달라지기도 한다.

Kmart - 가전제품 및 생활에 필요한 생활용품을 판매한다.

Big W - 생활용품을 판매한다.

오피스웍스(Officeworks) - 오피스웍스는 호주의 대표적인 사무용품 전문 쇼핑몰로 책상, 의자, 프린터기, 잉크, 필기구 등의 제품을 구입할 수 있고 복사나 프린트, 사진 인화가 가능하다.

Dick Smith - 전자제품 체인점으로 모든 전자제품을 취급하고 있다.

이케아(IKEA) - 이케아는 세계적으로 유명한 가구업체로 싸고 질 좋은 가구와 가정용품 등을 저렴하게 구입할 수 있다.

Kmart

여자 옷 사이즈

	XS	S	M	L	XL	XXL
한국	44(85)	55(90)	66(95)	77(100)	88(105)	100
미국/캐나다	4~6	8~10	10~12	16~18	20~22	
영국/호주	2	4	6	8	10	12
유럽	34	36	38	40	42	44

남자 옷 사이즈

	XS	S	M	L	XL	XXL
한국	85	90	95	100	105	110
미국/캐나다	-	S	M	L	XL	-
영국/호주	85~90	90~95	95~100	100~105	105~110	110~
유럽	44~46	46	48	50	52	54

신발 사이즈

한국	210	220	230	240	250	260	270	280	290
호주	1.5	2.5	3.5	4.5	5.5	6.5	7.5	8.5	9.5
미국(남/여)	3.5/4	4.5/5	5.5/6	6.5/7	7.5/8	8.5/9	9.5/10	10.5	11.5
영국(남/여)	2/1.5	2.5	4/3.5	5/4.5	6/5.5	7/6.5	8/7.5	9/8.5	10/9.5
유럽(남/여)	35/34.5	36/35.5	37.5/36.5	38.5/38	40/39	41/40.5	42.5/42	44.5/43	45.5/44.5

호주음식

호주는 여러 나라의 이민자들로 구성된 다민족 국가이기 때문에 다양한 음식들이 많이 정착되어 있다. 때문에 호주에서는 다양하고 폭 넓은 세계 각국의 음식점을 볼 수 있다. 푸드코트에 가보면 이탈리아, 인도, 일본, 베트남, 태국 등의 다양한 음식들을 볼 수 있다. 이런 다양한 문화가 공존하는 호주에서 호주만의 독특한 음식이라면 베지마이트Vegemite와 캥거루 요리를 들 수 있다.

베지마이트

베지마이트는 콩으로 만든 스프레드로 주로 아침식사로 빵에 발라먹는다. 조금 짠 맛이 나기는 하지만 건강식으로 좋다. 스낵류에서는 팀탐TimTam과 피쉬앤칩스Fish&Chips가 있다. 또 호주는 소고기의 질이 높고 가격이 저렴하여 싸게 구입하여 먹을 수 있다.

베지마이트는 우리나라와 비교한다면 호주의 김치 정도로 생각할 수 있는 국민 음식이다. 비타민이 풍부하게 함유되어 호주 가정에서 건강식으로 즐겨 먹는 음식이고 아침식사 때 토스트에 베지마이트를 발라서 먹는 모습도 보편적이다. 하지만 베지마이트는 영양적으로는 우수하나 초콜릿처럼 생긴 모습과는 다르게 짜고 역한 맛이 나 처음 접하는 사람은 적응하기 힘들다.

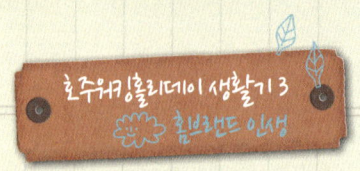

세계일주 여행경비를 모으기 위해 호주로 워킹홀리데이를 왔기 때문에 자연스럽게 1센트라도 여행경비로 저축하는 생활이 되었다. 호주에서 정기적인 지출은 생활비로 방 값(셰어비), 식비, 교통비가 있었는데 방 값은 나름 괜찮은 시설의 주 100달러짜리 셰어를 하고 있었고 교통비는 일을 하러 출/퇴근할 때만 버스를 이용했기 때문에 위클리 티켓(weekly ticket)을 이용하여 지출을 최대한 줄였다.

그리고 식비에서도 지출을 많이 줄이기 위해 마트에서 파는 홈브랜드(Homebrand) 상표들만 사서 먹었다.

홈브랜드라는 것은 우리나라의 E-mart와 같은 호주의 대형마켓인 울월스(woolworths)에서 저가로 나오는 자체 브랜드를 일컫는 말인데 홈브랜드가 붙어있는 상품들은 일반 상표가 있는 상품들보다 반 값 정도 저렴하다. (콜스coles에서는 세이빙 Saving이라고 한다.)

생활하며 기본적으로 항상 먹어야 하는 식품인 식빵, 우유, 계란과 같은 상품은 무조건 홈 브랜드를 선호했다. 셰어하우스에서 함께 생활하던 친구들과 매일 홈브랜드 음식을 먹으며 우리는 홈브랜드 인생이라고 신세한탄을 하기도 했다.

02 대중교통

호주는 한국과는 비교가 안 될 정도로 넓은 나라이다. 동쪽의 시드니에서 서쪽 끝의 퍼스Perth로 호주를 가로질러 가는 항공편이 5시간이 걸릴 정도로 규모가 크다. 때문에 도시에서 도시로 이동하는 장거리 이동에는 주로 항공편이 이용되고 여행자들을 위한 장거리 버스와 기차를 이용하여 이동하는 방법도 있다. 또 호주의 각 주요 도시들은 각 도시의 지형과 특색에 맞춰 시내 교통 법규를 독립적으로 운영하고 있다.

1. 시내 교통수단

호주의 대중교통 수단에는 일반적인 교통수단인 버스, 택시, 트레인이 있고 시드니의 모노레일 멜버른Melbourne의 트램과 같이 각 지역별로 특화된 교통수단도 있다. 우리나라에서도 지역별로 교통 요금과 체계가 조금 다른 것처럼 호주도 주와 도시별로 조금씩 다른 체계를 갖고 있다. 대체적으로 각 도시들은 도시와 도시 근교 지역을 여러 개의 존zone으로 나누어 이동 거리에 따라 비용을 지불하는 형태로 운영된다. 그리고 일부 도시에서는 버스, 트레인, 트램 등의 교통수단을 통합시켜 하나의 티켓으로 자유롭게 환승할 수 있는 시스템을 갖고 있다. 또 호주의 주요 대도시들이 해안에 위치하고 강을 끼고 있어 페리나 보트 같은 수상 교통수단이 발달했다. 때문에 브리즈번Brisbane과 시드니 퍼스에는 주요 교통수단 중 하나인 페리가 있다.

버스

버스는 가장 일반적이고 보편화된 이동 수단으로 많이 이용하며 버스표는 탑승할 때 운전기사에게 직접 구입할 수 있고 신문 판매대에서 구입할 수 있다. 버스를 매일 탑승한다면 1주일 티켓인 위클리(weekly)나 1개월 티켓인 먼슬리(monthly) 티켓을 구입하면 보다 저렴하

게 이용할 수 있다. 버스 운행표는 인포메이션센터에서 각 노선별 운행표를 무료로 구할 수 있다.

트레인

지역에 따라 트레인(Train), 시티레일(Cityrail), 시티 트레인(City Train)으로 불리우는 트레인은 우리나라의 지하철(전철)과 같다고 보면 된다. 주요 도시 중 캔버라(Canberra), 호바트(Hobart), 다윈을 제외한 모든 주도에는 트레인이 주요 교통수단이다.

택시

호주의 택시는 주로 콜택시 방식으로 운행된다. 주에 따라 비용은 다르고 택시 안에 요금표가 붙어있으며 미터기에 기록된 요금을 지불하면 된다. 호주의 택시비는 비싼 편이고 따로 팁은 지불할 필요가 없다.

2. 호주 내 장거리 이동수단

호주 내에서 장거리 이동을 한다면 저가로 나온 호주 국내선과 장거리 버스, 기차가 있다. 하지만 여행을 목적으로 이동하는 것이 아니라면 저가 항공사가 가장 효율적이다. 비용 면에서 크게 차이가 없기 때문이다. 큰 도시를 이동하는 경우에는 항공편을 이용하는 방법이 가장 좋다고 할 수 있다. 먼저 호주 내에 이동할 수 있는 항공사를 알아보자.

항공사

콴타스(www.qantas.com.au) : 호주를 대표하는 가장 큰 항공사로서 전 세계 125개 국 이상의 도시에 취항하고 있다. 호주 내에서 많은 노선을 갖고 있지만 저가 항공사가 아니므로 가격이 비싸다. 다른 저가 항공사와 노선이 겹친다면 저가 항공사를 이용하는 것이 좋다.

제트스타(http://www.jetstar.com) : 콴타스에서 저가 항공사들에 대항하기 위해 출범시킨 콴타스의 자회사로 호주 내 노선과 뉴질랜드 및 주변 동남아 국가로의 노선이 운영되고 있는 저가 항공사이다. 가격이 저렴한 만큼 취소 및 변경 시 환불받을 수 없다.
버진블루(http://www.virginaustralia.com) : 호주 내 국내선들과 뉴질랜드와 피지를 비롯한 남태평양의 섬들로 운행하는 노선을 갖고 있다. 환불 시 환불 수수료를 제외하고 포인트로 돌려받을 수 있다.

타이거항공(www.tigerairways.com) : 싱가포르와 호주를 중심으로 노선을 갖고 있는 저가 항공사로 다른 저가 항공사에 비해 조금 더 저렴하다. 하지만 노선이 그리 많지는 않다.

장거리 버스

호주의 장거리 버스는 비행기나 기차에 비해서 노선이 많아 여러 지역의 구석구석까지 연결해주고 가격이 저렴하다는 장점이 있다. 그리고 그레이하운드(Greyhound) 버스 회사는 여행자를 위해 미리 만들어 놓은 루트나 거리에 따라 저렴한 가격으로 여행할 수 있는 장거리 버스 패스가 있다. 이 패스를 이용하면 여행의 유형에 맞춰 선택할 수 있다.

> 참고 저가 항공사는 수화물을 포함시키는 것 역시 추가 요금을 내야 하기 때문에 수화물이 있다면 얼마 추가되는지 확인하고 다른 항공사와 비교해볼 필요가 있다.

그레이 하운드 Grey Hound Australia(www.greyhound.com.au)는 호주에서 가장 큰 장거리 버스회사로 퀸즈랜드(Queensland)를 중심으로 운영하던 맥카퍼티스(McCafferty's) 회사와 합쳐서 하나의 회사로 운영되고 있다. 개별 구간의 버스 티켓을 판매하고 있으며 여행자를 위한 25가지 루트 중 자신이 원하는 루트를 선택하여 운행횟수와 운행시간을 자유롭게 조절할 수 있는 오지 익스플로러 패스(Aussie Explorer Pass)와 자신이 선택한 거리 내에서 자유롭게 이용할 수 있는 오지 킬로미터 패스(Aussie Kilometer Pass)도 판매하고 있다. 그 밖의 장거리 버스회사는 다음과 같다.

머레이 코치스 Murray's Coaches(www.murrays.com.au)
프리미어 모토 서비스 Premier Motor Service(www.premierms.com.au)

기차

기차를 이용해 호주를 여행한다면 오랜 시간 창밖으로 펼쳐진 광활한 호주 대륙의 아름다움과 신비로움을 느끼며 특별한 경험을 할 수 있을 것이다. 하지만 실제 기차는 비행기나 버스에 비해 운임료가 비싼 편이고 운행 횟수가 많지 않아 많은 사람들에게 인기 있는 이동 수단으로 사용되지는 않는다. 대신 관광을 목적으로 하는 사람들이 많이 이용한다. 10시간 이상 걸리는 장거리 버스에 비해 기차 내부 공간도 넓고 간단한 스넥도 살 수 있어 짧은 거리보다 장거리 이동에 이용해 보는 것도 좋다.

주요 기차 노선으로는 그레이트 서던 레일웨이스(Great Southern Railways)의 3대 철로로 호주를 남과 북으로 종단하는 더간(The Ghan)과 동과 서로 횡단하는 인디안 파시픽(Indian Pacific) 그리고 멜버른에서 애들레이드까지 연결하는 더 오버랜드(The overland)가 있다. 그 밖에도 시드니에서 케언즈에 이르는 동부 해안과 뉴 사우스 웨일즈 주 내에서 운행되는 노선이 있다.

호주의 철도 노선 지도

더간(The Ghan) 호주대륙종단철도로 애들레이드부터 앨리스 스프링스를 거쳐 호주의 가장 북쪽에 있는 다윈까지 연결하는 노선이다.

루트 Adelaide – Alice Springs – Darwin
총 구간 2,979km
소요시간 편도 2박 3일(54시간)
운행횟수 편도 주 2회

인디안 퍼시픽(Indian Pacific) 세계에서 가장 긴 직선 철도구간(480km)을 달리며, 시드니에서 애들레이드를 거쳐 서쪽 끝에 이는 퍼스까지 연결하는 노선이다.

루트 Sydney – Adelaide – Perth
총 구간 4,352km
소요시간 편도 3박 4일(65시간)
운행횟수 편도 주 2회

더 오버랜드(The overland) 멜버른에서 애들레이드까지 연결하는 노선이다.

루트 Melbourne – Adelaide
총 구간 828km
소요시간 11시간
운행횟수 편도 주 3회

03 병원/약국

호주에서 생활하다보면 의도치 않게 몸이 안 좋거나 약을 먹어야 하는 상황이 생긴다. 그때 병원이나 약국을 이용해야 하는데 호주의 병원과 약국은 어떤 시스템으로 이루어져 있는지 알아보자.

1. 병원

호주의 의료시스템은 한국과 다르다. 몸에 이상이 생겨 병원에 가야 할 일이 생겼을 경우 환자가 바로 큰 병원이나 종합병원의 전문의에게 진료를 의뢰하지 않고 일반의(GP : General Practitioner 또는 Home Doctor)에게 검진 및 상담을 받은 후 진단 결과에 따라 소견서를 받아 전문의나 종합병원에 가서 진료를 받는 것이 일반적이다.

이는 호주 사람들이 평소 몸이 아파 문제가 생긴 후에 병원을 찾는 것이 아니라 GP에게 자주 찾아가 사전에 예방하는 시스템을 갖고 있기 때문이다. 몸에 문제가 생겼을 경우 개인병원이나 집에서 운영하는 일반의에게 찾아가 진찰을 받고 처방을 받을 수 있고 약을 제조할 수 있는 처방전Prescript-xiopn을 받고 진단 결과에 따라 전문의의 진료가 필요할 경우 소견서를 받아 전문의에게 검진을 받을 수 있다.

> 참고 병원에 가게 될 경우 접수를 하고 1시간 넘게 기다릴 수 있기 때문에 미리 병원에 전화를 하여 예약을 하는 것이 좋다.

호주에서 생활하며 농장 일을 하고 여행하며 부딪힐 수 있는 위험은 국내보다 훨씬 많다. 때문에 사고나 질병이 발생했을 경우 의료비가 비싼 호주에서는 의료비를 감당하기 힘들어 남은 여행 일정을 포기하고 치료를 위해 귀국해야 하는 경우가 생길 수 있다. 때문에 여행자 보험은 꼭 들도록 한다. 호주 학생비자일 경우 보험에서 비용을 처리하지만 워킹홀리데이비자의 경우 자신의 비용으로 병원비를 해결한 후 보험회사에 연락하여 치료 비용을 환급 받을 수 있다.

> **응급상황 시 전화**
> 우리나라에서 응급상황 시 119를 부르는 것과 마찬가지로 호주에서도 000(트리플제로)을 누르면 앰뷸런스, 소방서, 경찰서로 연락할 수 있다. 000은 긴급 서비스이기 때문에 무료 통화로 응급상황을 말하면 바로 도움을 받을 수 있다. 통화가 연결되면 본인의 이름, 주소, 전화번호를 말하고 원하는 서비스를 말해야 한다. 하지만 상황이 급박하고 당황해서 영어로 통화하기 어렵다면 Korea라고 말하면 전화 통역 서비스로 연결되어 한국어 통역관에게 한국어로 신고할 수 있다. 아니면 처음부터 전화 통역 서비스(TIS) 131450에 전화하여 응급 상황을 설명할 수도 있다.
> 하지만 앰뷸런스를 불렀을 경우 '정부 연금 수령자'나 저소득자에게 발급해주는 카드를 소지한 사람이 아닌 경우는 앰뷸런스를 이용한 비용을 내야 한다. 그 비용이 대략 20km 이내일 경우 350달러 정도이다.

2. 약국

호주에서는 약국을 Pharmacy 또는 Chemist라고 한다. 약국 안으로 들어가면 우리나라의 약국과는 다른 모습을 보게 된다. 약품들과 함께 화장품, 비누, 건강식품, 껌, 돋보기 안경 등 다양한 잡화들도 함께 판매되고 있어 약국이 아닌 상점의 모습을 하고 있기 때문이다. 아주 오래 전부터 의약분업을 엄격하게 시행해온 호주의 약국도 우리나라와 마찬가지로 처방전이 있어야 약을 조제할 수 있다. 하지만 진통제, 소독약, 감기약 정도는 처방전 없이 구입할 수 있다.

호주의 약국은 대부분 체인으로 운영되며 케미스트 웨어하우스Chemist warehouse와 마이 케미스트My Chemist에서는 할인을 자주하여 저렴한 가격에 약을 구입할 수 있다.

호주의 약국에서 사용할 수 있는 영어 표기들을 알아보자.

감기 증상 표현
코막힘 : nasal congestion, stuffy nose, nakal stuffiness
기침감기 : coughing cold
두통감기 : head cold
콧물 : runny nose
목 아픔 : sore throat

약통에 적혀 있는 표현의 의미
nasal decongestant : 코 막힘 제거제
cough suppressant : 기침 완화제
maximun stregth : 강도가 높음
no drowsiness : 졸립게 하는 성분이 없음
night rest : 자기 전에 먹는 약
eye drops : 안약

호주에서 처방전 없이 구입할 수 있는 약
일반 감기약 : Codral
콧물 감기약 : Sudafed
기침 감기약 : Benadryl
소독약 : Dettol Antiseptic, Savlon antiseptic cream(연고)
소화제 : Quick Eze
진통제 : Panadol (Panamex), Aspirin
변비약 : Nulax Fruit Laxative, Dulcorax
두통약 : Tyleno
지사제(설사약) : Gastro-stop, Imodium
알레르기 : Claratyne(환절기 알레르기 비염, 눈코입 주변 가려움증, 알레르기성 재채기, 콧물 흐르는 증세 완화)
목 아플 때 : Cepacol
입가가 헐었을 때 : Virasolve
입 안이 헐었을 때 : Orabase
불면증 : Relaxatab
화상 : Vaseline

04 우체국

호주의 우체국은 우리나라 우체국과는 분위기가 다르다. 우리나라에서 우체국은 은행 창구와 비슷한 느낌이지만 호주에서의 우체국은 팬시점과 비슷한 느낌이다. 일반적인 우체국 업무인 우편, 소포를 다루는 것뿐 아니라 펜, 연필, 지우개 등 문구류를 팔기도 하고 책, 핸드폰, 프린터, 마우스 등 전자기기까지 다양한 물건을 팔고 있는 상점의 모습을 하고 있다.

이처럼 색다른 호주의 우체국에서는 필요한 물품도 구입할 수 있고 우체국에서 제공해주는 서비스를 잘 알아두면 호주에서 생활하는 동안 편리하고 다양한 서비스를 받을 수 있다. 단순히 우편을 보내는 것뿐 아니라 FAX를 보낼 수도 있고 자신의 주소지가 없거나 불확실할 경우 우체국의 사서함을 이용하여 우편물을 수령할 수 있다.

우체국 업무시간 : 월~금 09:00~17:00
우체국 사이트 : http://auspost.com.au

1. 호주에서 한국으로 우편 보내기

호주에서 한국으로 보내는 엽서는 1.6달러면 보낼 수 있다. 소포는 하나의 소포가 20kg을 초과할 수 없고 요금은 kg당 20~30달러이다.

> 참고 우편과 소포의 요금은 우체국 홈페이지에서 조회할 수 있다.
> www.auspost.com.au

2. 호주 우체국에서 소포받기

우편물 유치(Poste Restante)를 이용하면 한 달간 우체국에서 우편물을 보관해주고 직접 수령할 수 있기 때문에 거주지가 확실치 않거나 자주 옮기는 사람들의 경우 편리하게 우편물을 수령할 수 있다. 이

> 참고 To: 이름
> Poste Restante
> GPO Darwin
> Darwin NT 0800
> Australia

경우 지역 우체국으로 'Poste Restante'라고 적어서 발송하면 된다.

> **호주 우체국에서 우편물 받은 이야기**
>
> 호주에 처음 도착하고 일자리를 구하며 농장을 돌아다니던 때 농장숙소 및 백팩커스를 전전하던 나는 호주 내에서의 주소지가 일정하지 않았다. 하지만 당시 베트남 여행에서 만났던 일본인 친구가 생일을 맞이한 나에게 선물을 보내주고 싶어 하여 우편물 유치(Poste Restante)를 이용하여 다윈 우체국 주소로 선물을 받을 수 있었다.
>
>
>
> 다윈 우체국의 모습　　　　　　　　　　　　　일본 친구가 보내준 선물

05 중고 자동차 사고 팔기

호주에서 농장 생활을 할 때 자동차가 없으면 불편한 경우가 많다. 중고 자동차 시장이 잘 되어 있는 호주에서 어떻게 차를 구입하고 관리하는지 알아보자.

1. 자동차 구입하기

호주에서 중고차를 구입하는 방법에는 크게 3가지 방법이 있다. 첫 번째는 중고차 딜러(Car Dealer)에게 구입하는 방법이다. 두 번째는 커뮤니티 사이트를 통해 개인(Private seller cars)에게 구입하는 방법이고 세 번째는 경매(Auto Auctions)로 구입하는 것이다. 그 외에는 길거리에서 (For Sale)이라는 전단지를 붙이고 판매하는 차량을 구입하는 방법도 있다.

중고차 딜러에게 구입하기

중고차 딜러를 통해 구입하면 개인 간의 거래를 통해 구입하는 것보다는 가격이 많이 비싼 편이다. 딜러들이 차를 판매하기 전에 광택 세차 및 정비를 해놓고 판매하고 1년 안에 고장이 난 경우 무상으로 수리를 해주는 딜러워런티(Dealer Warranty)를 주기도 한다.

개인에게 구입하기

중고차를 판매하는 사이트나 한인 커뮤니티 사이트 그리고 신문의 중고 자동차 정보를 통해 개인이 판매하고 있는 중고차 정보를 쉽게 알 수 있다. 이렇게 개인 간의 거래를 통해 구입하다 저렴한 가격에 구입할 수 있다는 장점이 있다. 자신이 차를 볼 줄 모른다면 차에 대해 잘 아는 지인과 함께 차의 상태를 확인해보고 구입해야 한다.

경매로 구입하기

경매를 통해 구입하는 것은 다른 방법에 비해 비교적 저렴한 편이다. 하지만 구입 전 시승을 못해 보고 정비 기록을 볼 수 없다. 또 구입한 후에는 차의 문제에 관해 따질 수 없기 때문에 차에 관해 잘 아는 사람과 함께 가는 것이 좋다.

중고차 판매소

길거리의 'For Sale' 이라는 전단지가 붙어있는 차량

커뮤니티 활용하기

한인 커뮤니티를 비롯한 여러 사이트에서 중고차에 관한 정보를 얻을 수 있다.

- ★ http://www.tradingpost.com.au/
- ★ http://www.privatefleet.com.au/
- ★ http://www.glassguide.com.au/
- ★ http://www.drive.com.au/used
- ★ http://www.carsales.com.au
- ★ http://www.redbook.com.au
- ★ http://www.carsguide.news.com.au
- ★ http://www.gumtree.com.au

2. 자동차 명의 이전 및 레지 등록하기

마음에 드는 차량을 선택하여 구입한 후에는 자신의 소유 명의로 등록해야 하고 레지regi 등록을 해야 한다. 호주는 각 주마다 자동차 등록 법규가 다르게 되어 있기 때문에 지역별로 잘 알아보고 등록해야 한다.

> **RWC**
> RWC(Road Worthy Certificate)는 정비소에서 엔진 상태, 차량 유리 상태, 내뿜는 가스량, 바퀴 상태 등의 안전검사를 마친 후 받을 수 있는 '차량검사 증명서'이다. 이 증명서를 보기 위해서는 자신의 차량을 등록할 주에 있는 지정된 정비소에서 해야 하며 약 50달러를 주고 검사를 받을 수 있다. 그리고 검사결과 차량에 문제가 있을 경우 수리를 받고 다시 검사를 받아야 인증서를 받을 수 있다. 수리비용은 상황에 따라 몇 천 달러가 넘는 경우도 있다. 지역에 따라 RWC가 있어야 차량 명의 이전 및 레지를 할 수 있기 때문에 중고차를 구입할 경우 반드시 RWC 서류가 있는 차량을 구입해야 한다. 만약 RWC가 없는 차량을 구입하여 명의 이전을 하려면 직접 RWC를 받아야 하는데 차 값보다 수리비가 더 많이 나올 경우도 있다.

3. 자동차 되팔기

자동차를 되팔고자 할 때는 자동차를 구입했을 때와 마찬가지로 여러 커뮤니티와 인터넷 중고차 사이트 그리고 중고차 딜러에게 팔 수 있다. 차량 판매 시에는 RWC를 받고 벌금을 모두 납부한 후 팔도록 하자.

4. 호주의 교통법규

호주에서 운전을 하려면 호주의 교통법규를 알아야 한다. 호주의 교통법규에 대해 알아보자.

방향

호주는 도로가 좌측통행이다. 때문에 운전대가 한국과는 반대로 달려 있다. 그리고 엑셀과 브레이크를 제외하고는 전부 반대로 되어 있다. 처음 운전을 한다면 차가 없는 도로에서 역주행하는 실수를 할지 모른다. 그러니 항상 방향에 주의를 둬야 한다.

라운드어바웃

사거리에서 라운드어바웃(Round-About)이라고 불리우는 이 교차로는 신호등 대신 둥글게 돌아가는 형태로 되어 있다. 이곳에서는 신호등 없이 우선순위를 기본으로 유지된다. 이곳에서는 오른쪽 차량 우선 원칙이 있다. 때문에 일단 정지한 상태에서 오른쪽 차량이 먼저 진입한 후 상황을 봐서 출발하면 된다.

우선순위

호주에서는 직진하는 차량이 최우선이며 어떠한 상황에서도 순위가 높은 차량의 진행을 방해하면 안 된다.(물론 직진하는 길에 Give way나 Stop 사인이 있는 곳에서는 우선순위가 최하위가 된다.)

비보호 우회전

호주에서는 비보호, 우회전인 곳이 많다. 직진 신호에 알아서 우회전을 잘 해야 한다.

- ★ Give way 일단 다른 차를 확인한 후에 천천히 진입하라는 표시 ('길을 주라'는 의미로 양보에 해당한다. Give way라는 표시가 있는 도로는 우선순위가 최하위가 되기 때문에 진입로의 차와 사고가 났다면 Give way쪽에 있는 차가 100% 잘못이다.)
- ★ Stop 차를 3초 정도 멈춘 상태에서 다른 차를 확인한 후에 진입하라는 표시
- ★ No-stopping 주정차가 절대 불가, 3분 이내의 정차는 가능 표시
- ★ No-parking 주차는 절대 불가, 3분 이내의 정차는 가능 표시
- ★ Loading zone delivery를 하는 차량에 한해서만 주정차가 가능한 지역
- ★ Bus zone 버스만 주정차가 가능한 지역

호주에서는 규정을 지키지 않을 경우 많은 벌금을 물게 되므로 법규를 꼭 지키도록 하자.

> 주의 호주에서는 공휴일에 단속에 걸렸을 경우 벌점이 2배로 적용된다. 때문에 크리스마스나 부활절 같은 시즌에는 안전벨트 착용과 규정 속도 준수에 더 신경을 써야 한다.

Section 05 호주에서 일자리 구하기

호주에서의 직업군은 시티잡과 농장 일로 나눌 수 있다. 또 시티잡은 다양한 일거리가 있는데 이 중에 자신의 영어 실력에 따라 선택할 수 있다. 그리고 호주의 여러 지역을 옮겨 다니며 농장 일을 할 수 있다.

풀타임잡(Full time Job) 우리나라 정규직과 비슷한 의미로 주에 따라 38시간~40시간 일을 하면 풀타임 잡이라고 한다. 풀타임 잡은 1년에 20일 유급 휴가와 10일의 병가를 사용할 수 있고 회사에 따라서는 퇴직금도 있다.

파트타임잡(Part time Job) 계약직으로 생각하면 되며 주당 근로시간이 38시간 이하로 일하는 것을 말한다. 회사마다 차이는 있지만 유급휴가 및 병가를 사용할 수 있어 풀타임 잡과 비슷한 대우를 받는다.

캐주얼잡(Casual Job) 아르바이트로 생각하면 된다. 하지만 일하는 시간은 그때 일손 필요 여부에 따라 달라지기 때문에 급여를 일한 만큼 계산해서 받는다. 때문에 비정규직이나 일용직이라고 생각할 수 있으며 시즌이 끝나거나 상황에 따라 공장이 몇 주 문을 닫을 경우 임금을 받을 수 없다. 워홀러들의 대부분이 캐주얼잡으로 일을 하고 있다.

01 시티잡 구하기

시티잡은 도시에서 일하는 것으로 여러 종류의 일자리가 있다. 레스토랑에서 서빙을 하거나 식당에서 키친핸드(설거지), 서빙 일을 할 수 있으며 피자 배달, 청소, 호텔의 하우스키핑 등의 일들을 할 수 있다.

처음 시티잡을 구할 경우 직업의 종류에 따라 영어 실력이 많이 요구되는 경우도 있고 별로 영어 실력이 요구되지 않는 직업도 있다. 처음 호주에 도착해서 일자리를 구할 때 영어에 자신이 없는 한국인들은 한국인 커뮤니티를 통해 한국 식당에서 일을 하는 경우도 많다. 이렇게 한국인 밑에서 일을 하다보면 시급을 10달러 정도 내외로 받게 된다. 다른 일자리에 비해 턱 없이 낮은 수준이다. 하지만 영어 실력이 괜찮다면 한국인 커뮤니티에 의존하지 말고 호주 현지 커뮤니티 및 발품을 팔며 일을 구해보는 것이 좋다.

> ★ 텍스잡과 캐쉬잡의 차이
>
> 텍스잡_ 호주에서 일을 할 때 급여를 받는 종류에 따라 텍스잡과 캐쉬잡으로 나뉘게 된다. 텍스잡은 호주에서 합법적으로 신고를 하고 일을 할 때 급여에서 몇 %씩 세금으로 빠지게 되는 것으로 정당한 급여를 받고 세금으로 지급된 돈은 환급이 가능하며 자신의 임금 외 수입의 9%를 연금으로 받을 수 있다. 주로 호주 현지인 고용주 밑에서 일을 하면 대부분 텍스잡으로 일을 하게 된다. 텍스잡을 할 때 한 지역에서 6개월 이상 머물 경우 13% 정도를 공제하고 그 외에는 29%를 공제한다.
>
> 캐쉬잡_ 캐쉬잡은 텍스잡과는 반대되는 말로 고용주가 피고용인을 합법적으로 신고하지 않고 임금을 현금으로 준다. 때문에 불법이기는 하지만 고용주 입장에서 세금을 피할 수 있어 많은 한국인 고용주들이 캐쉬잡으로 알바생을 뽑는다. 캐쉬잡은 일반적으로 7~10달러 정도의 임금을 받을 수 있다. 때문에 일반적인 텍스잡과 비교해볼 때 돈을 조금 받게 된다. 일부에서는 캐쉬잡으로 일을 하면 세금을 공제받을 필요가 없기 때문에 텍스잡과 캐쉬잡의 시급 차이가 별로 없다고 생각하는 경우도 있다.
>
> 하지만 이는 단순히 세금의 문제로만 볼 수는 없다. 불법이다보니 임금체불의 문제가 생길 수 있다. 또 세컨비자를 목표로 할 경우 캐쉬잡을 할 경우 세컨비자를 받을 수 있는 지역, 직종에서 일을 하였어도 받을 수 없다.

호주에서 일자리를 구하는 방법으로는 한인 커뮤니티를 통해 일을 구하는 방법, 현지 일자리 사이트를 통해 구하는 방법, 직접 이력서를 들고 다니며 일을 구하는 방법이 있다.

1. 인터넷으로 일 구하기

한인 커뮤니티와 호주 현지 일자리 사이트를 통해 지원하는 것으로 인터넷으로 지원할 수 있고 전화로 지원할 수도 있다. 전화로 지원하기 부담된다면 주소를 검색하여 직접 찾아가 지원을 하는 방법도 있다.

한국인 커뮤니티
호주나라 http://www.hojunara.com/
멜번의 하늘 http://cafe.daum.net/melbsky/
썬브리즈번 http://www.sunbrisbane.com/
호주바다 http://hojubada.com

현지 일자리 사이트
백팩커들을 위한 생활, 파트타임 정보들이 있는 사이트
http://mycareer.com.au
http://www.gumtree.com.au
http://www.seek.com.au
http://www.wotjob.com
http://www.coastshop.com.au/jobs
http://www.careerone.com.au

호주 정부에서 운영 일자리 사이트
http://www.jobguide.dest.gov.au
http://www.jobnetwork.gov.au
http://www.centrelink.gov.au
http://www.jobsearch.gov.au

2. 직접 이력서를 들고 다니며 일 구하기

이력서를 만든 후 가게 상점 등 일자리가 필요할 것 같은 곳을 방문하며 이력서를 돌리는 방법이다. 떨리기는 하지만 몇 번 하다보면 익숙해지고 연락이 오는 경우가 있다. 호주에 처음 도착한 후 아무런 연고가 없을 경우 시도해볼 만하다.

3. 잡 에이전시를 통해 일 구하기

잡 에이전시에서는 돈을 주고 일자리를 구할 수 있다. 잡 에이전시를 통해 자신의 이력서를 등록시켜 놓고 일이 컨텍되면 에이전시에 일정 금액(약 300달러 이상)의 돈을 내야 한다. 잡 에이전시를 활용할 경우 시간을 절약할 수 있고 경력이나 기술이 부족한 경우에 일자리를 구할 수 있다. 하지만 큰 금액을 알선비로 줘야 하기 때문에 돈이 아까울 수 있고 또 일을 시작한 후에 일이 적성에 맞지 않아도 알선비가 아까워 쉽게 그만 둘 수 없다.

4. 친구 소개를 통해 일 구하기

호주에 도착해 백팩에 머물며 친구를 사귀거나 쉐어하우스를 구해 그곳에서 함께 생활하는 워킹홀리데이 친구를 사귀었다면 친구를 통해 일자리를 구할 수 있다. 대부분 워홀러들은 일을 그만둘 때 자신의 자리를 다른 친구에게 넘겨주고 가기 때문에 친구를 잘 사귀어 둔다면 호주생활을 끝내고 자신의 나라로 돌아가거나 여행을 떠나는 친구의 일자리를 넘겨받을 수 있다.

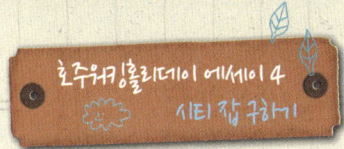

호주 다윈(Darwin)에 도착하고 일을 구하기 위해 호텔과 식당을 다니면서 이력서를 뿌리기 시작했다. 망고농장에서 일을 하다 와서 자금은 충분했지만 쉬지 않고 빨리 일을 구해야겠다는 마음에 초조해졌다.

그렇게 보름 동안 이력서를 뿌리고 잡 에이전트에도 등록해보았지만 당시 비수기였던 다윈에서 일을 구하기는 쉽지 않았다. 그렇게 시간이 흘러 이력서를 돌린 곳에서 연락이 온 곳은 한군데밖에 없었다. 그 한군데도 전화가 왔을 때 영어로 대답을 잘못했더니 나중에 연락하겠다고 끊고는 다시 연락이 없었다.

아무래도 영어 실력이 좋지 못한데 전화 영어로 면접을 보려니 너무 힘든 듯 싶어, 어떻게 해야 할까 고민하고 있던 중 백팩커스의 광고판에 천막 치는 일을 하는데 사람을 구한다는 광고가 붙어 있었다. 당시 비수기였던 다윈에 오랜만에 붙은 광고였는데 전화영어가 부족했던 나는 전화로 문의를 했다가는 퇴짜를 맞을 것 같아 아예 사무실로 직접 찾아갔다.

친구에게 자전거를 빌려 다윈 시내에서 30분 정도 거리에 있는 사무실로 찾아가 면접관과 1:1로 앉아 면접을 볼 수 있었다. 면접관은 이 회사에서 하는 일에 대해 상세히 설명해주고는 특별한 것은 물어보지 않고 운전은 할 수 있는지 물어봤다. 운전이 서툴기는 했지만 면허가 있다고 했더니 바로 다음날부터 출근하라고 하며 출근해야 하는 곳의 주소를 알려주었다.

그런데 내일부터 출근해야 하는 곳은 면접을 본 회사가 아니라 더 멀리에 위치한 곳이었다. 그래서 다음날 아침 그곳으로 한 번에 찾아가기는 힘들 것 같아 아예 자전거를 타고 그곳까지 찾아가 보기로 했다. 주소에 적힌 곳을 찾아가보니 사람들이 일하고 있었는데 그곳 사람들에게 내일부터 이곳에서 일을 하게 되었다고 설명하고 내 숙소와 가까이에 살고 있는 사람이 있어 다음날부터 함께 출근하기로 했다. 그렇게 그곳에서 5개월 동안 일하며 돈을 모을 수 있었고 좋은 친구들도 사귈 수 있었다.

천막을 설치하는 일꾼들

02 농장 일 구하기 (농장 정보)

호주는 넓은 땅에 비해 일손이 많이 부족한 나라이다. 때문에 이런 일손 부족 현상을 막기 위해 워킹홀리데이 제도를 이용해 해외의 많은 젊은이들을 불러들여 농장에서 일할 것을 장려하고 있다. 그만큼 호주의 광활한 대지에 많은 농장 일자리들이 있고 이들을 경험할 수 있다. 호주의 농장에서 다루는 작물은 여러 열대 과일 및 채소가 있다. (망고, 포도, 아보카도, 오렌지, 토마토, 딸기, 사과, 오이, 멜론 등)

★ 농장에서 하는 일
피킹(Picking) : 과일이나 채소 등의 작물을 수확
팩킹(Packing) : 수확된 작물들을 분류
프루닝(Prunning) : 가지치기
위딩(Weeding) : 잡초 제거
플랜팅(Planting) : 모종 심기

★ 능력제와 시급제
농장 일은 크게 능력제와 시급제로 나눈다. 능력제(Contract)는 자신이 일한만큼의 임금을 받는 형식으로 정해진 빈(Bin)이나 박스 수량으로 계산하여 임금을 받고 시급제(Hourly)는 시간제로서 일하는 형식으로 시간대로 돈을 받는다.

농장 일자리 구하는 방법
호주 농장 일을 구하는 방법을 알아보자.

농장정보 사이트를 통해 일구하기
호주 내 한국인 정보 사이트(호주나라. 썬브리즈번. 애들레이드포커스) 같은 한국인을 위한 정보 사이트의 구직란에 농장 일자리에 대한 정보가 올라온다. 하지만 이 경우 대부분 한국인 컨트랙터들이 올리는 경우가 많기 때문에 수수료를 물어봐야 한다.

> ★ 농장 정보가 있는 사이트
> www.harvesttrail.gov.au
> Harvest jobs에서 호주 농장 정보를 위한 가이드북 [Download the National Harvest Guide PDF 3MB]을 다운로드하면 호주 지역별로 농작물과 수확 달까지 자세히 나와 있는 것을 볼 수 있다.

여행자 숙소의 구인광고를 통해 일 구하기

가장 일반적인 방법으로 백팩커스 호스텔의 알림판의 구인광고를 보거나 TNT나 Backpackers world와 같은 워킹홀리데이족들을 위한 잡지를 이용하는 것이다. 광고를 보고 농장에 전화를 해서 일의 유무와 일의 종류, 보수 등을 확인한 후 일을 구할 수 있다.

백팩커스 내의 광고판

농장 일을 알선해주는 잡 에이전시(컨츄렉터)를 통해 일 구하기

농장 일이 있는 지역에 직접 찾아가서 농장 주인과 연락을 취하는 것도 방법이지만 피크시즌에는 숙소나 일자리가 금방 마감이 되므로 컨츄렉터를 통해 일을 구할 수 있다. 컨츄렉터란 중개업자로서 호주 농장주에게 계약을 따서 일을 받아놓고 농장주에게 먼저 돈을 받아 그 돈으로 인력을 모집하는 사람이다. 컨츄렉터는 그렇게 연락된 워킹홀리데이족들에게 일을 시킨 다음 자기 몫을 챙기고 난 후 워킹홀러데이족들에게 돈을 지급하는 형식이다. 컨츄렉터를 통할 경우 중간에 수수료를 떼게 되므로 돈을 좀 덜 받게 되지만 일을 구하지 못할 때 최후의 방법으로 생각해볼 수 있다.

지인의 소개로 일구하기

호주 농장에서 이미 일을 하고 온 경험자에게 일자리 정보를 얻을 수 있다. 하지만 일자리 정보는 매년 변동이 있고 시즌제로 일을 하다 실제 그곳에 가보면 경험자의 말과 달라 이미 수확이 끝나 있는 등 일자리를 구하지 못할 수도 있다.

농장 일 준비사항

짧게는 몇 주, 길게는 몇 개월 동안 농장에서 일을 하게 될 경우 필요한 준비물들을 알아보자.

운송수단 준비하기

자동차가 없이 농장 일을 하기는 힘들다. 호주 전 지역의 농장을 시즌에 맞춰 돌아다니려면 운송수단은 필수이며 많은 워킹홀리데이족들은 차가 있는 사람을 찾아서 함께 떠나기도 하며 혹은 일자리에서 만난 사람 등과 함께 차를 구매해서 떠나기도 한다.

농장 준비물

긴소매 옷, 모자	햇빛이 강하기 때문에 화상을 입을 수도 있다. 작업복은 긴 소매 옷으로 준비하자.
선크림	자외선 차단
저렴한 운동화	쉽게 더러워진다.
침낭	숙소에서 잠잘 때 필요하다. 농장에 따라 침낭을 빌려주는 곳도 있다.
비상약품	일할 농작물에 대한 비상약 챙겨가기(일부 농장에서는 약품을 준비해 놓기도 한다.)

호주워킹홀리데이 에세이 5 - 망고 농장 이야기

호주에 처음 도착하고 3일째 되던 날 숙소를 정하고 핸드폰을 만들고 은행계좌도 만들고 텍스파일넘버(TFN)도 신청하고 호주생활의 준비를 마치고 이제 본격적으로 일을 구해볼까 생각하고 있었다.

그래서 백팩커스에서 만난 홍콩에서 온 친구 파리스와 함께 이력서를 작성하고 있었다. 영어를 잘하는 친구여서 그 친구에게 많이 물어보며 이력서를 작성하고 있었는데. 그 친구가 나에게 넌 어떤 종류의 일을 구하고 있냐고 물어보았다. 그래서 어떤 종류의 일이든 경험해보고 싶고 바로 시작할 수 있는 일을 하고 싶다고 말을 하면서 농장 일도 해보고 싶다고 했다. 그랬더니 그 친구가 길 건너편의 백팩커스 게시판에서 망고농장에서 사람을 구하는 광고문을 봤다고 말해주었다.

그래서 길 건너편의 백팩커스의 게시판에 가보니 정말로 망고농장에서 사람을 급하게 뽑고 있다고 적어놓은 광고문을 보게 되었다. 선착순으로 6명만 뽑고 있다고 적혀있었는데 전화로 영어 대화를 하는 것이 조금 부담스럽긴 했지만 혹시 자리가 있을지 몰라 일단 전화를 걸었다.

백팩커스 내의 광고판

망고 빈 앞에서

따르릉~
에 릭 : Hello~ (여보세요)
달타냥 : 아..음.. 헬로,, 아이 씨 유어 어드벌 타이즈 먼트 온 보드.. (아..음.. 안녕하세요, 게시판에 있는 광고를 보았는데요..)
에 릭 : aha~ Where are you? (아~ 어디세요?)

달타냥 : 아.. 음.. 칠리 백팩커스.. (아.. 음..
칠리 백팩커스입니다.)
에 릭 : Hmm... Are you from.. Korea?
(음.. 혹시 한국사람?)
달타냥 : 예스... (예..)
에 릭 : 하하하! 어쩐지 발음이 딱 한
국사람 발음이더라니~ ^^ㅋ

망고 앞에서

카터필터 트랙터를 몰며

내가 전화했던 망고농장의 매니저가
한국인이었다니. 그렇게 나는 망고농
장 매니저로 일하고 있던 한국인 에릭
형을 통해 망고농장에서 일을 시작할
수 있게 되었다. 내가 일했던 본좌망고
는 호주인이 운영하는 망고농장이었는데 농장 매니저가 에릭형이었고 일하는 사람
들 중 한국인은 두 명뿐이었는데 그 두 명 중 한 명인 에릭형이 매니저여서 호주생활
을 처음 시작하는 나에게 호주에 적응하는데 많은 도움을 받을 수 있었다.

농장에서는 서양인에 비해 아시아인이 망고 알러지에 더 쉽게 걸린다고 한국인인 나
를 받아들이고 싶어하지 않았지만 실제 농장에서 일을 해보니 서양인이나 아시아인
할 것 없이 대부분의 사람들이 망고 알러지에 걸렸다.

농장에서의 생활은 규칙적이고 재미있었다. 매일 오전 7시에 일을 시작해 오후 4시까
지 9시간 일을 하면 하루 일과가 끝났다. 일과가 끝나면 전 세계 각지에서 온 다양한
친구들과 함께 저녁을 만들어 먹고 지평선이 보이는 광활한 망고농장을 돌아다니며
이런저런 이야기를 하고 놀았다. 또 1등급 망고를 마음껏 먹을 수 있다는 것도 너무
좋았다.

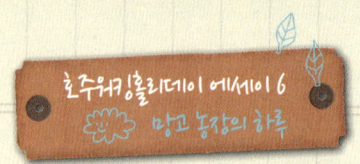

망고시즌이 한창인 10월 성수기를 맞이해 전 세계 각국의 워홀러들이 몰려든 망고농장에서는 아침 일찍 일과가 시작된다. 아침 7시부터 시작되는 작업을 준비하기 위해 6시에 일어나 세수도 하고 간단한 아침식사도 한다.
전날 미리 냉동실에 얼려놓은 물을 들고 작업을 떠나기 전 6시 50분에 하는 간단한 회의에 참석한다. 회의에는 농장 매니저가 오늘 작업 팀들의 작업할 위치를 알려준다. 간단한 회의가 끝나면 워킹홀리데이족들은 자신의 타임카드를 기계에 넣어 일 시작 시간을 표시한다.

타임카드로 일의 시작과 끝을 표시한다.

망고농장에서는 대략 5명 정도의 인원이 한 팀이 되어 작업한다. 1명이 망고머신을 운전하여 망고나무 라인을 따라 망고머신을 천천히 움직인다. 망고머신은 작업 방식이 단순해 특별한 기술이 없어도 운전할 수 있다.

망고머신을 운전하는 모습

그리고 3명의 인원이 망고머신 옆을 지나다니며 망고를 따서 망고 머신에 넣는다. 그러면 1명의 인원은 망고머신 아래에 올라타 계속 들어오는 망고들의 가지도 잘라내고 약품에 망고를 씻어 상자에 담는다. 이때 운전과 망고를 씻는 일과 따는 일은 5명이 번갈아가며 작업한다.

가장 편한 일은 망고머신을 운전하는 일이고 사람들이 가장 기피하는 일은 망고를 씻는 일이다. 망고를 자꾸 손으로 만지면 알러지에 걸릴 확률이 높아지고, 계속 손으로 망고를 씻으면 알러지에 쉽게 걸린다. 하지만 팀원 중 망고 알러지에 걸린 멤버가 있으면 망고를 씻는 일에서 제외시켜 주기도 한다.

휴식시간 우리 팀원

그렇게 작업을 하다 점심시간이 되면 다시 막사로 돌아와 타임카드에 일이 끝난 시간을 체크한 후 농장에서 준비해준 점심식사를 한다. 원래 농장에서의 모든 식사는 본인이 직접 준비를 해서 먹어야 하지만 시즌이 한창 바쁠 때여서 워홀러들이 조금이라도 빨리 일을 할 수 있도록 농장 측에서 밥을 준비해주는 경우도 있다.

점심식사로는 파이 혹은 스파게티와 오렌지 주스를 준비해 준다. 망고농장에서 일을 할 때 좋은 것은 1등급 망고를 아무 때나 쉽게 먹을 수 있다는 것이다. 처음에는 좋다고 먹지만 이것도 먹다 보면 질린다.

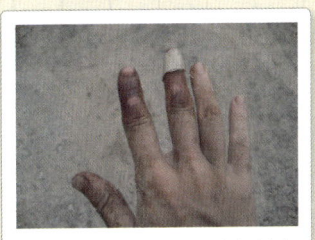
망고 알러지에 걸린 손

점심을 다 먹고 30분 정도 휴식을 취한 후 다시 타임카드에 일 시작 시간을 표시한 후, 팀원들과 함께 망고머신으로 가서 작업을 계속한다. 일이 많을 경우 늦게까지 일을 하는 경우도 있지만 대략 오후 4시~ 5시 정도가 되면 일이 끝난다.

그렇게 하루 종일 망고를 따면 15개 정도의 빈 상자에 망고를 가득 채울 수 있다. 시급제로 돈을 주는 농장도 있고 빈의 개수에 따라 돈을 주는 곳도 있다. 시급으로 한다면 시급은 대략 18달러 정도이고 주말에 일을 하게 된다면 추가 수당이 붙는다.

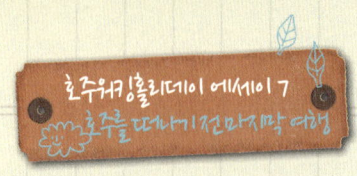
호주워킹홀리데이 에세이 7
호주를 떠나기전 마지막 여행

호주에서의 일을 마치고 세계일주를 떠나기 전 호주 여행을 하기로 했다. 원래 호주 워킹홀리데이는 세계일주를 위한 자금을 모으는 것이었기 때문에 호주에서 여행을 하고 싶은 생각은 많지 않았지만 세계에서 찾아보기 힘든 빼어난 경관의 관광지가 많은 호주여서 주요 관광지만 둘러보고 호주를 떠나기로 했다. 그래서 내가 가장 가보고 싶었던 울루루(Uluru)와 시드니만 구경하고 호주를 떠나 다시 세계일주를 시작했다.

시드니 오페라 하우스

세상의 중심이라 불리우는 에이즈락 – 울루루

삶의 목표

왜 사는가? 어떻게 살아야 하는가?
삶이란 무엇인가...?
이리저리 고민을 해봤자, 삶은 내가 정의를
내려야 결론이 난다.
내가 정의를 내리고 내 방식대로 사는 것
그것이 내 삶.

WOLRD
TOUR

Part 05

세계 주요
여행지 소개

전 세계의 너무나 많은 여행지들 중 여행자의 취향에
따라 방문하고 싶어 하는 지역 또한 많이 다르다.
자신의 취향에 맞는 여행지는 어떤 곳이 있는지
추천 여행지들을 간단히 알아보자.

Section 01 배낭여행자의 무덤

전 세계의 곳곳에는 배낭여행자들의 무덤이라고 불리우는 장소들이 있다. 여행자들이 여행 일정을 멈추고 몇 날이든 몇 개월이든 그곳의 풍취에 취해 머무르게 된다고 하여 무덤이라고 불리우는데 전 세계의 배낭여행자 무덤이 어디에 있는지 알아보자.

01 카오산로드 Khaosan Road

태국 방콕에 있는 카오산로드는 동남아 여행을 떠나는 이들이 반드시 거쳐야 하는 베이스캠프이다. 이곳에는 값싼 게스트하우스부터 3성급 호텔까지 있고 싸고 맛있는 다양한 음식들과 인터넷 카페와 환전소, 태국 전역 및 인근 국가로 연결되는 교통편 및 투어 신청 등을 모두 해결할 수 있다. 전 세계에서 온 젊은 배낭족들로 넘쳐나는 배낭여행자들의 집합소이고 다양한 국적의 여행객들이 뒤엉킨 무국적 공간의 대표적인 장소가 되었다.

카오산로드

02 다합 Dahab

홍해바다를 끼고 있는 이집트의 시나이반도 남동쪽에 위치한 작은 도시 다합은 예전에는 배두인들의 어촌이었으나 지금은 전 세계에서 몰려온 여행객들로 붐비고 있다. 다합에 여행객들이 넘치는 이유는 최고의 다이빙 지역으로 각광받고 있기 때문이다. 윈드서핑, 스쿠버다이빙, 스노클링이 유명하며 세계에서 가장 위험한 다이빙 포인트인 블루홀과 협곡 또한 세계적으로 유명한 다이빙 포인트이다. 대부분 여행자들이 여러 레포츠에 참여하기 위해 다합을 방문하고 다합의 매력에 취해 빠져나가지 못한다.

이집트 다합

Section 02 독특한 풍경의 여행지

세계일주를 하다 보면 세계 곳곳에서 다른 지역에서는 절대로 찾아볼 수 없는 독특한 풍경의 신비로운 장소를 방문할 기회가 생긴다. 이러한 독특한 풍경의 여행지로는 어떤 곳이 있는지 알아보자.

01 우유니 소금사막 Salar de Uyuni

전 세계에서 가장 신비롭고 아름다운 장소를 꼽는다면 많은 여행자들이 이곳 우유니 소금사막을 선택할 것이다. 볼리비아 우유니 소금사막 Salar de Uyuni 은 세계일주를 꿈꾸는 여행자들이 빼놓지 않고 포함시키는 여행 코스 중 한 곳으로 남미의 중앙에 있는 볼리비아의 포토시 남서쪽에 자리잡은 세계 최대의 소금사막이다. 과거 바다였던 이곳이 지각 변동으로 솟아올라 오랜 세월동안 물이 증발하여 소금 결정만 남은 소금사막이 되었다. 평소에는 소금사막인 이곳에 우기 (12월~3월)가 되면 새하얀 소금 위로 얕은 물이 고여 땅이 하늘을 그대로 투영시켜 마치 하늘 위에 있는 것 같은 모습을 보여준다. 때문에 많은 여행자들이 우기에 맞춰 소금사막을 방문하고 있다.

우유니 소금사막

우유니 소금사막에서 웨딩촬영하는 커플

02 함피 Hampi

남인도에 위치한 함피는 과거 비자야나르 왕조의 수도로서 화려한 시절을 보냈었던 지역으로 지금은 수천개의 화강암 암석으로 이루어진 바위산에 둘러싸인 작은 마을이다. 함피의 전경을 바라볼 수 있는 함피 외각의 하누만 신전에 올라 주변을 둘러보면 끝없이 울퉁불퉁한 바위산이 펼쳐진 모습은 마치 작은 조약돌을 쌓아놓은 듯한 모습에 경탄을 자아낸다. 1443년 이 도시를 방문했던 페르시아의 대사 알둘라자크는 세계 어느 곳에도 이곳과 비견할 만한 곳은 존재하지 않는다고 말했고, 이탈리아의 여행가 디 콘티(1395~1469)는 세상에 존재할 수 없는 풍경이라고 말했다고 한다.

함피의 전경

03 카파도키아 Cappadocia

터키 중부에 위치해 있는 카파도키아는 스머프의 마을로도 불리우는데 그 이유는 버섯바위가 존재하기 때문이다. 수백만 년 전 에르시예스산erciyes에서 화산폭발이 있은 후 쌓인 화산재들이 수십만 년의 세월이 흘러 몇 차례의 지각 변동으로 비와 바람에 쓸려 지금의 버섯 모양으로 되었다. 카파도키아의 괴뢰메Goreme 마을은 야외박물관 및 카파도키아의 풍경을 감상하기에 좋은 위치에 있어 많은 여행객들이 방문하고 있다. 또한 카파도키아는 벌룬 투어ballon tour로 유명하다. 이른 새벽 열기구를 타고 하늘에 올라 카파도키아의 독특한 풍경을 하늘에서 관람할 수 있다.

카파도키아의 전경

04 에어즈락 Ayers Rock

에어즈락(Ayers Rock) 혹은 울룰루(Uluru)라 불리우는 이 암석은 호주 노던테리토리 주의 남부에 위치한 하나의 단일 암석으로 지구 상에서 가장 큰 바위이다. 바닥에서의 높이가 330m가 되며 둘레는 8.8km에 달하니 얼마나 큰 바위인지 짐작할 수 있다.

에어즈락은 바라보는 각도와 시간, 빛에 따라 색채가 변하여 7차례의 다른 모습을 감상할 수 있는 신비로운 바위이다. 이곳은 호주 원주민들에게는 매우 신성시 되는 곳으로 과거 원주민의 주술사만이 에어즈락 등반을 할 수 있었지만 지금은 관광지로 개방되어 일반 여행자들도 등반할 수 있게 되어 있다.

에어즈락의 전경

05 산페드로 데 아타카마 San Pedro de Atacama

칠레 북부에 위치한 이 작은 마을은 1년에 비가 한두 번 밖에 내리지 않는 세상에서 가장 건조한 사막에 위치해 있다. 또 이곳은 달의 표면을 닮아 달의 계곡(Valla de la Luna)이라 불리운다. 눈앞에 펼쳐진 달의 계곡의 울퉁불퉁한 거친 표면은 마치 달에 와있는 듯한 착각을 준다.

달의 표면을 닮은 산페드로 데 아타카마

Section 03 세계 7대 불가사의

전 세계 각 대륙을 방문하는 세계일주를 준비하며 역사의 위대한 유적지 방문을 계획하지 않을 수 없다. 지구상에 불가사의한 것으로 여겨지는 7대 불가사의에는 어떠한 곳이 있을까?

01 만리장성 The Great wall

만리장성은 중국 역대 왕조들이 북방민족의 침입을 막기 위해 무려 2,700km에 걸쳐 만든 성벽으로 BC 208년 제나라에 의해 처음 착공되어 중국의 고대 진시황제 때까지 세워져 지구상에 현존하는 인공구조물 가운데 가장 큰 규모를 갖고 있고 가장 오래된 성곽으로 유네스코 세계문화유산에 등재되기도 하였다.

만리장성

02 콜로세움 Colosseum

글래디에이터의 시합으로 유명한 이탈리아 로마에 있는 콜로세움은 세계에서 가장 유명한 건축물 중 하나이다. 콘크리트가 없던 시절, 돌을 사용해 큰 건축물을 만들었다는 점에서 세계 불가사의로 꼽힌다. 정치가들은 이곳에서 로마 시민들에게 그리스도교 박해 신도들을 학살하고 맹수와의 시합 등의 경기를 보여주는 공공 오락시설로 이용하여 볼거리를 제공하며 자신들의

정치적 입지를 굳히는 역할로 사용하였다. 직경의 긴 쪽은 188m, 짧은 쪽은 156m, 둘레는 527m의 타원형이고, 외벽은 4층으로 48m이다. 건물의 외관에는 1층은 도리스식, 2층은 이오니아식, 3층은 코린트식 기둥이 있으며 약 5만 명의 사람을 수용할 수 있는 계단식 좌석과 비와 햇빛을 피할 수 있는 천막도 설치되어 있었다.

콜로세움

03 마추픽추 Machu Picchu

페루의 마추픽추는 1911년 발견되기 전까지 세월의 열대우림에 묻혀 있어 '잉카의 잃어버린 도시'라 불리웠다. 또 산꼭대기에 건설되어 있어 밀림과 산과 절벽에 가려진데다 구름이 산허리에 걸려있을 때가 많아 산 아래에서는 도시를 확인할 수 없어 '공중도시'라 불리기도 한다. 흔적만 남은 도시 마추픽추는 잉카제국의 전성기였던 1400년에서 1450년에 세워진 것으로 추정되며 오늘날까지도 어떠한 목적으로 건설되었고 잉카인들이 어떠한 방식으로 높은 지역에 도시를 건설하였으며 왜 이 도시는 버려졌는지에 대해 알려진 바는 거의 없다. 다만 이곳에서 발견된 유골로 보아 희생 제물을 바치는 장소였다는 추측이 있다.

Part 05 세계 주요 여행지 소개

04 타지마할 Taj Mahal

인도 아그라에 있는 타지마할은 인도를 대표하는 건축물로 세계에서 가장 아름다운 건축물이라는 찬사를 받는다. 이 건물은 무굴제국의 황제였던 샤자한(Shah Jahan)이 너무나 사랑했던 왕비 뭄타즈 마할(Mumtaz Mahal)을 위해 만든 궁전 형식의 묘지이다. 총 22년에 걸쳐 지었다는 타지마할은 국가의 재정이 기울어질 정도의 거액을 들여 인도와 페르시아의 최고 장인들을 불러 모아 세계 각지에서 보석들을 수입하고 온 나라의 미술품과 공예품을 모아 만들었다고 한다.

타지마할의 전경

05 페트라 Petra

요르단의 남쪽에 있는 고대 유적, 잊혀진 도시 페트라는 고대 아랍 부족인 나바테아 왕국의 수도로 번영했다가 로마제국에 의해 멸망했다. 그 후 1812년 다마스쿠스에서 카이로로 향하던 탐험가 브르크하르트에 의해 발견되었고 이후 1985년 유네스코 세계문화유산으로 지정되었다. 또 페트라는 영화 인디아나 존스에서 잊혀진 성전의 배경으로 유명하다.

06 치첸이트사 Chichen itza

멕시코 유카탄반도의 마야 문명의 대유적지로 550년경 사람이 정착하여 살았던 것으로 추정되며 13세기에 쇠퇴하게 되었는데 내전 기근 등의 이유일 것으로 추정된다. 또 이곳에는 성과 피라미드 등 많은 건축물들이 잘 보존되어 있다.

마야문명의 유적지 치첸이트사

07 리우데자네이루 예수상 Rio de Janeiro

브라질의 리우데자네이루의 코르코바도산의 정상에 있는 예수상은 리우데자네이루의 상징이며 리우 시내를 한눈에 바라볼 수 있는 최고의 관광지이다. 브라질이 포르투갈로부터 독립한 지 100주년을 기념하기 위해 제작한 것으로 높이는 38m, 양팔의 길이 28m이고 무게는 1000톤이 넘는다. 이 예수상은 로마 카톨릭 교회의 상징이며 브라질의 상징으로 자리 잡았다.

리우데자네이루의
거대 예수 조각상

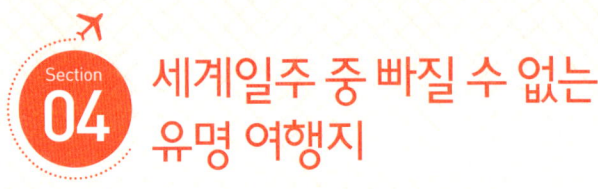
Section 04 세계일주 중 빠질 수 없는 유명 여행지

각 대륙의 너무나 유명한 장소들로 세계일주를 하며 자연스럽게 방문하게 되는 여행지들을 알아보자.

01 홍콩 Hong kong

전통 문화와 현대적인 도시가 공존하는 이름만 들어도 설레이는 홍콩은 쇼핑의 천국이며 세계 각국의 음식을 한곳에 모아놓은 듯한 식도락의 천국이다. 쇼핑과 음식이 아니더라도 홍콩은 거리의 풍경만으로 충분히 매력이 있는 나라로 스타의 거리에서는 홍콩의 명물, 마천루를 감상할 수 있고 전차를 타고 빅토리아 피크에 올라 정상에서는 너무나 멋진 홍콩의 전경을 감상할 수 있다.

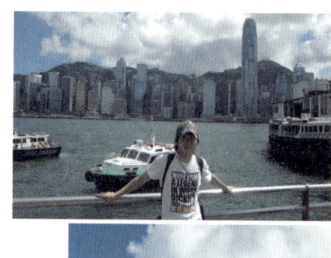

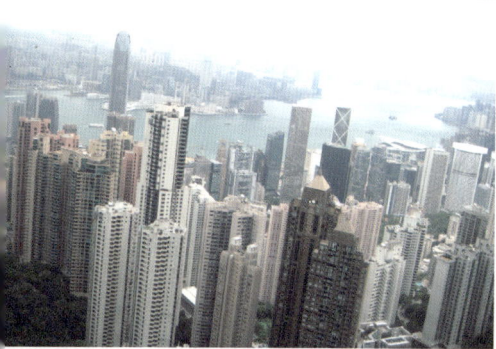

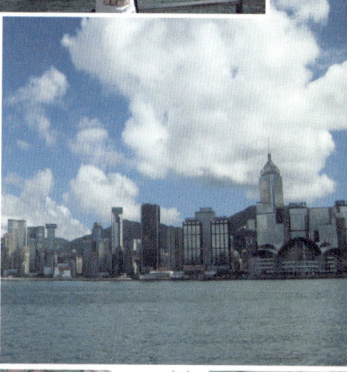

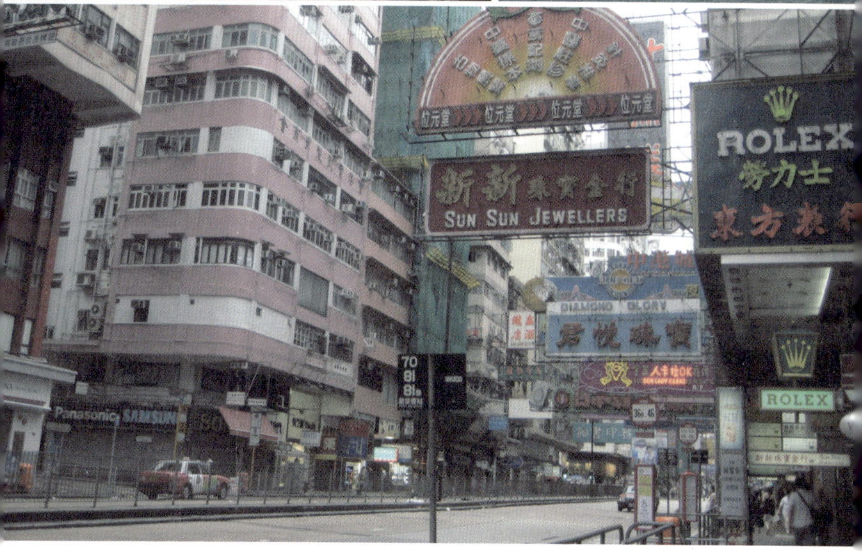
位元堂
新新珠寶金行
SUN SUN JEWELLERS
ROLEX
勞力士
ROLEX
70
81
81s
Panasonic
SAMSUNG
DIAMOND GLORY

홍콩의 전경

02 파리 Paris

전 세계에서 가장 많은 관광객이 방문한다는 파리는 프랑스의 수도로 정치, 경제, 교통, 문화의 중심지일 뿐만 아니라 세계 문화의 중심지로 역사와 예술이 살아있는 유럽 최고의 낭만의 도시이다. 찬란했던 왕가의 예술품이 모여있는 루브르박물관과 파리의 상징인 에펠탑 그리고 베르사이유의 궁전까지 볼거리가 많은 도시이고 세느강을 따라 유람선을 즐길 수 있다.

파리의 전경

03 피렌체 Firenze

일본 소설 "냉정과 열정 사이"의 배경으로 잘 알려진 피렌체는 르네상스의 발상지로 "이탈리아 예술의 수도"라는 별칭이 붙을 정도로 이탈리아의 대표 여행지 중 하나이다. 미켈란젤로, 레오나르도 다 빈치, 라파엘로 등 천재 예술가들과 단테를 비롯하여 보카치오, 마키아벨리 등 대문호들이 이 도시

피렌체의 전경

에서 태어나고 활약했다. 피렌체의 상징물인 산타 마리아 델 피오레 대성당은 많은 영화(냉정과 열정 사이, 한니발, 토스카나 태양 아래서 등)의 배경이 되었다.

04 시드니 Sydeny

호주의 상징물인 오페라하우스를 볼 수 있는 시드니는 샌프란시스코와 리우데자네이루와 함께 세계 3대 미항이다. 우리와 반대인 남반구의 날씨로 크리스마스에 바다로 뛰어들어 서핑을 즐길 수 있고 연교차가 적어 언제나 휴가를 즐기는 듯한 여유를 느낄 수 있는 세련된 도시이다.

시드니의 전경

05 싱가포르 Singapore

동남아시아의 작은 나라 싱가포르는 다양한 민족과 종교 그리고 다양한 문화유산도 가지고 있는 멋진 도시이다. 싱가포르의 아이콘인 센토사아일랜드와 식물원 보타닉가든 그리고 주롱새공원 등 깔끔하고 평화로운 분위기의 여행지를 느낄 수 있다.

06 바라나시 Baranasi

매년 많은 여행자들이 인생의 의미를 찾아 방문하는 바라나시는 북인도 갠지스강의 중류에 위치한 인도에서 가장 오래된 도시 중 하나이다. 힌두교도들이 갠지스강을 성스러운 강으로 여겨 이곳에서 목욕을 하면 죄를 용서받는다고 믿기 때문에 가장 신성한 도시로 간주하기도 한다. 갠지스 강변에 약 4km에 걸쳐 가트(Ghat : 계단 목욕장)가 있어 매년 이곳을 방문하는 100만 명이 넘는 순례자들이 갠지스강의 성스러운 물에 몸을 담근다. 가트 한쪽에서는 죽은 시신들을 화장하고 있으며 한쪽에서는 정성스럽게 목욕을 하는 인도인들을 볼 수 있다. 여행 중 힌디어나 요가를 배우기 위해 장기 체류하는 여행객들도 많이 있다.

07 앙코르와트 Ankor wat

캄보디아의 씨엠립에 위치한 앙코르와트는 1861년 표본채집을 위해 정글을 돌아다니던 프랑스 박물학자에 의해 발견되어 알려지기 시작하였다. 이 유적지는 강력한 왕권을 가졌던 수리야바르만 2세 때 건립을 시작하여 9세기부터 15세기까지 크메르제국의 수도로서 훌륭한 유물을 지니고 있으며 그 규모와 예술성으로 동남아시아를 통틀어 가장 대표되는 고고학 유적지로 평가 받아 유네스코 세계유산으로 지정되었다. 일출과 일몰이 아름다워 이른 새벽부터 많은 여행자들이 일출을 보기 위해 방문한다.

예쁜 동화 같은 여행지

마치 동화 속의 풍경에 들어온 것처럼 평소에 상상으로만 꿈꿔오던 아름다운 여행지를 알아보자.

01 산토리니 Santorini

지중해 바다에 있는 산토리니는 그리스의 키클라스제도(Cyclades)의 섬들 중 하나이다. 산토리니에서 가장 유명한 북쪽 끝의 이아 마을은 깍아지는 듯한 절벽 위에 석회칠을 한 순백의 하얀 건물들과 푸른 지붕이 조화를 이루어 너무나 아름답다. 국내에서는 과거 포카리스웨트 CF 장소로 알려져 있고 바다 위의 하얗고 파란 아름다운 마을로, 많은 연인 및 신혼여행객들이 방문하고 싶어 하는 최고의 여행지로 산토리니를 꼽고 있다.

02 프라하

체코의 수도인 프라하는 화려한 천문시계가 있는 구시청사와 성비트 성당 그리고 현존하는 석교 중 가장 아름답다고 평가되는 카를교 이 모든 것이 어우러져 가장 중세 분위기가 느껴지는 유럽의 역사 중심지라 할 수 있다. 프라하의 관광지는 넓지 않아 주요 관광지를 걸어다니며 모두 찾아 볼 수 있기 때문에 중세 유럽을 느끼며 천천히 관광지를 돌아다니는 것이 매력이다. 그리고 체코의 음식을 맛볼 수 있는 캄파파크(Kampa Park)와 큰 규모의 벼룩시장 하벨시장(Havel's Market) 등 여행하기 좋은 명소들이 많다.

프라하의 전경